全国出版专业技术人员职业资格考试辅导教材

出版专业基础

国家新闻出版署出版专业资格考试办公室 编

中级

2020年版

创于1897 商务印书馆 The Commercial Press

中国书籍出版社 China Book Press

图书在版编目(CIP)数据

出版专业基础：中级：2020 年版/国家新闻出版署出版专业资格考试办公室编.—北京：商务印书馆：中国书籍出版社，2020(2023.8 重印)

ISBN 978-7-100-18714-5

Ⅰ.①出…　Ⅱ.①国…　Ⅲ.①出版工作—资格考试—自学参考资料　Ⅳ.①G23

中国版本图书馆 CIP 数据核字(2020)第 113804 号

出版专业基础・中级

(2020 年版)

国家新闻出版署出版专业资格考试办公室　编

商务印书馆
中国书籍出版社　出版

商务印书馆发行

(北京王府井大街 36 号　邮政编码 100710)

北京中科印刷有限公司印刷

ISBN 978-7-100-18714-5

2020 年 7 月第 1 版　　　开本 880×1230　1/32

2023 年 8 月北京第 7 次印刷　　印张 13½

定价：48.00 元

2020 年版
全国出版专业技术人员职业资格考试
辅导教材审定委员会

2020 年版

全国出版专业技术人员职业资格考试
辅导教材编辑委员会

2020 年版
全国出版专业技术人员职业资格考试辅导教材
编写与修订工作人员

（以姓氏笔画为序）

马　迁　王　平　王　珺　王　静　王为衡
王卉莲　王晓光　王德胜　文　娟　方　卿
石　雄　代晓明　白立华　包卫国　冯玉明
吕海春　朱　宇　乔　永　刘　颖　刘　睿
刘锦宏　闫　翔　汤吟菲　许　炜　严　立
李　弘　李文娟　李文毅　杨　钢　杨　颖
杨全美　杨伯勋　邱　恋　邹　卫　邹华清
沈元勤　张　峻　张志强　张晓东　张增顺
陆嘉琦　范　源　欧　剑　周蔚华　郑立新
屈明颖　赵　冰　胡　涛　段艳文　敖　然
夏剑钦　徐丽芳　徐嘉营　郭　绪　郭康松
黄先蓉　龚　莉　蒋建民　傅祚华　靳　琼
隋淑光　路育松　缪宏才　潘正安　潘振平
魏　蕊　魏玉山

全国出版专业技术人员职业资格考试辅导教材
各版次编写与修订工作人员

（以姓氏笔画为序）

万　智	马宪平	王　岳	王　炬	王　强
王　勤	王有朋	王华良	王晓光	方　卿
方　鹏	邓普君	叶　路	田胜立	田海明
代晓明	乐嘉民	包卫国	吕海春	朱明钰
乔　永	任　彦	任余白	刘　杲	刘　睿
刘成芳	刘光裕	刘奇惕	刘拥军	刘国辉
刘琳琳	刘晶晶	刘锦宏	齐相潼	许　洁
许乃青	阮光页	孙　洁	孙文科	孙宏达
苏　磊	李　弘	李　岩	李　斐	李文娟
李伟国	李红强	李钊平	李国章	李衍华
李桂生	杨　颖	杨　薇	杨伯勋	肖东发
吴永贵	吴忠华	吴培华	吴智仁	何承伟
邹华清	汪家明	沈兆荣	沈原一	宋　存
宋　岚	张　立	张　峻	张　儒	张友彬
张志云	张国强	张建浩	张洪波	张增顺
陆福庆	陆嘉琦	陈　昕	陈　楠	陈　鑫
陈少华	陈达凯	陈纪宁	陈丽菲	陈鸣华
陈奎宁	陈瑞藻	范　源	林久贵	郁椿德
欧　剑	欧阳仲华	罗维扬	金文男	金仲萍

周　皓	周　霞	周长岭	周亚萍	周建平
周春健	郑立新	郝明鉴	胡大卫	柳　燕
洪　嫚	洪祖年	贺　强	贺剑锋	敖　然
聂震宁	桂晓风	夏一鸣	夏丽英	夏剑钦
徐令德	徐庆凯	徐志伟	徐丽芳	高　昂
高　思	郭　强	郭康松	唐克敏	涂新林
谈　维	陶雪华	黄　娇	黄先蓉	黄如花
黄钧浩	盛新华	巢　峰	彭卫国	韩永梅
傅祚华	雷群明	鄢德平	虞信棠	路育松
阙道隆	蔡鸿程	熊国祯	潘正安	潘振平
潘瑛矗	魏玉山	魏昌富		

修订再版前言

建立出版专业技术人员职业资格制度，对出版专业技术人员实行资格考试，是加强出版行业人才队伍建设和深化人事制度改革的重要举措，也是坚持正确出版导向、不断提高舆论引导水平、促进出版业健康繁荣发展的重要保障。出版专业资格考试自2002年正式实施，迄今已成功举办了18年，对出版行业选拔、培养、评价人才起到了基础性作用，成为全面提升出版人才队伍素质能力的重要途径。

出版专业资格考试辅导教材及学习用书，是参加出版专业资格考试的考生重要的备考指导用书，同时也可以作为出版从业人员在职学习、高校有关专业教学和科研人员学术研究的参考用书。这套教材于2002年首次出版，共4本，分别是《出版专业基础知识·初级》《出版专业理论和实务·初级》《出版专业基础知识·中级》和《出版专业理论和实务·中级》。根据考试工作需要，遵循教材建设规律，分别在2003年、2004年、2007年、2011年、2015年对这4本教材进行了五次修订，书名也从2007年版开始更改为《出版专业基础·初级》《出版专业实务·初级》《出版专业基础·中级》和《出版专业实务·中级》。鉴于融合出版时代对出版从业人员素质能力的新要求，自2015年版开始辅导教材中增加了《数字出版基础》一书，供初级、中级共同使用。

此次修订，是出版专业资格考试辅导教材的第六次修订。修订工作深入贯彻落实党的十九大和十九届二中、三中、四中全会精神，以习近平新时代中国特色社会主义思想为指导，坚持稳中求进、与时代同步的原则，力求既保持教材主体的基本稳定，又及时传达党和国家对出版工作的新定位、新要求，及时吸纳出版实践的新经验、新成果，及时反映出版行业改革发展的新变化、新趋势。整个修订过程注重实践性、理论性和学术性的有机统一，严谨细致，精益求精。修订内容经全国出版专业技术人员职业资格考试辅导教材审定委员会审定。

出版专业资格考试辅导教材的编写和修订，既是出版行业的一项重要工作，也是思想文化教育领域的一项基础性工作，长期以来，得到了出版界、教育界和文化界的高度关注和热情帮助。参加本套辅导教材编写和历次修订工作的，主要是我国出版界和高等学校长期从事编辑出版实际工作、理论研究和专业教育方面的专家，也有部分其他相关专业的专家。对2020年版辅导教材的修订工作，中央宣传部相关局室、中国新闻出版研究院、中国出版集团公司、时代出版传媒股份有限公司、上海世纪出版集团、长江出版传媒股份有限公司、中国工信出版传媒集团、人民出版社、人民教育出版社、高等教育出版社、化学工业出版社、中国书籍出版社、上海出版印刷高等专科学校、武汉大学、南京大学、湖北大学、中国编辑学会、全国科学技术名词审定委员会、中国历史文化研究院等单位给予了大力支持；参与此次修订的专家学者，秉持强烈的政治责任意识，发扬奉献精神和工匠精神，投入了大量心血和精力。在本次教材修订期间，新冠肺炎疫情暴发，各位专家在严格疫情防控的同时坚持工作，积极应对，克服了很多困难，付出了艰辛努力，切实保证了工作进度和质量。在此向有关单位和个人表示衷心的感谢！

社会在发展，技术在进步，出版工作实践也在不断深化，出版理论尚处于变化和建构过程之中，所以出版专业资格考试辅导教材的修改和完善没有止境。2020年版辅导教材仍难免会存在缺点和不足，我们欢迎广大读者和有关专家一如既往，继续提出宝贵意见和建议，以便今后更好地加以修订，使教材不断改进、完善。

国家新闻出版署

出版专业资格考试办公室

2020年6月

2011年版

序

出版工作是一项综合性的工作，承载着引导社会、教育人民、推动发展的重要职责，对于人才有着更高的要求。近期，新闻出版总署发布了《新闻出版业“十二五”时期发展规划》，人才规划作为子规划之一同时予以发布，充分说明总署党组对于新闻出版人才工作的高度重视。

北宋胡瑗曾言，“致天下之治者在人才”。我历来强调人才对于新闻出版工作的重要作用，除在工作中关心、支持行业人才工作外，还直接参与到行业人才的培养工作中；同时，也深感人才难得，人才发展的体制机制尚需进一步理顺。面对世界范围内出版产业调整发展的新态势，面对西方发达国家对战略性新业态的高度重视和在出版高端领域展开的激烈人才竞争，如何进一步推动人才发展体制机制创新，统筹推进新闻出版人才队伍建设，全面提升行业素质，是摆在我们面前一项重大而紧迫的任务。

实施出版专业职业资格考试是出版人才发展体制机制改革创新的重要举措。加强和改进考试工作，对于出版人才队伍建设具有重要的作用。考试工作要及时反映出版业改革发展的新进展、新成果，这要求阶段性对考试辅导教材进行修订。日前，全国出版专业职业资格考试办公室完成了对2007年版考试辅导教材的修订工作，我高兴地看到4册修订稿在保持教材稳定性的基础上，做了大量修订，突出地反映了出版业改革发展对于人才的新要求，并在理论上有新突破。欣然为之序。

一

国家建立出版专业技术人员职业资格制度，对出版专业技术人员实行资格考试，是加强出版行业人才队伍建设和深化人事制度改革的重要举措。2001年8月，人事部和新闻出版总署印发《出版专业技术人员职业资格考试暂行规定》和《出版专业技术人员职业资格考试实施办法》，迈出了出版专业技术人员管理制度改革的关键一步。2002年6月，新闻出版总署印发《出版专业技术人员职业资格管理暂行规定》，推动全国出版专业技术人员参加职业资格考试，明确出版专业技术人员必须具有国家统一认证的职业资格证书，要求出版单位强化从业资格管理，实现了出版专业技术人员管理方式的重大变革。2011年3月，国务院颁布修订后的《出版管理条例》，对出版专业职业资格制度做出了明确规定。

出版专业职业资格考试于2002年9月首次举行，至今已经10年了。10年来，出版专业职业资格考试工作取得了优异的成绩，为出版行业人才队伍建设做出了突出贡献。

第一，出版专业职业资格考试为出版行业提供了科学、公正、客观的人才评价和选拔机制。出版专业实行职业资格考试制度后，不再进行该专业相应级别专业技术职务任职资格的评审工作。10年来，出版专业职业资格考试已经成为出版行业每年一度的重要的人才选拔与人才评价活动。参加考试获得从业资格已经成为出版单位用人和岗位聘用的门槛和基本标准，考试工作成为行业选拔、任用人才的重要杠杆。

第二，出版专业技术人员的整体素质得到显著提高。2002 年至今，全国有 10 万余人参加考试，3.7 万余名出版专业技术人员通过考试取得出版专业初级或中级职业资格。出版专业技术人员通过参加考试，比较系统地强化了从事出版工作所必须具备的思想政治素质和职业操守，比较系统地掌握了从事出版工作的知识和技能。出版专业职业资格考试已经成为出版行业规模最大、内容最丰富、考核最严格的综合性职业培训活动，有效地提高了出版行业人才队伍的素质和能力。

第三，出版专业职业资格考试，为推动出版人才流动和出版单位人事制度改革，为出版专业技术人员职业资格登记和责任编辑注册工作的开展，推动出版专业职业资格制度的全面实施，创造了坚实的基础条件。2008 年 2 月，总署印发《出版专业技术人员职业资格管理规定》，在出版专业职业资格考试的基础上，开展了出版专业技术人员职业资格登记和责任编辑注册工作，标志着出版专业职业资格管理工作走上了新的阶段。

第四，出版专业职业资格考试有力地促进了出版学科建设。自 2001 年开始，从每一版考试大纲及辅导教材的编写、修订、出版，到每一年的考试命题、组卷、审卷、阅卷等，每一项工作，每一个环节，都凝集着丰富的学科内涵，成为出版行业中学科领域涵盖广，制度化、规范化开展的学科建设活动。

第五，就考试工作本身而言，10 年来，出版专业职业资格考试工作取得了圆满成功，不仅得到了出版行业的认可，也得到了人力资源和社会保障部的充分肯定，成为全国职业资格考试的标杆，为出版业赢得了荣誉。

出版专业职业资格考试工作所取得的成绩，离不开有关部委特别是人力资源和社会保障部的大力支持和有力指导，离不开出版行业内外领导、专家和同志们的关心和支持，离不开各级新闻出版行政主管部门和出版单位对于出版专业职业资格制度建设的重视和有力实施，离不开出版专业技术人员的积极参与和勤奋努力。在此，我代表新闻出版总署向所有关心、支持、参与和推动出版专业职业资格考试工作的单位和个人表示衷心的感谢。

二

高质量的教材是做好考试工作的前提条件。出版专业职业资格考试能够连续9年无差错，成为全国职业资格考试的标杆，其重要原因之一就是有一套高质量的辅导教材，并遵循行业发展进程和教材建设规律，不断进行修订、升华。

出版专业职业资格考试辅导教材包括《出版专业基础》(分初级本和中级本)、《出版专业实务》(分初级本和中级本)。此外还有初级和中级合用的学习用书《有关出版的法律法规选编》。这套辅导教材，系统梳理了出版学科已有成果，并给予其科学发展，已经成为出版专业职业资格考试的必备学习教材和行业从业人员在职学习、有关人员开展学术研究、高等院校编辑出版专业教学的不可或缺的参考资料。

自2007年版教材出版以来，国家经济、文化和社会发展取得重大成就，中国特色社会主义建设实践不断创新，理论内涵不断丰富。新闻出版业作为我国文化建设的排头兵，改革发展取得重大成就，在中国特色社会主义四位一体总体布局中的地位不断提升，初步探索出一条中国特色新闻出版业科学发展之路，我国正在由新闻出版大国向新闻出版强国迈进。出版专业职业资格考试要反映国家和新闻出版业改革发展的新进展，反映出版学科理论建设的新成果。为此，全国出版专业职业资格考试办公室组织修订了全国出版专业职业资格考试的《考试大纲》。根据新的《考试大纲》，全国出版专业职业资格考试办公室组织全国各地出版界的有关专家及相关学科的专家，对2007年版辅导教材进行了修订。修订后的辅导教材仍为4册，即《出版专业基础·初级》《出版专业基础·中级》《出版专业实务·初级》和《出版专业实务·中级》。本次教材修订突出做了以下几个方面的工作。

第一，体现中国特色社会主义建设实践的新成就，体现中国特色社会主义理论发展的新成果，体现党和国家关于文化建设的新精神，体现党和国家对于新闻出版工作的新要求。主要根据党和国家有关文件，对教材中有关内容作了修改。

第二，体现出版行业的新发展。主要根据出版体制改革取得突破性进展的新情况，出版业新媒体、新业态快速发展，出版新技术不断创新和“走出去”力度不断加大的新形势，增加了关于出版业改革成果、数字出版、我国港澳台出版业概况、世界发达国家出版业概况、国际出版合作等内容。

第三，体现出版理论研究的新成果。随着出版实践的快速发展，新概念、新范畴的不断涌现，政策、管理、技术和标准等方面新举措的不断推出，更新着人们对于传统出版概念和范畴的认识，或者赋予传统概念和范畴新的内涵。本次修订吸纳了一些比较成熟的新概念、新提法，对于一些传统概念和范畴给予了更加科学的界定。

第四，更加贴近出版工作实际。主要是根据出版专业技术人员工作实际情况，对有关内容进行了增删。如在《出版专业基础·初级》教材中，增加了有关我国社会主义出版业的形成和发展过程及出版历史知识的内容；在《出版专业实务·初级》教材中，增加了有关非印刷型出版物编辑业务，有关期刊的审稿和编辑加工整理及图书再版基本常识等内容。在《出版专业基础·中级》教材中，增加了关于出版社的发行管理的内容。在《出版专业实务·中级》教材中增加了有关采用版税方式付酬时测算图书定价的方式，有关校对的量化管理和社外校对管理，有关数字印刷的特点和种类等内容。对一些与出版专业技术人员日常工作关系不大的内容，如关于印刷机械种类及其工作原理、关于各种录音和录像器材的特点、关于出版社经营管理中的决策步骤等，则做了大量精简甚或删除。

第五，进一步区分同一科目（“出版专业基础”或“出版专业实务”）的不同级别之间、同一级别不同科目之间的层次和结构。根据出版工作实践对初级、中级专业技术人员的不同要求，对两个级别教材中的知识模块进行了调整，除了极少量的共性知识内容外，其他知识模块都基本上不再重复，并在中级教材设置了对初级教材的参见指引。就同一级别而言，进一步区分了“应知”和“应会”，基本做到了两个科目之间内容不重复，提高了互补性。

这次修订，在保持考试辅导教材已有成果的基础上，又有了新的突破。这是出版专业职业资格考试工作和出版专业学科建设的又一个新成果。希望这一版教材能够为广大出版专业技术人员和相关人员掌握出版专业知识和技能、开展学术研究和教学，提供更加有益的帮助。

出版工作的政治性、科学性、专业性和实践性都很强，涉及多个学科和知识领域。因此，辅导教材的编写、修订，是一项综合性的、系统化的工作，要组织多个领域的专家参与，要经过多个层次和环节的流程，加之出版实践不断发展，出版学科建设尚不成熟，辅导教材的编写、修订工作更是头绪繁多。这方面工作之繁重，可想而知。

本次教材修订，于2009年年底启动，到2011年4月审定。先后完成了编写修订大纲，编写初稿，对书稿进行初审、复审和终审等工作。在一年多的时间内，专家们为教材的修订投入了大量的精力，付出了艰辛的劳动。有时候，专家们集中审改书稿的时间长达一个多月；一天中连续伏案审改书稿的时间经常超过12个小时。在此，我代表新闻出版总署对专家们表示由衷的慰问。

三

静坐案前，眼前的修订稿散发着淡淡的墨香。伴随着书稿那一页页纸张被轻轻地翻过去，令人思绪悠悠地忆起往昔岁月。回溯出版专业职业资格考试辅导教材编写、修订工作的轨迹，分明能看到长长的、一串串闪亮的足印。需特别指出的是，从2001年出版专业职业资格考试工作启动以来，以刘杲、桂晓风等同志为代表，形成了一支高素质的教材工作专家队伍。这支高素质的专家队伍知识丰富，作风严谨，认真负责，甘于奉献，是出版专业职业资格考试辅导教材编写、修订工作得以成功的根本保证。大到教材结构、篇章的确定，小到每一个字、词的敲定，都凝结着专家们的智慧和汗水。专家们在编写、审定出版专业职业资格考试辅导教材时，一丝不苟，严谨细致，字斟句酌，精益求精，倾注了大量心血，做出了突出贡献。在他们的言传身教下，教材建设工作带出了一支高素质的队伍，形成了高度负责的工作作风、严谨求真的科学态度、精益求精的专业追求、呕心沥血的职业品德和不计名利的奉献精神。这些精神风范，是在今后的教材建设工作中应该始终保持和发扬的优良传统和作风。

今年是国家“十二五”规划开局之年，国家“十二五”规划对文化建设提出了新的更高的要求，明确提出推动文化产业成为国民经济支柱性产业。《新闻出版业“十二五”时期发展规划》明确了新闻出版业改革发展的新目标新任务，确定了新闻出版业“十二五”时期发展的主题主线，凸显了党和国家对新闻出版业地位、作用的新要求，反映了人民群众对新闻出版业的新期待。新闻出版业必须以改革为动力，以发展为目标，以创新为重点，深刻理解科学发展这一主题，认真把握转变发展方式这一主线，抓住机遇，用好机遇，攻坚克难，实现又好又快发展。

人才资源是新闻出版业第一资源，是新闻出版业的核心竞争力。为完成“十二五”规划的目标，出版行业人才队伍的素质和能力都要有一个新的提高。出版专业职业资格考试工作肩负着重要而艰巨的历史责任，要戒骄戒躁，在已有的基础上开创新局面、实现新突破、争取新成绩，为新闻出版业科学发展做出新的更大的贡献。

柳斌杰

2011年5月19日

2007 年版

前言

全国出版专业职业资格考试辅导教材和学习用书初版于2002 年，2003 年出版第二版，2004 年出版第三版。关于编写、出版这套辅导教材和学习用书的背景、组织情况、指导思想，以及编写、修订、审定和出版的经过，刘杲同志已经在“2004年版前言”中做了说明。有关叙述十分完整、清晰、精练，准确地归纳和记载了从 2001 年到 2004 年三年多艰辛而卓有成效的工作。所以，这次 2007 年版出版，仍收入刘杲同志的这篇前言，以反映历史的全貌，供读者了解和参考。

需要对前三版的编写出版工作加以补充说明的是：从 2001年 8 月人事部和新闻出版总署部署在全国实行统一的出版专业技术人员职业资格考试制度，到 2002 年第一版辅导教材的编写和出版，时间特别紧迫。出版专业技术人员职业资格考试（简称“出版专业职业资格考试”）在当时是一项全新的工作，而出版工作又是一项综合性工作，政治性、科学性、专业性和实践性都很强，其工作对象涵盖了人类的整个知识体系，涉及的知识和能力的范围非常宽。在不到一年的时间中，要完成辅导教材从构建体系、确定体例到撰写、统稿、审定再到出版、发行的全过程，其难度可想而知。以后 2003 年和 2004 年两次修订，情况也是这样。因此，参加编写、修订、审定的专家和承担出版任务的三家出版单位，承受了特别大的压力。参加编写、审定的专家，大多在本单位出版或教学工作中身负重任，部分老专家虽已不再担任领导职务，学术研究、审读、辅导青年同志的任务也很繁重。我当时正在新闻出版总署机关负责有关工作，目睹了在刘杲同志主持下专家们为编写、审定辅导教材书稿“呕心沥血，夜以继日”（“2004年版前言”中语）工作的感人情景，亲身感受到上海、湖北两地新闻出版局和专家们所在单位对全行业人才培养工作的支持，受教育良深。这套辅导教材中，多处强调了出版工作的整体性，而这套辅导教材本身，正是整个出版行业协作的产物。有关单位和专家在这项工作中表现出来的全局观念、质量意识、科学精神和严谨作风，值得认真总结，在同类工作中加以坚持和发扬。

全国出版专业初级和中级职业资格的考试已经连续进行了五年。全国出版专业职业资格考试辅导教材也在广大考生的使用和考试中经受了检验。各方面对它们的总体反映是好的，认为基本上能适应实行出版专业职业资格考试制度的需要。高等学校编辑、出版等相关专业的师生也对它们表示欢迎。此外，行业内外还有不少同志，把这套书作为了解出版专业知识乃至语法、修辞、逻辑、信息检索、著作权等方面知识的常备参考书，他们的总体评价也是积极的。

2004年版辅导教材使用的三年中，国家形势和出版工作的理论与实践都有重要的新发展。为此，全国出版专业职业资格考试办公室修订了《全国出版专业职业资格考试考试大纲》（以下简称《考试大纲》）。根据新的《考试大纲》，全国出版专业职业资格考试办公室和中国编辑学会共同组织全国各地出版界专家对2004年版辅导教材再次进行了修订。修订后的辅导教材仍分初级和中级两个级别，仍为四册，书名则分别改为《出版专业基础·初级》《出版专业实务·初级》和《出版专业基础·中级》《出版专业实务·中级》。其中，《出版专业基础》初级本和中级本讲述出版的基础理论知识和从事出版工作所必备的相关学科的基础知识，主要体现从事出版工作的“应知”要求，对应《考试大纲》的“出版专业基础知识”科目；《出版专业实务》初级本和中级本讲述有关理论在实际工作中的应用，强调规范性的操作，主要体现从事出版工作的“应会”要求，对应《考试大纲》的“出版专业理论与实务”科目。

由于 2007 年版《考试大纲》对初级、中级两个级别的考试要求作了调整，扩大了两者的区分度（对初级技术人员的考试要求，着重于“入门”；对中级技术人员的要求，以已经具备初级职业资格条件为前提，是在初级基础上的进一步延伸、综合和提高，以能够独立从事关键性的岗位工作、能够独立承担责任编辑或责任校对、责任技术编辑的工作职责为标准），2007 年版辅导教材在 2004 年版的基础上作了较大修订，在调整总体框架结构的同时，还采用初级与中级“互分有无”、“互分详略”和“少量重复”的方式对知识模块作了增删调整，以进一步体现两个级别之间的程度差异。

至于改正差错、更新材料，则是修订工作的题中应有之义。2004 年版教材中尚未发现重大错失，但是存在一些讲述不到位或与出版工作实践稍有出入的情况，这次修订时都尽量予以完善。更新材料的范围较大一些，主要是反映国家的新规定、出版业发展的新情况及其对专业技术人员的新要求，而初级教材还着重增加讲述出版专业基本知识的内容。

初级和中级合用的学习用书《有关出版的法律法规选编》

这次也出了新版，根据国家对有关法规的调整情况对收录的文件作了少量增删。

2007年版全国出版专业职业资格考试辅导教材和学习用书已经由新闻出版总署全国出版专业职业资格考试辅导教材审定委员会审定。

本版辅导教材和学习用书出版的时候，出版专业职业资格考试工作正面临着新的形势，有若干值得重视的新情况。

一是出版工作的重要性进一步凸显。这是因为，以“十一五”规划的顺利开局为标志，我们伟大的祖国已经站在新的历史起点上，新的国际国内形势把社会主义先进文化的建设推到了全局性、战略性的地位。从国内看，正在全面建设小康社会，加快构建社会主义和谐社会，人民群众精神文化生活需求大幅度上升，经济的发展、社会的稳定更多地依靠文化，必须创造民族文化的新辉煌；从国际看，文化力在综合国力竞争中的分量越来越重，文化安全日益成为国家安全的重要因素，必须大幅度增强我国文化的国际竞争力。两方面的要求结合起来，就是要在中华民族伟大复兴的进程中，实现中华文化的伟大复兴。在这种背景下，出版工作作为记载、传播、积累和交流文化成果的重要手段，面临着前所未有的发展机遇，也面临着前所未有的重任。

二是确保和提高出版物质量的问题引起出版界乃至全社会的进一步重视。越来越多的出版单位和出版工作者认识到，由于出版物的作用对象是人的精神世界，而且这种作用具有程度深、时间长和范围宽的特点，出版物的质量具有比物质产品的质量更加重要的意义，所以，确保和提高质量是出版工作永恒的主题。不管是新技术革命还是文化体制改革、出版单位转制，都没有也不可能改变这一主题。由于出版物的质量主要在编辑环节决定，必须从编辑工作入手，采取切实措施，包括严格执行编辑规范，坚决扭转当前一部分出版物中出现的品位低下、差错充斥、语言失范、逻辑混乱等质量下滑的现象，把优质产品奉献给人民。

三是对提高出版专业技术人员特别是编辑人员的素质进一步形成共识。出版物的质量，归根到底是由出版工作者的素质决定的。而编辑人员作为出版物内容的策划者、选择者、加工者和推荐者，是出版物质量的主要把关人，对民族文化的发展、民族精神的培育、国民素质的提高、国家软实力的提升有着重要影响。因此，在为实现中华文化伟大复兴而奋斗的进程中，一定要更加重视出版队伍的建设，大力提高出版工作者的思想道德素质和科学文化素质，尤其要抓好编辑人才的培养。为此，要加快出版行业干部人事制度改革的步伐，抓紧建立科学的编辑出版人才的评价机制和使用机制。毫无疑问，全面推行出版专业职业资格制度，加快职业资格制度建设，坚持和改进职业资格考试，在政府宏观指导下，开展以岗位要求为基础、社会化的出版专业技术人才评价工作，是其中一项重要而紧迫的工作。

我们正是怀着这样的认识，组织和开展了这次修订工作。我们衷心地希望专家们的努力能够转化为提高辅导教材和学习用书质量的实际成果。我们更由衷地祝愿，所有有志于在新世纪新阶段从事出版工作的青年朋友，能够更加强烈而深刻地意识到出版职业的崇高和对工作人员素质的要求，全面地、出色地掌握从事这项工作所必需的知识和技能，为发展祖国的文化力建功立业，并在这一过程中成长成为更高层次的人才。

桂晓风

2007年5月

2004年版

前言

为了科学、客观、公正地评价和选拔出版专业技术人才，以加强出版专业技术队伍的建设，人事部和新闻出版总署决定，实行全国统一的出版专业技术人员职业资格考试制度。2001年8月，人事部和新闻出版总署下发了《出版专业技术人员职业资格考试暂行规定》和《出版专业技术人员职业资格考试实施办法》。

根据人事部和新闻出版总署的规定，在图书、期刊、音像、电子出版物等出版单位中从事编辑、出版、校对等专业技术工作的人员，都应参加出版专业技术人员职业资格（以下简称“出版专业职业资格”）考试。实行全国统一的出版专业职业资格考试制度，由国家统一组织、统一时间、统一大纲、统一试题、统一标准、统一证书。出版专业职业资格分为：初级资格、中级资格和高级资格。目前只进行初级资格和中级资格的考试。取得初级资格的，可以按照有关规定，聘任助理编辑（助理技术编辑或二级校对）职务。取得中级资格的，可以按照有关规定，聘任编辑（技术编辑或一级校对）职务。出版专业初级资格和中级资格考试，均设“出版专业基础知识”和“出版专业理论与实务”两个科目。出版专业实行职业资格考试制度后，不再进行该专业相应级别专业技术职务任职资格的评审工作。

出版专业职业资格考试辅导教材和学习用书，包括《出版专业基础知识》(分初级本和中级本)、《出版专业理论与实务》(分初级本和中级本)和《有关出版的法律法规选编》(初级和中级合用，试题不同)。这些辅导教材的第一版为2002年版。第二版为2003年版，其中，《出版专业基础知识》(初级本和中级本)为重新编写，《出版专业理论与实务》(初级本和中级本)和《有关出版的法律法规选编》均为2002年版的修订。现在的第三版即2004年版，均为2003年版的修订。这次修订，框架没有大的变动，着重在质量的进一步提高。主要包括：调整个别段落，统一全书主要的出版专业名词解释，纠正已经发现的知识性差错和其他差错，增收了若干新的法规，引用文件采用最新版本，更新重要的资料，等等。

全国出版专业职业资格考试的工作在新闻出版总署的直接领导下进行。总署成立了由副署长桂晓风担任主任的全国出版专业职业资格考试辅导教材审定委员会。总署委托上海市新闻出版局、湖北省新闻出版局和中国编辑学会承担具体工作。上海市新闻出版局和湖北省新闻出版局各自依托上海市编辑学会和湖北省编辑学会，分别成立了辅导教材编审委员会。我们非常感谢上海市新闻出版局和湖北省新闻出版局，在人力和财力上对这项重要工作的大力支持。

连续三年参加辅导教材的编写、修订和审定的，有长期从事编辑、出版、校对的实际工作和理论研究的专家，有在高等学校编辑出版学专业从事教学与科研工作的专家，也有在国家出版行政管理部门和出版单位长期从事管理工作的专家。编写、修订和审定工作，依据人事部和新闻出版总署批准的《全国出版专业职业资格考试考试大纲》以及有关规定进行。每年编写、修订和审定的任务都很繁重，时间因受限制而非常紧迫。因此，参加这项工作的专家们，每年都要付出大量的辛勤劳动，呕心沥血，夜以继日。对他们为发展出版事业做出的重要奉献，我们表示由衷的感谢。

现在辅导教材2004年版已经送到读者手上。应当肯定这套辅导教材的实用价值。它将为参加出版专业职业资格考试的考生提供帮助。同时，对于广大的在编辑出版岗位上的工作人员，编辑出版部门的管理人员，编辑出版学专业的学生、教学和科研人员，以及其他与出版专业有关或者愿意了解出版专业的人员，都会有用。

按照专业考试辅导教材编写和使用的经验，一般说来，三年之后编写工作告一段落。我们这套辅导教材的编写也已三年了，应当告一段落。今后，除个别更改之外，第三版即2004年版将继续使用几年。尽管我们做了很大的努力，毕竟经验有限，加以每年时间仓促，目前这套辅导教材难免还有不足之处。编写工作虽然告一段落，考试工作还要长期进行。因此，仍然欢迎读者提出批评，以便我们继续努力改进。

刘杲

2004年5月

目　录

第一章 出版概论

重点提示：出版的概念，出版活动的要素和前提。社会发展对出版活动的决定性影响，出版活动对社会发展的能动作用。我国出版工作的指导思想、方针原则和主要任务。出版物的概念和要素，出版物的种类，出版物的特殊性。出版资源的概念和特点，开发、利用出版信息资源的途径，开发、利用信息资源应注意的问题，对信息资源的维护。我国出版业的特点和构成，我国出版业改革发展的主要任务，我国台湾地区、香港特区和澳门特区的出版业概况。美国、英国、法国、德国、俄罗斯、澳大利亚、日本等国家的出版业概况。出版学的学科性质和研究对象，出版学的研究内容与相关学科，研究出版学的意义。

第一节　出版活动

作为社会文化活动之一的出版活动，既是人类文明发展的重要成果，又是促进人类文明发展的有力工具。在不断发展的历程中，出版活动形成了丰富的内容，与人类社会有着积极的互动关系。

一、“出版”的概念

出版是指编辑、复制作品并向公众发行的活动。作品是出版的前提，编辑、复制是手段，向公众发行是目的。我国很早就有出版活动，但是在古代，人们没有使用“出版”这个词，而把出版活动称为“梓行”“雕印”“版印”等。这些用语的含义，一般只反映了印刷，有时候也兼及发行，但有关编辑的内容，往往不在其中。

就目前所知，黄遵宪写于1880—1887年间的《日本国志》中，有“明治五年，仿西法设出版条例”的记载。这是我国书刊中最早出现“出版”一词。[①]

1906年，清朝政府颁布《大清印刷物专律》，指出：“所谓记载物件者，或定期出版或不定期出版，即新闻丛录等，依本律名目谓之记载物件。”这是我国第一次在法律文件上使用“出版”这一专业用语，但却把出版物称为“记载物件”。

---

① 王益．“出版”再探源．出版发行研究，1999（6）．

1930 年，国民政府颁布的《出版法》则比较明确地指出："本法称出版品者，谓用机械或化学之方法所印刷，而供出售或散布之文书图画。"但是，其中却没有对"出版"下明确的定义。给"出版"作出明确的定义，是在中华人民共和国成立之后。

在西方，法语和英语中分别在 1330 年和 1450 年就有了表示"出版"的词语，它们来源于拉丁语 publicare（本义是"公之于众"）。现代西方的一些权威工具书对"出版"也下过定义，如《牛津英语大词典》（1989 年版）的定义为"发行或向公众提供用抄写、印刷或其他方法复制的书籍、地图、版画、照片、歌篇或其他作品"。许多外语工具书都把"对书面作品的选择、制作与发行"作为"出版"概念的基本内涵。

我国和西方国家关于出版的定义，基本内容是一致的，差别是西方着重于"公之于众"，我国则强调编辑、复制、发行三个要素不可分割的整体性；西方的出版定义有提及编辑的，也有把编辑包含在选择或制作中的，我国的"出版"定义中则明确包括"编辑"。

人们在日常生活中的习惯说法有时与科学概念并不完全相同。例如，由于编辑活动对于出版活动具有特殊的重要性，人们往往把以编辑活动为主要业务的单位称为"出版单位"。再如，出版社里有一个承担复制前的一些技术编辑工作并负责联系复制单位和监督复制质量的业务部门，人们一般习惯地称之为"出版科"或"出版部""出版处"等。用出版概念的定义来衡量，这些习称显然不够准确，但既然已经相沿成俗，本书就还予以保留，统称为"出版部门"。

编辑、复制、发行是出版活动的必要条件，但不是充分条件。在当代社会，作为社会化的出版活动，还必须由社会认可的、具有一定资质的单位来完成。在我国，凡是由这些单位在法律许可的范围内完成的出版活动，就是合法的出版活动；凡是由不具有相应资质的单位和个人完成的编辑、复制、发行行为，就不是合法出版活动。

二、出版活动的构成要素

出版活动由编辑、复制、发行三个要素构成。“编辑”是指策划、组织、审读、选择和加工优化作品的活动，它是作品复制和发行的前提。“复制”是指以各种方式根据作品内容制成一份或多份与其内容信息相同的物质产品的活动。“发行”是指出版单位通过某种方式将出版物传送给消费者的活动。

一个完整的出版活动，编辑、复制、发行三者缺一不可，而且三者之间存在着密切联系。未经编辑的作品可以复制，也可以流传，但这些活动不是出版活动。对作品进行编辑，如果不进行复制和发行，也不是出版活动。没有经过编辑、复制的作品，可以公之于众，但不是出版活动。我们可以说出版是一种“公之于众”的形式，但不能说所有的“公之于众”都是出版。例如，向公众分发价目表、节目单，通过互联网上的“留言板”“QQ”“虚拟社区”等发“帖子”公布作品、发表意见等，都是“公之于众”的活动，但不是出版活动。

在实际生活中，特别是随着数字化时代的到来，某些信息或文化的传播现象与出版活动有着近似性，包含了出版的某一个或几个要素，人们往往把这样的现象称为“出版”，如博客出版、微博出版、微信出版等。对此，一方面，要看到这些传播现象具有很强的个体化特征，作为社会化活动的出版的基本属性和功能并不清晰、明显；另一方面，也要看到这些传播现象具有一定的出版功能，要予以引导和规范；同时更要看到，在数字化时代，出版活动对社会文化生活具有广泛影响性，并且已经深入到广大人民群众的日常生活之中。出版的责任更加重要，使命更加光荣，任务更加艰巨。

三、出版活动的前提

进行出版活动还必须具备一个前提——作品。没有作品，出版就是“无米之炊”，出版三要素就没有作用的对象。

所谓“作品”，根据《中华人民共和国著作权法实施条例》的定义，是指“文学、艺术和科学领域内具有独创性并能以某种有形形式复制的智力成果”，包括文字作品，口述作品，音乐、戏剧、曲艺、舞蹈、杂技艺术作品，美术、建筑作品，摄影作品，电影作品和以类似摄制电影的方法创作的作品，工程设计图、产品设计图、地图、示意图等图形作品和模型作品，计算机软件等等。

但是，并非所有的作品都能成为出版的前提，如建筑作品、模型作品就没有这种可能。虽然对这类作品进行描绘或拍摄所产生的结果可以成为出版的前提，但它们已经是美术作品或摄影作品，不是建筑作品或模型作品本身。所以，作为出版活动前提的“作品”，是指那些可以编辑、复制和通过某种方式能够发行的作品。

作为出版活动前提的作品，一般又称为“稿件”。

四、出版活动与社会的关系

出版活动与社会有着十分密切的关系。1983 年发布的《中共中央、国务院关于加强出版工作的决定》指出：“思想建设、文化建设和经济建设、政治建设，都同出版工作密切相关。我们的出版物的质量和数量如何，直接反映着并影响着我国的经济、政治、文化和教育的发展水平。”从根本上说，出版与社会的关系主要表现在两个方面：其一，社会发展对出版活动有决定性影响；其二，出版活动作为意识形态和国民经济的组成部分，对社会的政治、经济、科技、文化等的发展，又具有巨大的能动作用。

（一）社会发展对出版活动的决定性影响

出版活动应社会需要而产生、随社会发展而发展，社会的政治、经济、科技、文化等作为出版活动的社会基础，对出版活动发展的方向、规模和水平具有决定性的制约作用。

1. 政治制度和政治环境决定出版活动的命运

出版活动的发展离不开一定的社会政治制度和政治环境，因为政治制度和政治环境给出版活动设定了活动舞台和生存条件。政治制度开明，政治环境宽松，出版活动就活跃、兴旺；政治制度专制，政治环境恶劣，出版活动就凋敝、衰落。这是历史一再证明了的规律。欧洲在中世纪时，由于宗教法庭和书报检查制度的控制，出版活动饱受摧残；文艺复兴之后，资产阶级民主主义的政治制度和在博爱、平等、自由思潮推动下的政治环境，促进了出版活动的长足发展。我国在“文化大革命”时期，知识分子受到残酷迫害，出版领域几乎变成荒芜的沙漠。改革开放以来，我国的政治环境发生了重大变化，出版活动出现了历史上从未有过的繁荣景象。

2. 社会经济的发展为出版活动提供物质条件

社会经济的发展首先是为了满足人们的物质需求。只有当社会经济发展到一定程度时，才会产生出版活动；只有当社会经济充分发展时，才会造就巨大的出版物市场。

人们对物质资料的需求，可分为生存资料、发展资料和享受资料三个层次，而对生存资料的需求最为重要，居于第一位。出版物在一般情况下属于发展资料，某些出版物还兼属享受资料。当社会经济发展到各种物质资料不但能够满足人们对基本生存资料的需求并且还有剩余的程度时，社会出版活动才可能获得丰富的物质资料的支持，出版物也才能成为人们广泛消费的对象，出版活动方可持续进行并且不断发展。

3. 科学技术是出版活动发展的强大推动力

科学技术作为第一生产力，是促使社会经济不断向前发展的最活跃因素。科学技术不但通过对社会经济的推进积极影响出版活动的发展，而且还通过对出版技术的不断改进，直接促成出版革命的发生和出版业的发展。在出版活动发展的历史进程中，无论是造纸术和印刷术的发明，还是产业革命中新机器、新材料、新能源和新技术的应用，都雄辩地证明了科学技术对出版活动的发展具有巨大的推动作用。尤其是信息技术的飞速发展，全面改变了出版业。今天的出版业告别了铅与火，走进了数字化时代，出版活动的规模、速度和影响力发生了全面的深刻的变化，出版业生产水平空前提高。

4. 社会文化的发展为出版活动提供活力

出版活动是一种文化活动，从属于社会文化，与整个社会的文化状况息息相关。

一方面，社会文化的发展程度和国民的文化素质状况是出版活动水平的决定因素，因为出版物的内容大多数是由那些代表了社会文化发展方向和水平的作者创作的；出版物总体水平的提高，又是由广大消费者的文化需求和文化消费水准推动的。

一般来说，社会文化发展水平高，出版活动的水平也高；相反，社会文化发展水平低，出版活动的水平也低。

另一方面，精神生产所需要的原料只能来自社会，来自作者的创作和编辑的加工等创造性活动，如果离开了社会生活已有的精神文化积累，就必然陷入无源之水、无本之木的困境。将历史的文化积淀和现实的文化需求形成合力，对出版活动至关重要，出版活动的发展就可能有深度、有广度、有实力、有后劲；否则，即使政治制度和经济状况都能提供较好的条件，出版活动的发展也难有强劲势头。出版活动在不同国家的发展之所以会出现巨大差异，一个重要因素就在于文化资源存在很大差距。

（二）出版活动对社会发展的能动作用

社会的发展对出版活动具有决定性的影响，但出版活动反过来也影响着社会的发展。这种能动作用主要是通过出版物对人们的思想、观念和行为所施加的影响来实现的。这种影响相当广泛、相当深刻，表现在政治、经济、科技、文化等各个领域的各个方面。

1. 对政治发展的影响

出版活动对社会政治发展的影响，大致体现在以下几个方面。

（1）引导社会舆论

出版对政治发展的重要影响，集中表现在对思想舆论的引导上。出版业向社会提供大量出版物，能营造一定的思想氛围，从而形成某种舆论导向。在我国民主革命时期，进步的、革命的出版物作为强大的思想武器，在动员和组织社会舆论、组织群众投身革命运动方面起到非常重要的作用。许多革命者就是通过革命出版物的启发，甘愿为革命事业奉献自己的一切，抛头颅、洒热血在所不惜。在我国全面建成小康社会的现阶段，我国出版业高举中国特色社会主义伟大旗帜，大力宣传马克思列宁主义、毛泽东思想、邓小平理论、“三个代表”重要思想和科学发展观，大力宣传习近平新时代中国特色社会主义思想，大力宣传党的路线、方针、政策和国家的法律法规，宣传各行各业模范人物的先进事迹和改革开放的新形势、新气象，在促进社会观念的变革和更新，形成积极向上的社会风气，引导人们努力投身于中国特色社会主义事业方面，同样发挥了重大作用。

（2）培育思想信念

各类出版物源源不断地为人们提供丰富的反映主流意识形态的思想成果，影响着人们的立场、观点和思想方法。我国的各种出版物是引导人们树立正确的世界观、人生观、价值观的有力武器。

我国出版业大力建设社会主义核心价值体系，积极培育和践行社会主义核心价值观；增强道路自信、理论自信、制度自信和文化自信，宣扬中华民族伟大复兴的中国梦，弘扬中华传统美德，弘扬时代新风，大力倡导知荣辱、讲正气、作奉献、促和谐的良好风尚。我国出版业为提高全民族的思想道德素质和科学文化素质不断作出贡献。

2. 对经济发展的影响

当今社会，文化与经济日益交融，在为经济发展提供强大精神动力的同时，文化的经济功能明显增强，经济的文化含量不断提高，文化在综合国力竞争中的地位和作用越来越突出，文化产业对促进经济增长和经济发展方式转变的贡献越来越大。出版业作为重要的文化产业，对经济发展的作用日益突出。

出版活动作为社会经济活动的一个重要组成部分，不仅自身的发展为社会经济作出贡献，而且还对整个社会经济的发展起到能动的促进作用。

（1）提高劳动力素质，促进社会生产力发展

在经济发展过程中，人力资源始终是最重要的资源，劳动力作为最活跃的生产力要素，在经济发展中总是起着最重要的作用。出版活动对经济发展的最大影响，就是通过出版物来提高劳动者的思想、文化和科学技术素质，促进广大劳动者的全面发展。广大劳动者通过各种出版物接受思想文化教育，既能不断适应日新月异的科学技术对劳动者提出的智力要求，又能以高度自觉的主人翁态度发挥劳动积极性和创造性。这样，潜在的生产力就会变成现实的生产力，促进社会经济迅速增长。

（2）促进人们更新经济理念，推进经济发展

经济的发展需要正确的经济理念指导，而随着社会的不断发展，原来正确的经济理念也可能会因时过境迁而成为经济发展的障碍。因此，能不能及时更新社会的经济理念，就成为经济能不能继续发展的关键。出版活动能够通过大量出版物的传播，帮助人们掌握先进的经济理念，从而大大推进经济的发展。

（3）传递各种社会信息，加快经济的发展速度

信息对于经济发展的巨大影响是众所周知的，而出版物的主要功能之一便是传递信息。人们借助出版物的流通，能够广泛、及时地掌握各种有利于社会经济发展的新信息，并适时地运用于实际经济工作中，从而加快经济的持续、协调发展。

3. 对科学技术发展的影响

出版活动对科学技术发展及应用的推进作用，主要在于发现先进科学技术成果并组织、促进其迅速传播和应用，使它们尽快变成现实的生产力。同时，通过对科学知识的宣传、普及，提高全民族的科学素质和技术能力。李四光《地质力学概论》、袁隆平《杂交水稻育种栽培学》等重要科技成果的出版，对国民经济和有关科学技术的发展都产生了巨大推动作用。我国摘掉“贫油国”帽子，石油工业飞速发展，与“构造体系”这一地质力学基本概念的建立密切相关；十几亿人口能实现粮食自给有余，与杂交水稻栽培技术的普及紧密相连。类似实例不胜枚举。

此外，许多科技读物在提高人们的科学技术素养，形成反对迷信、崇尚科学的社会观念方面所发挥的积极作用，也都证明了出版对科技发展的影响力。正如1995年全国科技出版工作会议所指出的：“目前，科技出版仍然是科技成果转化为现实生产力的极为重要和不可代替的渠道。它是推动科学发展、普及现代科学技术知识、提高人民素质和培养科技队伍必不可少的一项事业。”

4. 对文化发展的影响

社会文化是一个庞大的系统。出版活动既是这个系统的一个组成部分，又因对社会文化的传播而与其他文化活动发生十分密切的互动关系。通过文化传播，出版活动对社会文化的发展发挥着重大作用。

（1）增进文化积累

出版物能将人类的各种精神文化财富记录下来，积累起来，并使之广泛流布到社会的各个领域传承下去。出版活动能够不断把社会各种有价值的文化成果变成各种形式的出版物，使人类的精神文化财富随着历史的发展而越来越丰富。正是靠着这样的文化积累活动，人类社会有史以来的精神文化成果才得以传承不灭，并不断发扬光大，汇集成无比浩瀚的文化宝库。没有这样的积累，我国就不可能具有光辉灿烂的传统文化。

（2）推进文化创新创造

文化积累与文化创新有不解之缘。丰富的文化积累能推动文化创新，而文化创新又增加了新的文化积累。譬如，无数文学作品被改编为各种影视戏剧作品，就是在出版物基础上的创新创造，而新的影视戏剧作品又增添了文化积累。

可见，不断推动文化创新创造也是出版活动的重要功能。今天，国内出版物市场充满了激烈的竞争，国际出版物市场的竞争更加复杂、严峻。有些发达国家利用自己的经济优势，正以各种不断翻新的形式，对发展中国家进行文化渗透。因此，千方百计推动文化创新创造，并使之体现为出版创新，不仅是出版单位重要的生存、发展条件，而且关系到国家的文化安全。

出版活动要不断推动文化创新创造，扩大文化积累，社会文化才会出现崭新的局面，社会的精神文明程度才会不断提高。

（3）优化文化选择

文化是社会的产物。不同的时代和不同的社会制度形成不同的文化。随着社会的发展，各种文化有先进与落后之分；即使是同一时代产生的文化，也由于种种因素而有精华与糟粕之别。出版活动根据文化积累和文化传播的社会需要，按照一定的原则和标准对各种作品进行认真筛选后才予以复制、发行，实际上就是代表社会对文化作品进行优化选择，以发展代表社会前进方向的先进文化，剔除落后的、阻碍社会前进的文化糟粕。这对社会精神风貌的健康发展，是非常重要的保证。

（4）促进文化交流传播

与其他传播媒介相比，出版物具有更加系统、稳定的特点。因而，出版物历来是文化交流传播的重要媒介之一。

在一个开放的环境中，任何民族的文化都是本民族的传统文化与其他民族文化有机融合的产物。通过出版物的广泛流传，不同民族、不同地区、不同国家的文化得以相互交流，相互取长补短。尤其对经济、社会发展相对落后的地区或国家来说，这样的交流常常会催人觉醒，使之深切地感到学习其他文化的必要，并以紧迫的心情急起直追，把不断提高本民族的文化创新水平、文化竞争能力作为自己神圣的责任。出版活动在这方面发挥着重要的桥梁作用。

第二节　我国出版工作的指导思想、方针原则和主要任务

我国出版业是社会主义出版业，正确的指导思想对做好出版工作是非常重要的，这就要求每一个从业人员把握正确的指导思想，认真贯彻党和国家有关出版工作的各种方针原则，从而以正确的出版理念切实承担起出版业的主要任务。

一、我国出版工作的指导思想

我国出版工作的指导思想是：以马克思列宁主义、毛泽东思想、邓小平理论、“三个代表”重要思想、科学发展观、习近平新时代中国特色社会主义思想为指导，紧紧围绕统筹推进“五位一体”总体布局和协调推进“四个全面”战略布局，坚持中国特色社会主义文化发展道路，坚持为人民服务、为社会主义服务，坚持百花齐放、百家争鸣，坚持创造性转化、创新性发展，坚持以多出优秀作品为中心环节，加强内容建设，深化改革创新，完善出版管理，推动出版业持续繁荣健康发展，加快出版强国建设步伐，更好承担“举旗帜、聚民心、育新人、兴文化、展形象”的使命任务。

坚持正确的指导思想，对我国出版工作具有决定性的意义。我国出版工作作为党与人民的喉舌和党的重要意识形态阵地，关系到为中国特色社会主义伟大事业提供思想保证、精神动力

和智力支持，关系到国家安全、政治稳定、民族团结和社会安定，关系到人的全面发展，尤其会影响人们的政治立场、理想信仰、价值取向和道德观念。因此，我国出版工作必须深入贯彻习近平新时代中国特色社会主义思想，坚持社会主义先进文化前进方向，传播和积累一切有益于提高民族素质、推动经济发展和促进社会进步的思想道德、科学技术和文化知识，弘扬社会主义核心价值观和中华民族优秀文化，以满足人民群众日益增长的美好精神文化需要为出发点和落脚点，以改革创新为动力，为提高全民族文明素质，增强国家文化软实力，建设社会主义文化强国作出积极贡献。

二、我国出版工作的方针原则

为了取得良好的社会效益，实现社会效益与经济效益相统一，出版工作应该坚持贯彻、执行一些基本的方针原则。

（一）坚持正确政治方向

出版工作是党的宣传思想文化工作的重要组成部分，是促进文化繁荣兴盛、建设社会主义文化强国的重要力量，是意识形态工作的重要阵地。出版工作，本质上是政治工作，坚持正确的政治方向，是出版工作的根本要求。要牢固树立政治意识、大局意识、核心意识、看齐意识，坚定中国特色社会主义道路自信、理论自信、制度自信、文化自信，坚决维护习近平总书记党中央的核心、全党的核心地位，坚决维护党中央权威和集中统一领导，不断巩固马克思主义在意识形态领域的指导地位，巩固全党全国人民团结奋斗的共同思想基础。

坚持正确政治方向，就要坚定共产主义理想、信念，坚定社会主义先进文化前进方向，大力弘扬社会主义核心价值观，热情歌颂中国特色社会主义建设取得的伟大成就，大力唱响共产党好、社会主义好、改革开放好、伟大祖国好、各族人民好的时代最强音，鼓舞和激励全党全国人民为实现中华民族伟大复兴的中国梦而不懈努力。

（二）坚持以人民为中心

我国宪法规定："国家发展为人民服务、为社会主义服务的文学艺术事业、新闻广播电视事业、出版发行事业、图书馆博物馆文化馆和其他文化事业，开展群众性的文化活动。"国务院颁布的《出版管理条例》规定："出版活动必须坚持为人民服务、为社会主义服务的方向。"出版工作坚持"为人民服务、为社会主义服务"，实质上就是在出版工作中坚持中国共产党人的初心和使命，就是坚持以人民为中心的创作生产导向。党的十八大报告指出："让人民享有健康丰富的精神文化生活，是全面建成小康社会的重要内容。要坚持以人民为中心的创作导向，提高文化产品质量，为人民提供更好更多精神食粮。"党的十九大报告强调"满足人民过上美好生活的新期待，必须提供丰富的精神食粮"。

出版工作要紧跟时代发展，顺应人民群众对精神文化生活的新期待，把服务群众和教育引导群众结合起来，把满足需求同提高素养结合起来，增强出版物的吸引力、感染力、影响力，努力为人民群众提供更加丰富、更加优质的出版产品和服务，保障和实现人民群众的基本文化权利，使广大人民群众共享文化发展的成果。

（三）坚持把社会效益放在首位

《出版管理条例》第四条规定："从事出版活动，应当将社会效益放在首位，实现社会效益与经济效益相结合。"这是我国出版工作必须认真贯彻的重要原则，也表述为“把社会效益放在首位，社会效益和经济效益相统一”。

出版活动中的社会效益是指有益于社会主义物质文明和精神文明建设的出版效果，经济效益是指通过出版经营获得的经济收益。出版工作必须正确处理两个效益的关系，始终坚持把社会效益放在首位。要坚持以社会主义核心价值观为引领，牢记化人育人的出版使命，注重出版的社会效果，自觉讲品位、讲格调、讲责任，抵制低俗、庸俗、媚俗，弘扬主旋律，传播正能量。杜绝精神毒品和文化垃圾，绝不允许以牺牲社会效益为代价片面追求一时的经济效益。

出版物有其特殊性，它对人们的思想道德素质、科学文化素质和身心健康素质具有广泛而深远的影响，其社会价值主要表现在社会效益上。2014 年 10 月，习近平总书记在全国文艺工作座谈会上指出，一部好的作品，应该是把社会效益放在首位，同时也应该是社会效益和经济效益相统一的作品。文艺不能当市场的奴隶，不能沾满铜臭气。优秀的文艺作品，最好是既能在思想上、艺术上取得成功，又能在市场上受到欢迎。2019 年 8 月，习近平总书记在甘肃读者出版集团有限公司考察调研时提出：“为人民提供更多优秀精神文化产品，善莫大焉。要牢牢把握正确导向，在坚守主业基础上推动多元化经营，努力实现社会效益和经济效益双丰收。”进一步要求出版工作在坚持社会效益第一的前提下，努力实现社会效益与经济效益相统一。

（四）坚持质量第一

1983 年，《中共中央、国务院关于加强出版工作的决定》指出：“出版部门要坚持质量第一，尽最大努力，把最好的精神文化食粮供给人民。各类图书都要力求做到选题对路，内容充实，都要力求有尽可能高的思想性、科学性或艺术性，反对粗制滥造。”1997 年 6 月，新闻出版署颁布《图书质量保障体系》，强调“坚持精神文明重在建设，繁荣出版重在质量的思想，把能否提高图书质量当作衡量出版工作是否健康发展、检验出版改革成功与否的重要标志”。2004 年 12 月，新闻出版总署颁布《图书质量管理规定》，强调要“实现图书出版从扩大规模数量为主向提高质量效益为主的转变，提高图书出版整体水平”。2019 年 6 月印发的《中国共产党宣传工作条例》明确要求，出版工作应当坚持正确的出版导向，坚持内容质量第一，促进出版业健康繁荣发展。

坚持质量第一，这是由我国出版工作的社会主义性质决定的，是由为人民服务、为社会主义服务的方向决定的，也是我国出版工作将社会效益放在首位、实现社会效益与经济效益相统一的必然要求。只有高质量的出版物，才能既获得良好的社会效益，又获得良好的经济效益。所以必须树立精品意识，提高原创能力，在内容、编校、设计、印制等各个环节全面提升质量，着力打造思想精深、艺术精湛、制作精良相统一的精品力作，推动出版业加快向高质量高水平发展阶段迈进。

（五）坚持改革创新

党的十九大报告明确指出:“创新是引领发展的第一动力。”随着社会经济的发展和科学技术的进步，我国出版业不断面临新的机遇和挑战，唯有坚持走改革创新之路，才能把握机遇，挺立潮头，永葆强劲发展趋势。

新形势下，我国出版工作必须认真总结实践经验，深化改革，开拓创新，努力认识和把握出版工作规律。要突出问题导向，不断创新内容载体、方法手段、业态形式、体制机制，大力推动产业结构调整和升级，加快从主要依赖传统纸介质出版物向多种介质形态出版物共存、融合发展的现代出版业转变，从主要依赖区域性市场向综合开拓国内、国际市场转变，确保出版业始终与时代同向同步、焕发新的生机活力。要加强与国外出版界的交流与合作，加快推进中国出版“走出去”，进一步增强中国出版的国际竞争力，提升中国文化在世界上的影响力。

（六）坚持党管出版

2018 年 8 月 21 日，习近平总书记在全国宣传思想工作会议上强调，要“加强党对宣传思想工作的全面领导，旗帜鲜明地坚持党管宣传、党管意识形态”。出版工作是党的宣传思想文化工作的重要组成部分，具有鲜明的意识形态属性。做好出版工作，必须坚持和加强党对出版工作的全面领导，不断完善党领导出版工作的体制机制，严格落实意识形态工作责任制，严格落实主管主办制度和属地管理责任，确保党对出版工作的领导权落到实处，使党的路线、方针、政策贯穿出版工作全过程。

坚持党管出版的原则，需要体制机制的有力保证。2018 年 3 月，为加强党对出版活动的管理，发展和繁荣中国特色社会主义出版事业，国家层面的出版管理职责划入中央宣传部，相应地，地方各级政府的出版管理职责划入各级党委宣传部门。同时，各出版单位也在不断完善管理制度，夯实导向把关的主体责任。这些措施的实行和完善，使党对出版工作的领导权、管理权和话语权得到进一步落实，出版物的正确政治方向和出版导向得到充分保障。

三、我国出版工作的主要任务

党的宣传工作的根本任务，是高举中国特色社会主义伟大旗帜，巩固马克思主义在意识形态领域的指导地位，巩固全党全国人民团结奋斗的共同思想基础，建设具有强大凝聚力和引领力的社会主义意识形态，建设具有强大生命力和创造力的社会主义精神文明，建设具有强大感召力和影响力的中华文化软实力。作为党的宣传思想文化工作的重要组成部分，作为促进文化繁荣兴盛、建设社会主义文化强国的重要力量，出版工作必须围绕宣传工作的根本任务，承担以下主要任务。

（一）广泛深入传播党的理论创新成果

推动习近平新时代中国特色社会主义思想深入人心，是出版工作的首要政治任务。出版工作要广泛深入传播党的理论创新成果，认真做好文献精编、权威读本、理论专著、通俗读物等多层次、高质量作品的出版，增强针对性、扩大覆盖面，增强广大干部群众的政治认同、思想认同、情感认同，发挥出版工作在理论研究和宣传中系统深入的优势，推进马克思主义中国化、时代化、大众化成果的出版。要进一步加强优秀通俗理论读物的出版和推介工作，加强重点理论读物等的民族语言版和民汉双语版出版，让党的创新理论成果广为传播、深入人心。

（二）培育和弘扬社会主义核心价值观

社会主义核心价值体系是社会主义意识形态的本质体现，培育和弘扬社会主义核心价值观，倡导富强、民主、文明、和谐，倡导自由、平等、公正、法治，倡导爱国、敬业、诚信、友善，增强社会主义意识形态的吸引力和凝聚力，是出版工作神圣的政治职责。党的十八大报告指出："社会主义核心价值体系是兴国之魂，决定着中国特色社会主义发展方向。要深入开展社会主义核心价值体系学习教育，用社会主义核心价值体系引领社会思潮、凝聚社会共识。”党的十九大报告进一步明确：“社会主义核心价值观是当代中国精神的集中体现，凝结着全体人民共同的价值追求。要以培养担当民族复兴大任的时代新人为着眼点，强化教育引导、实践养成、制度保障，发挥社会主义核心价值观对国民教育、精神文明创建、精神文化产品创作生产传播的引领作用，把社会主义核心价值观融入社会发展各方面，转化为人们的情感认同和行为习惯。”要通过出版物培育和弘扬社会主义核心价值观，传承弘扬革命文化，讲好当代中国故事，充分展示我国改革开放和社会主义现代化建设取得的伟大成就，充分阐释成就背后的宝贵经验、根本原因、制度优势，充分展现中国人民具有的伟大创造精神、伟大奋斗精神、伟大团结精神、伟大梦想精神。

（三）传播和积累科学文化知识

出版工作要努力传播和积累科学文化知识，不断提高国家文化软实力。在科学文化知识的传播上，出版工作承担着艰巨的任务；在科学文化知识的积累上，出版物，尤其是图书，起着特别重要的作用。以辞书为例，中华人民共和国成立后新编或重编的《新华字典》《现代汉语词典》《汉语大字典》《汉语大词典》《中国大百科全书》《辞海》《辞源》等辞书，对传播和积累科学文化知识都作出了难以估量的贡献。

这里所说的科学文化知识，包括哲学社会科学知识、自然科学知识、技术科学知识和其他文化知识，范围极其广泛。出版工作既要致力于向广大人民群众普及这些知识，也要致力于学术、科研成果的创造和开拓。这将有利于科学文化的创新，促进先进生产力的发展，提高全民族的思想道德和科学文化素质，推动我国的经济建设、政治建设、文化建设、社会建设和生态文明建设的全面进步。

（四）弘扬中华优秀传统文化

党的十八大报告指出："文化实力和竞争力是国家富强、民族振兴的重要标志。要建设优秀传统文化传承体系，弘扬中华优秀传统文化。"十九大报告进一步强调："文化是一个国家、一个民族的灵魂。文化兴国运兴，文化强民族强。"提出要"深入挖掘中华优秀传统文化蕴涵的思想观念、人文精神、道德规范，结合时代要求继承创新，让中华文化展现出永久魅力和时代风采"。

我国是历史悠久的文明古国，具有光辉灿烂的中华文化，这是中华民族生生不息、团结奋进的不竭动力。继承传统文化中的精华，使之与当代社会相适应，与现代文明相协调，是建设中国特色社会主义文化的重要条件。通过出版物弘扬中华优秀传统文化，是出版工作义不容辞的历史责任。为此，要努力保存千姿百态的传统民族文化门类和民族艺术样式，重视出版传统文化精品和相关的学术研究成果，使其与现代文化结合在一起，成为富有时代气息和创新精神的与时俱进的中华优秀文化，努力提升和发扬博大精深的中华文化的精神内涵。

在五千多年的发展中，中华民族形成了以爱国主义为核心的团结统一、爱好和平、勤劳勇敢、自强不息的伟大民族精神。要结合时代和社会发展的要求，弘扬和培育这种精神文化，出版工作的参与必不可少。

（五）丰富和提高人民的精神生活

党的十九大报告指出："中国特色社会主义进入新时代，

我国社会主要矛盾已经转化为人民日益增长的美好生活需要和不平衡不充分的发展之间的矛盾。”随着我国社会经济、政治、科技、文化的不断发展，人民群众的物质生活需要在逐步提高，对精神生活的需求也在不断增长，所以十九大报告明确要求，“满足人民过上美好生活的新期待，必须提供丰富的精神食粮。”从总体上看，人民群众的文化需求可以分为基本文化需求和多样化、多层次、多方面文化需求两部分。就出版工作而言，人民群众的基本文化需求，表现为需要出版物帮助他们增长知识，树立正确的世界观、人生观和价值观。这是社会主义制度下人民群众必须得到保障的基本文化权益。满足这部分需求，主要通过以政府为主导，以公共财政为支撑，以公益性文化事业单位为骨干，以全民为服务对象，以基层特别是农村为重点来构建覆盖城乡的公共文化服务体系。人民群众多样化、多层次、多方面的文化需求，表现为需要从出版物中获得消遣性的愉悦，达到抒发感情、陶冶情操的目的。这部分需求主要靠市场来满足。在社会主义市场经济条件下，市场越来越成为人们进行个性化文化消费、满足多样化文化需求的主要途径。

（六）促进国际文化交流

随着世界多极化、经济全球化加快和我国对外开放的不断扩大，中外思想文化的交流更加频繁。这为我们学习借鉴世界有益文化、推动中华文化“走出去”、提高中华文化在国际上的影响力提供了极好机遇。党的十八届三中全会明确要求：“扩大对外文化交流，加强国际传播能力和对外话语体系建设，推动中华文化走向世界。”党的十九大进一步强调：“加强中外人文交流，以我为主，兼收并蓄。推进国际传播能力建设，讲好中国故事，展现真实、立体、全面的中国，提高国家文化软实力。”出版工作在促进中外文化交流方面肩负着重大责任。我们既要在交流中积极吸收先进、科学、有益的东西，坚决抵制落后、愚昧、有害的东西，更要努力展示和弘扬我国文化建设的成就，不断提高中华文化的国际影响力和竞争力。

第三节　出版物

出版物就是已出版的作品，是出版活动的成果。出版活动对经济、文化和社会发展的影响，主要通过出版物实现。

一、出版物的要素

作为已经出版的作品，出版物必须是某种精神文化的成果。但是，并不是所有的精神文化成果都可以称为出版物，因为出版物是精神文化成果中经过编辑加工、复制在某种物质载体上、通过发行而得以在社会上传播的作品。可见，出版物必须具备三个要素：

第一，具有经过编辑加工优化的以文字、图形、图像、声音或其他符号形式表现的精神文化内容，可供阅读、欣赏。

第二，具有承载这些精神文化内容的物质载体，而不论其是具有相对固定形态的，还是呈灵活多样形态的。

第三，具有复本，可以向公众传播。

二、出版物的种类

对出版物可以从不同的角度作不同的分类。

（一）根据出版物总体特征的分类

根据载体、内容、表现形式、生产方式等方面的总体特征，出版物的种类可分成《出版管理条例》所说的“报纸、期刊、图书、音像制品、电子出版物等”五大类。

社会的进步，科学技术的发展，常常促成出版物种类的新陈代谢。五大类出版物在不同条件下先后出现的历史事实已经说明这一点。而在信息网络兴起后，出版单位常常将经过选择和编辑加工优化的作品登载在有线或无线的信息网络上，或者通过这些信息网络发送到用户端，供公众浏览、阅读、使用或下载。这些出版物通常被称为“网络出版物”或“数字出版物”。与报纸、期刊、图书、音像制品、电子出版物相比，这些出版物的物质产品生产阶段和产品流通阶段交织在一起，没有明显的界限，并且不必事先确定出版物的复制数量。此外，这些出版物的成品不须与特定的物质载体结合，而以消费者自备的各种终端设备作为物质载体，所以在物质产品生产阶段没有产品匹配组合和包装的步骤，在产品流通阶段没有运送物质载体的过程。

目前这类网络出版物（数字出版物），既有报纸、期刊、图书、音像制品、封装型电子出版物等在以实体形态出版的同时，经过适当的信息技术处理后，再通过有线或无线网络进行传播的，也有不具备实体形态的出版物，而直接通过有线或无线网络出版的。尤其是后者，一些电子杂志、电子书、网络文学网站、APP 等都直接采用数字化方式存在。

（二）根据出版物内容所属学科的分类

根据出版物所载内容所属学科的不同，也可以对出版物进行分类。表 1–1 列出了根据《中国图书馆图书分类法》按学科对出版物进行分类时常用的基本学科类别和一些二级学科类别及它们的代码。

表 1-1 出版物学科分类的基本类别

代码	学 科	代码	学 科
A	马克思主义、列宁主义、毛泽东思想、邓小平理论、“三个代表”重要思想	O1	数学
		O3	力学
		O4	物理学
B	哲学、宗教	O6	化学
C	社会科学总论	O7	晶体学
D	政治、法律	P	天文学、地球科学
E	军事	Q	生物科学
F	经济	R	医药、卫生
G	文化、科学、教育、体育	S	农业科学
G0	文化理论	T	工业技术
G1	世界各国文化与文化事业	TB	一般工业技术
G2	信息与知识传播	TD	矿业工程
G3	科学、科学研究	TE	石油、天然气工业
G4	教育	TF	冶金工业
G8	体育	TG	金属学与金属工艺
H	语言、文字	TH	机械、仪表工业
I	文学	TJ	武器工业
J	艺术	TK	能源与动力工程
J0	艺术理论	TL	原子能技术
J1	世界各国艺术概况	TM	电工技术
J2	绘画	TN	无线电电子学、电信技术
J3	雕塑	TP	自动化技术、计算机技术
J4	摄影艺术	TQ	化学工业
J5	工艺美术	TS	轻工业、手工业
J6	音乐	TU	建筑科学
J7	舞蹈	TV	水利工程
J8	戏剧艺术	U	交通运输
J9	电影、电视艺术	V	航空、航天
K	历史、地理	X	环境科学、安全科学
N	自然科学总论	Z	综合类
O	数理科学和化学		

（三）从其他角度所作的分类

按照出版物所载知识的层次结构不同，出版物可以分为学术研究类、知识普及类、大众生活类等；按内容的表现形式来划分，可以分为文字类、图画类、图文类、声音类、图像类、多媒体类；等等。

三、出版物的特殊性

把握出版物的特殊性，有助于认识出版工作变化发展的特殊原因和内在规律，有助于运用正确的方法，处理和解决出版工作中的矛盾，促进出版工作的发展。

（一）既是精神产品又是物质产品的特殊性

既是精神产品又是物质产品的两重性，是出版物不同于一般物质产品的最重要的特殊性。

出版物有思想、知识或艺术等精神文化内容，这是在精神生产过程中由作者和编辑完成的。消费者购买出版物，既不为吃，又不为穿，而是为了满足精神生活的需要。无论从出版物的生产或消费的角度来观察，都应该把它视为以精神文化内容为本位的精神产品。如果看不到这一点，将出版物的生产视同一般物质产品的生产，把出版物与一般物质产品等同起来，就会从根本上混淆两类不同性质的社会产品，忽视出版物具有思想性和知识、艺术等内容这个最根本的特点。

出版物又是物质产品。出版物的精神文化内容必须具有一定的物质载体，而这种把精神文化内容加载到物质载体上（经常还要对载体的外在形态作加工）的生产过程与其他物质产品的生产一样，都是劳动者使用劳动工具作用于劳动对象的过程，生产三要素缺一不可。出版物的物质生产过程一旦完成，它就成为物质产品，具有使用价值，可以满足消费者的消费需要。它一旦到市场上销售，就成为商品，具有抽象劳动所凝结的价值。如果看不到这一点，把出版物只当作脑力劳动生产的精神产品，就会否定出版物与物质生产的关系，甚至不承认出版物是商品，从而否定出版活动的产业属性。

一般物质产品是在一个生产过程中完成的。出版物则不同，它有两个生产过程：前一个是精神生产过程，出版物的精神文化内容就是在这个过程中完成的。后一个是物质生产过程，亦即复制过程，各种出版物的物质形式就是在这个过程中完成的。从总体上说，精神生产过程生产出版物的内容；物质生产过程把精神生产劳动的成果复制到一定的物质载体上，形成出版物的物质形式，否则，精神生产劳动的成果就会永远停留在初始状态，不能成为可以满足市场需要的最终产品。内容的生产与形式的生产既分离又统一，是出版物生产不同于一般物质产品生产的特殊现象。在社会主义市场经济条件下，出版物既是精神产品又是物质产品的特殊性体现为出版物既有教育人民、引导社会的意识形态属性，也有通过市场交换获取经济利益、实现再生产的产业属性。其中，意识形态属性是出版物的特有属性，产业属性是出版物的一般商品属性。不能因为出版物具有一般商品属性，就忽视其意识形态的特殊属性；也不能因为出版物具有意识形态的特殊属性，就排斥其一般商品属性。要把两者统一起来。

应当指出，既是精神产品又是物质产品的特殊性，是出版物最重要的特殊性，它在相当程度上决定了出版物的其他特性。

（二）使用价值与社会效用关系上的特殊性

无论什么商品都有价值与使用价值的矛盾。出版物是商品，当然也有这方面的矛盾，与一般物质产品无异。但是，在使用价值与社会效用的关系上，出版物则有不同于一般物质产品的特殊性。

任何商品都有使用价值，如粮食能充饥，衣服能御寒，出版物能满足精神需要。消费者购买商品，就是购买它的使用价值。任何产品如果没有使用价值，就没有价值的承担者，从而也就不能交换。

一般物质产品尽管使用寿命有长有短、功能有大有小，但对它们的正常使用一般都能产生正面效用（如汽车能作为交通工具便利运输、洗衣机能洗衣），只是个别产品会在某些方面伴随有负面效用（如香烟会损害人的健康），但后者在千百万种产品中所占比例极其有限。这就是说，在一般情况下，一般物质产品的使用价值通常都能产生正面社会效用。

出版物则不然。出版物的使用价值既可能产生正面社会效用，也可能产生负面社会效用。两者都不是个别的，而是比较经常的、普遍的。前者集中体现在优秀出版物中，后者集中体现在劣质出版物中。一本荒诞、淫秽的图书，从表面上看似乎是没有效用的废品。其实不然，它同样有使用价值，能满足某些人某种精神生活的需要，甚至还可能成为某些人竞相购买的热门商品。但是，这种使用价值是人们灵魂的腐蚀剂，具有负面社会效用。

使用价值与社会效用既可能一致，也可能背离，这是出版物不同于一般物质产品的特殊性。如果把出版物的使用价值与社会效用不加区别地等同起来，就会导致“只要有人购买的出版物就都是好出版物”的错误结论。

（三）社会效益与经济效益关系上的特殊性

无论是工业产品还是农业产品，随着商品的出售就实现了价值，取得一定的经济效益。这些产品的消费过程就是产生社会效益的过程，一般情况下，其社会效益与经济效益是一致的，一般不存在经济效益与社会效益的对抗。

出版物则不同。出版物的经济效益与社会效益既可能一致，也可能不同甚至对抗。能带来利润的优秀出版物，既能取得经济效益，又能产生社会效益，两者是一致的、统一的。不能带来利润甚至亏本的优秀出版物，虽能产生一定的社会效益，却不能取得经济效益，两者是不一致的。能赚取利润的劣质出版物，虽能取得一定的经济效益，却不能产生正面的社会效益，两者是对立的。

社会效益与经济效益既可能统一又可能对立的关系，是出版物不同于一般物质产品的一个特殊性。正确处理这两个效益之间关系的原则，是把社会效益放在首位，实现社会效益与经济效益相统一。这个重要原则是所有出版单位都必须坚持的。因此要充分发挥出版物陶冶情操、凝聚力量、提振信心、鼓舞士气的重要功能。从这个意义上说，我国无论是公益性出版事业还是经营性出版产业，都必须以传播社会主义核心价值观为己任，必须坚持社会主义先进文化前进方向，把社会效益放在首位。

在社会主义市场经济条件下，检验出版产业的产品和服务是否达到“两个效益”相统一的重要标准，就是人民群众喜欢不喜欢、是否愿意花钱购买和消费。购买优秀出版物的人越多，受教育的面就越大，经济效益越好，社会效益也就越广泛。从这个意义上说，没有经济效益，社会效益也是空的。但如果出版物不讲社会效益，不符合人民群众健康有益的文化需求，在某些方面管理疏漏的情况下，即使暂时会谋些蝇头小利，但终会被边缘化直至被逐出市场，经济效益也无从谈起。因此，把社会效益放在首位，实现社会效益与经济效益的有机统一，是出版业可持续发展的重要条件。

第四节　出版资源

要发展任何一项事业，都需要开发和利用资源。所谓资源，通常指物力、财力、人力等物质要素，分为自然资源和社会资源两大类。前者如阳光、空气、水、土地、森林、草原、矿藏等，后者包括人力资源、信息资源和劳动创造的物质财富资源。出版业既有精神生产部分，又有物质生产部分，与生产一般物质产品的产业存在显著差异。因此，出版资源的开发、利用，与其他产业既有相同之处，又有不同特点。

一、出版资源的概念

出版资源是出版产品形成过程中必须加以开发、利用的各种社会资源，包括人才资源、信息资源和物质资源。出版业的人才资源由出版者队伍、作者队伍等构成。出版业的信息资源由出版物的精神文化内容、全社会的文化积累、出版单位和出版物的品牌信息、市场的文化需求信息等构成。出版业的物质资源由生产各类出版物所需的各种物质材料和各种有形资产构成。

二、出版资源的特点

出版资源中的物质资源与其他企业的物质资源并没有根本区别。对这种资源的开发和利用，可以像一般企业那样，主要依靠科学管理来实现。然而，出版资源中的人才资源和信息资源则富有出版业的特点，是出版业的重点开发对象。对出版资源的开发、利用，实际上是精神文化的再生产和扩大再生产。

（一）人才资源的特点

出版资源中的人才资源，具有不同于其他人才资源的特点。

第一，人员构成广。它不但包括出版行业的从业人员，同时还包括行业外的作者、特约编辑和专业审稿人员等。出版物的数量和质量，在很大程度上取决于作者和编辑。许多名牌出版社之所以能久盛不衰，其重要原因之一，就是既拥有高素质的编辑队伍（包括特约编辑和专业审稿人员）及专业的市场营销人员，同时又拥有强大的作者队伍。

第二，具备多方面的素质和能力。由出版业从业人员组成的人才资源，也有不同于其他产业的职业特点。出版业人才既要有较高的政治思想素质、道德素养、文化素养和专业学科素养，又要有相当的经营管理才能和新技术运用能力。在人才群体的组合方面，出版业不但要求人才个体具有一专多能和善于开拓创新的业务能力，还特别强调人才的多样性和人才结构的合理性，这是因为出版业为消费者提供的服务内容，往往涉及比较广泛的知识领域。

（二）信息资源的特点

出版业的信息资源包括社会政治、经济、科学技术、文化教育等各方面的发展信息，包括文学、艺术、科学创作成果与已经出版的各种出版物的精神文化内容，包括出版单位和出版物的品牌信息，还包括出版市场的需求信息，等等。

出版业是不同于一般物质产业的文化产业。一个出版单位已经生产出来的出版物，不仅是它的产品，而且常常也是它进行再生产的生产资料，是可以继续开发、利用的信息资源。因为许多精神文化产品的内容不会像物质产品那样在使用、消费过程中逐渐损耗、消失，反而会通过开发、利用而不断扩大、增值。出版单位拥有这样的资源越多，扩大再生产的能力就越强。如果再善于把社会上的精神文化成果和市场需求信息掌握在自己手中，那么，出版单位就会拥有取之不尽、用之不竭的，能保证出版工作持续、协调发展的重要资源。

由此可见，出版业的信息资源不是消耗型资源，而是再生型资源。面对这种资源，人们不必担心它有朝一日会枯竭，而是要考虑如何才能避免因信息失真对社会造成危害，如何才能防止因无序发展而造成信息泛滥和污染。因此，对信息资源的开发、利用，既要有永不停滞的心态，又不能随心所欲地盲目进行。那种一味低水平重复、不求创新的出版活动，那些为了赶时髦、追新潮而不惜粗制滥造的出版行为，不但会造成人才资源、物质资源的浪费，还会大大助长信息污染，危害出版业的发展。

三、信息资源的开发、利用和维护

信息资源的开发和利用有多种途径，而开发、利用时又要注意一些问题。

（一）开发和利用的途径

开发、利用出版信息资源的途径，常见的有如下几种。

1. 善于发现社会需求

广泛采集各类信息，紧紧跟上社会发展的步伐，有助于及时把握社会和时代的现状及发展需求，从而相应地提出新的出版物选题。如抓住社会发展过程中出现的最新的政治、经济、科学技术、文化教育研究成果或者文学艺术创作成果，将其转化成新的出版物。

2. 整合已有出版物中的信息

对已有出版物中的信息重新进行整理、加工、组合、编排，可使本来分散的信息变成集中的信息，使单一的信息变成综合的信息，使只有个体效应的信息变成有整体效应、规模效应的信息，从而促进信息资源的扩大和增值。如重新整理古典文献，重新翻译外国名著，把有一定关系的数本书组合成丛书等，都可取得这样的效果。

3. 及时更新已有成果

信息时代，知识更新、迭代的速度不断加快，及时反映这种变化状态，成为出版单位重要的工作内容。将社会的各种精神文化新成果与已有出版物中的精神文化成果结合起来，便能形成新的出版物。如及时修订、再版各种优秀出版物，便是其中的具体方式之一。

4. 着力打造品牌并扩大其影响

决定消费者是否购买出版物的关键因素，是出版物内容与消费者需求的吻合度。但由于出版物内容短时间内常常无法被准确把握，因此许多消费者往往把出版社是否有名、出版物是否著名、作者是否知名作为购买出版物时的选择依据。由此可见品牌信息之重要。开发名出版单位、名出版物和名作者的品牌资源，因之也成为开发出版信息资源的重要途径。品牌的打造以准确把握市场的顶层设计为核心，以出版物的特色和高质量为基础，以广泛持续的、有针对性的、实事求是的宣传为辅助。要形成高质量的出版物，除了选择优秀作者（尤其是著名优秀作者）创作作品之外，编辑加工整理的细致精到、整体设计的新颖独特和印刷复制的精良美观，都是不可或缺的。一种出版物形成品牌之后，连续推出在内容上与其相关、在名称和整体设计上与其配套或有一定关联、在质量上能保证取得消费者信任的一系列出版物，不但是充分利用品牌效应的良好途径，更是扩大品牌影响的有力举措。出版单位品牌以出版物品牌为基础。任何出版单位，只要能够始终坚持出版高质量的、富有特色的出版物，再辅之以一定的市场宣传，就能建立起自己的品牌，并以这种品牌信息带动本单位各种出版物的销售。

5. 开发国外资源

随着经济全球化进程的不断加快，出版资源有了跨国开发的可能。出版物世界市场的形成、著作权贸易的发展，使得出版物的进出口贸易日益活跃。关注国外出版物市场，积极开展著作权贸易，努力把市场扩展到国外，同时又不断从海外引进优秀出版物品种，已经成为出版界开发信息资源的重要途径。

6. 组合运用多种媒体

信息技术的飞速发展，使我们能够运用多种媒体、多种形式传播同一内容，以适合不同消费者的需求，也为出版单位开展多元经营创造了条件。如一部优秀图书出版以后，可以再制成相同内容的音像制品，改编成电视、电影、电子游戏等多种产品，使单一的出版物经营扩展成为全新的多种经营。有的畅销书不仅可用于多种媒体的开发，还可用于商业经营性的开发。如英国女作家 J. K. 罗琳的小说《哈利 · 波特》出版以后，就很快被改编成电影，不久以后，小说里的一些场景变成旅游景点，主人公的衣着、饰物都被开发成时尚商品。网络技术的发展，为出版带来了新的空间。同一内容的出版物既可以用数字化形式在网络上出版，也可用传统的实体形态同时出版。数字出版与传统出版相互补充、相互促进，已成为很多畅销出版物经常采取的出版形式。

（二）开发、利用信息资源要注意的一些问题

出版工作者开发和利用信息资源，一般要注意以下几个问题。

1. 着力于深度开发

对信息资源的开发和利用应该是深层次的，而不能仅仅停留在表层，不应是简单的模仿或低水平重复。只有深层次的开发和利用，才有可能形成高质量的、富有特色的精品出版物，更好地为消费者服务，从而不但可以大大增加物质财富，发展自己的信息资源，而且还能创造品牌，显著增加无形资产，提高市场竞争能力。如一些出版单位利用现代信息技术打造互联网平台，整合知识性的内容资源，开展各种在线教育、培训活动，使出版资源得到深度开发。

2. 重视调查研究

为了使信息资源的开发和利用达到一定深度，就要通过不断的调查研究，努力深入到信息资源的深层，在各种信息的交叉点、接合部上找出信息资源中正在孕育的新的生长点。因此，开发和利用出版信息资源的全过程都要强调调查研究。《十万个为什么》成为畅销书以后，少年儿童出版社不断开发选题，曾相继成功开发出《十万个为什么》（小学版）、《十万个为什么》（幼儿版）、《儿童彩图新世纪十万个为什么》、《十万个为什么》（CD-ROM 光盘）、《十万个为什么》（精读版）、《十万个为什么》（网络版）。之所以每次开发都取得成功，就是因为每次都通过市场调查发现了不同读者的不同需求，从而发掘出新的选题。

3. 强化创新意识

要实现信息资源的深度开发和利用，就要走出平庸出版、重复出版的误区，为创新而开发，在开发中创新。创新是复杂且多维度的。就要尽心竭力地去追求新的发现，并将其作为开发、利用信息资源的首要目标；就要敢于深入“空白区”，努力发掘前人尚未涉足之处，努力填补学科领域的空白和市场空白。

4. 提高信息把握能力

出版信息资源再丰富，开发者也必须独具慧眼，才能避免“身入宝山不识宝”的遗憾。对资源的深度开发，更要求出版工作者勤看、勤问、勤学习、勤思考，特别是通过读书学习提高知识水准。因为人对信息的感知能力、把握能力的大小，常常取决于知识素养的高低。要使头脑成为灵敏度很高的信息“雷达”，能以广阔的扫描幅度不停地接受来自四面八方的信息并及时加以分析、处理，就必须熟知各个领域内已有的知识积累和新近出现的前沿成果。出版专业技术人员既要精通自己的学科领域，又要对相关学科领域的知识有正确的、比较熟悉的了解，力求有所发现，有所创造。在信息资源开发过程中，出版人还必须重视新技术的应用，通过大数据、人工智能等方式，收集、处理出版信息，提升出版信息资源的处理能力。

5. 注重信息质量并提高其使用价值

只有在政治性、思想性、科学性和知识性上都正确无误的信息，才具有使用价值，由此形成的出版物才能得到消费者的欢迎。随着出版物市场竞争的日益激烈，争夺出版物市场的焦点已经越来越集中到出版物的质量上来。因此，在深度开发出版信息资源时，必须对已有的信息进行精心的分析、筛选、整合，去伪存真，去粗存精，力求使信息的使用价值得到提升，从而进一步提高出版物的质量，并进而提高出版物在市场上的信誉度，扩大市场占有份额。

（三）信息资源的维护

信息资源要不断维护、更新，才能形成优质的信息资源供开发、利用。特别是在信息技术不断成熟的条件下，对出版信息资源的维护日益重要。

1. 运用新技术强化信息管理

信息资源在出版活动中具有重要价值，要不断强化信息意识，加强信息管理。信息资源具有多种形态，在数字化时代，将已有的信息资源实现数字化并以数字化手段进行集成管理，是维护、开发、利用信息资源的重要手段。目前在我国出版行业，出版信息资源管理已初步实现了数字化，回溯书目系统、出版物销售系统、办公管理系统等都已得到广泛应用。未来出版单位要高度重视技术发展，及时运用各种新技术手段，不断强化对信息资源的有序管理，使其对于出版创造的价值得到充分开发和利用。

2. 不断更新、优化信息资源

在信息化时代，有着海量的信息资源，但也充斥着大量的无效信息。要合理有效地开发、利用信息资源，在很大程度上取决于对已有信息资源的不断更新和优化，要不断剔除无效的信息，提升信息资源的转化效能。

3. 实现专业化管理

信息资源的采集、整理和发布，可以是出版单位内某个从业人员的个人行为，也可以是某个部门的行为，但更重要的，是应成为整个出版单位的行为。随着出版产业整体核心的迁移，出版业由产品导向转变为消费者导向。重视消费者、了解消费者、服务消费者，成为出版企业乃至出版业发展的重中之重。为此，许多出版社打造面向消费者的虚拟社区平台，以图片、文字、音视频等多种手段呈现品牌内容和营销信息，通过一系列内容输出加强品牌效应，促进消费者购买行为，获得一手数据，更好地锁定市场。出版单位对信息资源不断地进行科学的归类、整理，建立相应的信息资源采集、整理与共享机制，对信息资源实现专业化管理，才能充分、高效地开发、利用信息资源。

4. 建立信息资源预警和应急机制

信息资源尽管不会因为使用而衰竭，但随着时间的推移和条件的变化，其价值会发生变化。有些信息资源会升值，而有些信息资源则会贬值。不同的信息资源，其升值和贬值的程度也不尽相同。有一些特殊的信息资源，会由于资源本身的变化而对资源的拥有者带来巨大影响。如品牌资源（包括作者的品牌和出版单位的品牌）在一定条件下可能造成出版单位的危机状态。因而，要建立信息资源预警和应急机制，对即将贬值的资源提出预警，对可能造成出版单位危机或者已经造成危机的资源采取应急措施。

第五节　我国出版业

出版业是从事出版物生产、经营等活动的社会行业。由于出版物的生产与社会的主流意识形态有着千丝万缕的联系，出版业的体系构成也往往具有国情特色。

一、我国出版业的特点与构成

出版事业是中国特色社会主义事业总体布局的重要组成部分，是意识形态的重要阵地，是积累和传承民族文化、进行文化积累和文化创新的重要载体，在巩固舆论阵地、传承中华文明、培育民族精神、提高公民素质、推动社会全面进步等方面具有基础性、战略性作用。

出版产业作为国民经济的重要组成部分，是发展文化产业的主力军，已经成为经济发展新的增长点和经济结构调整的着力点，在中国特色社会主义事业总体布局和全面建成小康社会战略全局中凸现出越来越重要的地位和作用。

（一）我国出版业的特点

我国出版业是从事社会主义出版活动的社会行业。这个性质决定了我国出版业与其他国家出版业既存在某些共同之处，又具有自己的特点。

1. 属于社会主义思想文化阵地

出版业从事的是组织出版物生产和传播的活动。它不断地把作品转化为出版物，并通过出版物反映各种社会文化活动的已有成果和发展状况，影响社会文化建设。

在我国，出版业是社会主义先进文化的建设者和传播者，要为促进经济增长、加强综合国力、参与国际竞争、培育民族精神、提高人的素质、推动社会全面进步，充分发挥自己基础性、战略性的作用。所以，我国出版业首先是一种社会主义文化事业，具有意识形态性，是重要的社会主义思想文化阵地，与中国特色社会主义建设全局、国家意识形态安全和社会安定有着十分密切的关系。因此，出版业的从业人员要牢固树立“四个意识”，坚定“四个自信”，做到“两个维护”。

2. 具有产业经济属性

出版业为了组织出版物的生产和传播，需要一定的经济投入。它要通过各种经济活动谋求经济实力的壮大。它的产品只有作为商品在市场上流通才能实现价值。因此，我国出版业又是一种文化产业，具有产业经济属性。它要按照价值规律和社会化大生产的要求组织生产和流通，参与市场竞争，还要善于在市场竞争中把产业做大、做强，把社会效益放在首位，追求社会效益与经济效益的最佳结合。

3. 富有文化创意价值

出版活动的对象和成果主要是人类的精神文化内容。因此出版业富有文化创意价值，是文化创意产业的重要组成部分。

出版业作为文化创意产业的一部分，与社会文化发展有着密切的联系。一方面，出版业通过自己的劳动，向社会传播着大量的知识和信息，是推动社会文化发展的重要力量；另一方面，社会文化的发展水平在根本上决定着出版业发展的内容资源，从而决定着出版业的发展水平。

4. 与信息技术密切相关

出版业作为文化创意产业，从事广义上的信息收集、整理、积累和传播活动，所以与信息技术密切相关，信息技术是推动出版业发展的重要力量。信息技术的每一次重大发展，都带来了出版业的重大进步；出版业总是迅速地将信息技术的最新成果转化为出版生产力。随着当代信息技术的飞速发展，我国出版业已经实现了以“光与电”取代“铅与火”的技术革命，并在数字化和智能化出版的道路上不断向前迈进。

5. 事业和产业的有机统一

从 1980 年开始推行出版体制改革以来，作为事业单位的我国出版单位几乎全部采用企业管理方式。政策性亏损较多的出版单位，由国家财政适当补贴；能完全做到自负盈亏的出版单位，不需国家任何补贴，甚至还可以向国家上缴一定数量的利润。

2006 年 1 月，中共中央、国务院发出《关于深化文化体制改革的若干意见》，要求根据现有文化事业单位的性质和功能，区别对待、分类指导，进一步深化文化体制改革。根据文化体制改革的精神，出版单位分为公益性出版事业单位和经营性出版企业单位两大类。少数承担政治性、公益性出版任务的出版单位，继续实行事业体制，由国家重点扶持，其他出版单位转为企业体制。国家按照增加投入、转换机制、增强活力、改善服务的要求，发展公益性出版事业；按照创新体制、转换机制、面向市场、壮大实力的要求，发展经营性出版产业。目前，除人民出版社、民族出版社、中国盲文出版社、中国藏学出版社外，绝大多数图书出版社已经转为企业。

（二）我国出版业的构成

从社会的角度看，与其他产业相比，出版业整体上就是一个行业或产业。但是，随着出版业的发展，出版活动的不同环节或不同领域形成了各自相对独立的产业系统，同时在各个产业系统之间又有着交叉、互补、共融等不可分割的联系。我们把这样的产业系统称为出版业内部的行业，出版业就是由若干个这样的行业构成的。

根据出版环节来划分，我国出版业主要由出版行业（狭义的出版业）、印刷行业（复制行业）、发行行业等构成。在习惯上，往往把这些“行业”也简称为“业”，如出版业、印刷业等。根据产业链来划分，我国出版业主要由图书出版行业、报纸出版行业、期刊出版行业、音像制品出版行业、电子出版物出版行业、数字出版行业等构成。在习惯上，人们往往把这些行业简称为书业、报业、期刊业、音像制品与电子出版业、数字出版业等。从产业规模的角度看，书业和报业规模较大，期刊业、音像制品与电子出版业规模相对较小，数字出版业起步较晚，但发展迅速，规模日益扩大。

无论如何划分出版业，出版业总是由大大小小的企业和事业单位构成的。为表述方便起见，我们把这些企业和事业单位统称为“单位”。从出版环节来看，我国出版业主要由出版单位、制作单位、印刷复制单位、发行单位、出版专业教育单位和科研单位等构成。《出版专业基础・初级》已经对这些单位做了较详的介绍，这里不再赘述。

二、我国出版业改革与发展的主要任务

改革开放以来，我国出版业不断改革，锐意进取，迅速发展。

目前，已进入了规模和速度空前提高、产业格局空前调整的大发展大繁荣时期。我国正在从出版大国向出版强国迈进。

（一）出版体制改革的主要任务

党的十一届三中全会以来，特别是十三届四中全会以来，中共中央、国务院高度重视新闻出版工作，做出了一系列重大决策，为做好新闻出版工作指明了方向。党的十六大提出了深化文化体制改革、发展文化产业的战略任务，十七大进一步对深化文化体制改革、推动社会主义文化大发展大繁荣做出了战略部署，推动出版体制改革在关键环节取得了突破性进展。十八大把握当今文化发展趋势和我国文化发展方位，对深化文化体制改革的重大决策提出了新的目标要求。党的十九大提出永远把人民对美好生活的向往作为奋斗目标，决胜全面建成小康社会，夺取新时代中国特色社会主义伟大胜利，为实现中华民族伟大复兴的中国梦不懈奋斗。这对于扎实推进社会主义文化强国建设，实现中华民族伟大复兴，具有十分重大的意义。

2003 年，国家决定在 35 个单位进行文化体制改革试点，其中出版单位有 21 家（含图书、报纸、期刊等出版单位）。2008 年 10 月，国务院办公厅发出《关于印发文化体制改革中经营性文化事业单位转制为企业和支持文化企业发展两个规定的通知》。2009 年 3 月，新闻出版总署发布《关于进一步推进新闻出版体制改革的指导意见》。4 月，中共中央办公厅、国务院办公厅发出《关于深化中央各部门各单位出版社体制改革的意见》。2014 年 10 月，国家新闻出版广电总局发布《深化新闻出版体制改革实施方案》。2017 年 9 月，国家新闻出版广电总局发布《新闻出版广播影视“十三五”规划》。这些文件为出版体制改革提出了明确的任务。

出版体制改革的主要任务可以归结为如下几个方面。

1. 完善出版管理体制

深化出版改革，健全确保把社会效益放在首位、实现社会效益和经济效益相统一的体制机制。坚持党管出版，进一步深化行政审批制度改革。加快推进新闻出版供给侧结构性改革。创新网络出版管理机制，规范出版物内容网络传播。建立健全现代企业制度和法人治理结构。完善新闻出版企业内部运行管理机制，建立健全双效统一的评价考核机制。建立健全市场准入和退出机制。加大著作权保护力度。优化出版市场管理秩序。

2. 增强出版单位发展活力

深化公益性出版单位改革，继续推进出版单位体制改革。探索国有出版企业股权激励机制，经批准允许有条件的国有控股上市出版企业开展股权激励试点。鼓励和支持传统出版传媒与新兴出版传媒融合发展。推动传统出版企业兼并重组。

3. 建立健全多层次出版产品和要素市场

加快构建现代出版市场体系，建立多层次出版产品和要素市场，大力发展图书、报刊、数字出版等产品市场，加快培育产权、版权、技术、人才等要素市场，促进市场要素合理流动，鼓励各类市场主体公平竞争、优胜劣汰。积极拓展后产品、衍生产品市场，延伸产业链，促进产业良性循环和综合效益增长。加快发展流通市场。着眼于拓展大众文化消费、信息消费，大力发展连锁经营等现代流通形式。建设聚合出版发行资源的互联网发行平台，推动网上书店健康发展，提高发行流通的信息化、智能化、标准化、集约化水平，建立布局合理、技术先进、便捷高效、绿色环保、安全有序的现代出版物流服务体系。

4. 构建现代出版公共服务体系

以人民群众基本文化需求为导向，着力构建现代出版公共服务体系，努力提高出版公共产品服务供给能力和管理运行水平，不断满足人民群众日益增长的精神文化需求。全面提升公共服务效能。着力推进文化惠民工程建设。深入开展全民阅读活动，更好发挥农家书屋效能，扶持少数民族出版工作，健全出版公共服务工作机制。

5. 提高出版开放水平

在新的历史条件下，出版业应进一步提高开放水平，积极探索市场化、商业化、产业化、社会化、本土化运作方式，同时大力加强国际交流，推动出版“走出去”。积极响应“一带一路”重大合作倡议，通过共同推进版权合作、进出口贸易，建立出版实体机构和资本项目等多种途径和形式与“一带一路”沿线国家加强文化交流。推进“中国图书对外推广计划”“经典中国国际出版工程”“中国当代作品翻译工程”“丝路书香工程”等重点工程建设，加快实施边疆地区出版“走出去”扶持计划。

（二）出版业发展的主要任务

出版业发展的主要任务有如下几个方面。

1. 提升优质内容生产能力

出版业是内容产业，优质内容的生产能力从根本上决定了出版业的发展水准。要坚持正确的出版导向，努力推出更多弘扬当代中国价值观念、体现中华优秀文化精神、反映社会主义先进文化，思想性、艺术性、可读性俱佳的原创精品力作；要坚持以人民为中心，支持出版企业积极组织策划和出版更多贴近实际、贴近生活、贴近群众的优秀文化产品，满足人民群众日益增长的美好精神文化需求；要集中优势力量，持续推进实施对文化传承具有深远意义、反映时代精神、体现国家水平的重大精品工程。通过不断提升优质内容生产能力，为整个出版业的健康繁荣提供深厚基础和强大支撑。

2. 推动传统出版与新兴媒体融合发展

遵循出版业发展规律，以内容建设为根本，以先进技术为引擎，推动传统出版与新兴媒体在渠道、平台、经营、管理等各方面加快深度融合。打破出版物载体界限，在多个出版平台上对出版内容进行深度开发和加工，实现一次性生产，多媒体发布。支持出版企业积极采用数字、网络等高新技术和现代生产方式，不断改造、优化现行的创作、生产和传播方式。积极发展网络出版等以数字化内容、数字化生产和数字化传输为主要特征的数字出版业态。支持出版企业以各种信息网络为平台，以图文、音频、视频等形式，对出版内容资源进行全方位、立体式、深层次开发和利用。

3. 发展动漫、游戏出版业态

加快发展我国的动漫、游戏出版产业，提高我国原创动漫、游戏的数量和质量。大力扶持原创动漫、游戏精品，对优秀的原创动漫、游戏作品及其相关人员、单位进行奖励和支持，培养原创动漫、游戏领军人物。鼓励开展优秀原创动漫、游戏产品的少数民族语言译制出版工作。推动对动漫、游戏出版资源的深度开发利用，不断提升其出版产品附加值。

4. 加强版权管理，发展版权产业

出版业是版权产业，有效保护版权，做好版权运营，对出版业的长期、稳定发展意义重大。要加强版权管理，特别是大力推进互联网环境下的版权保护、治理与运营体系建设，坚持先授权后使用、先授权后传播原则，完善原创作品版权保护和有偿使用制度，建设好国家版权监管与服务平台。要加大网络版权监管，重点打击各种利用新技术手段侵权盗版的行为。

5. 发展出版复制业

巩固和壮大出版物印刷、包装装潢印刷品印刷、其他印刷品印刷和只读类光盘复制、可录类光盘生产等印刷复制业。加大印刷复制业结构调整力度，促进印刷复制业升级换代。鼓励印刷复制企业积极采用数字技术和网络技术改造生产流程和现有设备。实施数字印刷和印刷数字化工程，加快发展快速、按需、高效、个性化数字印刷。鼓励印刷企业上下游共同探索新材料、新工艺的研发和应用，大力发展绿色印刷。对高耗能、高排放的落后产能，要运用环保、技术标准、产业和融资政策等手段，坚决予以淘汰。

6. 发展出版流通业

加强以跨地区连锁经营、信息化管理和现代物流为特征的大型现代出版流通组织建设，重点培育一批主业突出、辐射力强的全国性和区域性现代出版流通企业和企业集团，建设一批辐射全国的区域出版物流中心，并推动有条件的企业跨地区、跨国连锁经营。积极扶持农村出版物市场和连锁网点建设，建立以大城市为中心、中小城市相配套、贯通城乡的出版产业流通网络。建设出版物流通信息平台，统一信息标准，打通出版产业的流通渠道，整合发行渠道，提高流通效率。推广网络结算新技术，打造全国统一的网上结算平台。鼓励出版流通和物流企业发展电子商务，推进物联网与互联网相结合。鼓励出版物流企业提供第三方物流服务。

7. 服务全民阅读战略

2012 年，“开展全民阅读活动”首次写入党的十八大报告。2014 年 3 月，第十二届全国人民代表大会第二次会议的《政府工作报告》中提出“倡导全民阅读”。至 2020 年，“全民阅读”已经连续 7 年被列入政府工作报告，成为国家的重大战略。推进全民阅读，有助于提升中华民族的文化素养和精神气质，有助于促进中华民族的伟大复兴。出版业要承担历史责任，发挥自身优势，多出好书，为全民阅读提供丰富、优质的阅读材料。要通过打造各类特色阅读空间、举办丰富多彩阅读活动、扶持实体书店发展等方式，营造良好的阅读氛围，培育良好的阅读习惯，提升社会的阅读水准，促进全民阅读活动持续、深入开展。

三、我国台湾地区、香港特区和澳门特区的出版业

台湾、香港和澳门的出版业在世界华文出版中占有重要的地位。由于历史和地区的差异，台湾、香港和澳门的出版业各有自己的特点。

（一）台湾地区出版业

台湾成规模的出版活动起步于 20 世纪 40 年代末。到 1967 年，台湾登记注册的出版社数量突破 1 000 家大关。到 1988 年突破 3 000 家。目前，台湾地区的出版社数量在 2 万家左右，其中每年出版的纸质版新书在 4 万种左右，电子书在 4 000 种左右。台湾有报社 2 000 多家，期刊社 7 000 多家。台湾的出版机构绝大多数是民营的，并且主要集中在北部。台北市与新北市的出版社占台湾出版社总数的 70% 以上，期刊社占总数的 60%，报社占总数的 50%。

台湾地区拥有较为成熟的书刊发行渠道，连锁书业发达，从 20 世纪 80 年代兴起的连锁书店目前遍布全岛。其中诚品、金石堂是台湾最重要的两大连锁书店体系。网上书店以博客来网络书店独大，金石堂网络书店居次。

台湾每年都举办书展。大型书展是始于 1987 年的台北书展。它集著作权交易、图书销售于一体，自 1998 年起为每年举办一届，时间定在每年的一、二月份。

（二）香港特别行政区出版业

香港对出版社的设立实行登记注册制度。目前，香港有图书出版社 1 000 多家，其中具备一定规模的约 100 家，其余都是小型的出版社。一些出版社还联合组建了出版集团。

世界上许多国家的出版公司或跨国公司在香港设立有分支机构、办事处等，少数公司甚至将总部也设在香港。因此，香港既是一个中文出版物市场，同时也是一个英文出版物市场。香港有十几家英文出版社，它们出版的图书以教科书、旅游书、画册等为多，内容题材多数以香港本土为主，有的也扩展到中国其他地区。近年来，少数英文出版社也开始进入中文出版领域。

香港的出版物发行机构不仅经营本地出版物，也从事进出口业务。香港图书向境外出口或转口的范围很广，伸展至世界各地有华人聚居的地方，与 100 多个国家和地区的发行机构都有业务联系。

香港目前有各类书店、书摊近千家。香港书店业有一道景观，那就是独具香港文化特色的“二楼书店”。“二楼书店”创始于 20 世纪五六十年代，一些知识分子为向社会普及文化，纷纷开办书店。由于销售的都是各类专业书籍，无法畅销，所以，只能将店面开在租金相对较低廉的二楼、三楼，甚至还有四楼或更高。这些书店以销售各类专题图书为特点。近年来，由于房租上涨、连锁书店增多，这些“二楼书店”的生存空间不断被挤压，歇业的较多。

香港最主要的书展是每年一次的香港书展，由香港贸易发展局主办，每年七月举行。

香港还是世界上最发达的印刷中心之一，为香港出版业提供了有力的支持。

（三）澳门特别行政区出版业

由于历史的原因，澳门的出版业发展较慢，未能形成有影响的“产业”。报业在出版业中地位突出，有些报业机构能够赢利，但是图书、期刊的出版尚处于较低水平，多数书业、期刊业机构都难以赢利。

澳门的出版机构包括政府、民间团体及私人主办的三种性质的出版机构，其中政府的公营出版机构占最重要位置，其次是民间团体的出版机构，个人的出版机构数量很少。澳门所出版图书的主要购买者是各图书馆。

第六节　国外出版概况

随着世界多极化、经济全球化加快发展和我国对外开放不断扩大，中外思想文化交流、交融、交锋更加频繁。因此，出版专业技术人员有必要大致了解一些国外不同国家的出版业情况。这对于做好出版工作不无裨益。

一、美国出版业

美国的出版业在第二次世界大战以后发展较快，已经成为世界头号的出版强国。

美国出版史上有两个较快的发展时期：一是 1861—1865 年美国南北战争以后，出版业随着资本主义的迅速发展而发展，到 20 世纪 20 年代进入繁荣期，纽约、波士顿和费城等出版中心逐渐形成；二是第二次世界大战以后，随着科研、文化人才大量流入美国，科技文献供需两旺和文化市场的发展极大地刺激了出版业的进一步发展。

美国拥有全球规模最大的出版产业和出版市场。近年来，美国图书出版种数在 20 万种左右浮动。图书出版业的销售收入在 250 亿—280 亿美元之间波动，2018 年，美国图书出版业销售收入约为 258.2 亿美元。世界许多出版公司，都在美国设有分社，集中在纽约、波士顿等地。

美国出版企业的设立采用登记制，一般只要在企业所在州、郡或市登记后即可成立出版社、书店等。美国的麦格劳－希尔、威利、西蒙舒斯特等出版集团，在全世界都有极大的知名度和影响力。当然，美国还有大量的小型出版社。

美国的自助出版持续增长，2013—2018年间，美国的自助出版图书种数（含纸质书和电子书）共增长了263.60%，为167.8万种。CreateSpace、Smashwords、Lulu是美国自助出版三巨头。

美国的图书发行中间环节包括出版社的发行公司、发行代理商、独立销售代表、批发商和馆配商等。批发商为独立书店、连锁书店和图书馆充当一站式购书中心的角色。

美国的图书零售环节包括连锁书店、独立书店、库存书经销商、专门商店以及附设于药店、超市和购物中心的售书处等多种类型。巴诺书店是美国最大的零售连锁书店，也是仅次于亚马逊的第二大网络书店。亚马逊网上书店在美国发展很快，对美国的独立书店产生了很大的冲击。但近年来，亚马逊也开始开设实体书店，以提升用户的阅读体验。

美国书展（BOOKEXPO AMERICA，简称BEA）始于1947年。该书展是北美最具影响力、规模最大的图书业展览会，具有版权洽购及图书订购双重功能，每年五六月吸引全球80多个国家和地区的上千家机构参展。

二、英国出版业

英国的出版业始于15世纪70年代，以1476年在威斯敏斯特教堂开设英国第一家印刷所为标志。英国的印刷水平和规模长期落后于欧洲大陆。当时不仅纸张和铅字需要从欧洲大陆进口，就连印刷商也多是外国人。1500年，英格兰只有5家印刷厂，全部集中在伦敦。

到 19 世纪，随着英国资本主义的发展和成为世界范围内的殖民帝国，英语图书市场得到了扩展。英国出版业逐渐形成了一个鲜明特点——图书出口占据举足轻重的地位。英国和美国在国际英语出版物市场上竞争激烈。为此，英国政府积极鼓励出版业参与竞争，其下属的文化委员会、海外贸易局等机构在政策、资金和税收等多方面加以支持，以推动英国出版业走出去。

目前，英国是世界上的出版大国和出版强国之一，拥有培生集团、励讯集团、英富曼集团、牛津大学出版社等众多世界著名的出版机构，这些出版机构通过聚焦主业，延续、强化优势，从不同途径和方式提升出版能力，完成新的出版生态圈的构建和出版业态的升级，实现内容生产到内容传播全过程的创新和变革。

在数字媒介快速发展的环境下，英国出版业纸质图书销售收入出现波动。2018 年英国纸质图书销售收入为 34.23 亿英镑，较 2017 年下降 5.3%。

2017 年，英国图书出口继续增长，出口收入为 35.41 亿英镑，占总收入的 58.5%，占据了世界 17% 的市场份额，欧洲是英国图书在全球最大的出口地区，占英国印刷品年销售额的 1/3 以上。

英国有 5 万多家出版社，其中 90% 为中小型出版社，大型出版社主要是跨国传媒公司。小型出版社和行业巨头之间的两极分化现象突出。

英国的图书发行体系一般涵盖发行代理商、批发商、零售商三个环节，有时也可以只经过一个或两个环节，从而形成不同的间接渠道和直接渠道类型。英国图书零售终端多种多样，有连锁店、独立书店、超市、图书俱乐部、网络书店等，各种零售终端所占比例不同。1997 年英国废除《净价书协议》（*Net Book Agreement*）之后，独立书店的经营变得比较困难，而连锁书店的规模和市场份额相对稳定，超市和网络书店的市场占有率则有较大增长。

英国对出版企业的设立实行登记制，对外资进入英国出版业也没有限制。另外，英国是少数几个对印刷出版物免征增值税的国家之一。

三、法国出版业

法国出版业是从 19 世纪逐渐发展起来的。1850—1860 年间，法国出版业经历了工业化改革，大量家族式的出版机构或扩张或被注资经营，法国的图书出版业进入了高速发展的阶段。1920—1928 年是法国出版业的繁荣时期，但第二次世界大战期间，因国土被德军占领，法国出版业一片萧条，战后逐渐恢复。20 世纪 50 年代，法国出版业重新进入繁荣时期，中小型出版社纷纷成立。自 1982 年起，法国实行统一书价制。

目前，法国出版机构大多数集中在巴黎，其次是里昂。著名的出版公司有阿歇特图书集团、埃蒂迪集团、马德里高集团、萨吕特集团等，这些集团有自己的发行渠道和仓储空间。

法国图书的发行分直接销售与间接销售两种。直接销售是出版商以公开价将图书销售给经纪人、消费者、团体、政府部门，或以非公开价销售给图书俱乐部和零售商（包括书商、超级市场、百货商店）。间接销售是出版商以非公开价，通过代理商、发行商、批发商中转后销售给零售商。自 1971 年起，法国出版业明确了代理商和发行商的职责。代理商起图书供应代表作用，负责向各个书商、批发商、超级市场推销图书和接收订单，同时负责集中订单、处理订单、管理顾客账目、供货及记录退货等。图书零售主要通过实体书店、报刊亭、图书俱乐部、邮购公司、网络书店等向读者销售图书。期刊发行主要依靠报刊代理公司。法国的网络书店销售也在稳定增长，近年来，电子书出版业得到了一定的发展，电子书下载和在线阅读成为出版社数字出版收入的最重要来源。

法国政府对出版活动起一定指导作用。法国文化部媒体和文化产业总局下属的图书和阅读局负责图书行业的政策制定、行业发展评估和监管职责，法国国家图书中心在其指导下对法国国内出版业务进行资助和支持。法国注重出版业的对外交流与合作，法国对外文化教育局在法国外交部管理和文化部指导下统筹法国驻外的文化交流与推广工作。

四、德国出版业

15 世纪四五十年代，德国美因茨的金匠约翰 · 谷登堡（Johannes Gutenberg，又译“约翰 · 谷腾堡”）利用包括手工平压式印刷机、铸字机、铅锑锡合金活字等在内的一整套金属活字印刷技术，印刷了一批精美的书籍。他的发明也在全世界范围内得到了广泛传播。

16 世纪初，宗教改革大大促进了德国出版业的发展，新教徒和新教著作在出版业中占主导地位。其间，法兰克福因最早兴起书市而成为当时德国出版业乃至欧洲出版业交流的中心。约从 1650 年开始，莱比锡超越法兰克福成为德国的文化中心，云集了当时德国最重要的出版社，成为最重要的出版基地。

18 世纪，德国出现了一大批专业出版商，其中近百家至今仍在营业。

18 世纪末 19 世纪初的欧洲工业革命促进了出版业的技术革新，提高了出版业的生产力，德国出版业迅速发展。1913 年德国年出版图书超过 3 万种，居世界第一位。但在两次世界大战中，德国出版业遭受沉重打击，战后才逐渐恢复。1990 年德国统一之后，出版业进一步得到发展，成为世界出版大国之一。

从过去十年的数据看，德国出版业呈波动式前进，曲线呈明显下降的趋势。2018 年德国图书市场总销售额约为 91.3 亿欧元，与 2017 年大致持平。

德国有约 2 万家出版发行企业，其中出版社或出版机构约占 3/4。出版发行企业销售额级别的差异很大，2016 年，在有缴税义务的 2 034 家出版社中，455 家出版社年销售额在 1.75 万—5 万欧元之间，只有 20 家出版社年销售额在 5 000 万欧元以上。在有缴税义务的 3 682 家图书零售企业中，销售额级别低的企业不在少数，年销售额达到 5 000 万欧元的只有 9 家企业。

德国出版业实行统一定价制度，《统一定价法》（修正案）于 2002 年 10 月 1 日生效。按照该法规的规定，德国的图书零售必须严格按照定价进行，擅自打折销售的书店将被处以高额罚金；出版社出版的新书只有在上市 10 个月以后才能打折销售，并且如要打折必须发布公告；俱乐部版图书不受打折限制，但是此类产品只能向会员销售且与出版社的新书销售至少有 4 个月的时间差，另外其装帧设计必须与出版社版本有所区别。此项法规有利于促进大量图书销售点的建立，因此与英美等国由大型连锁书店垄断图书零售市场的情形略有不同，德国的中小型独立书店也有一定的生存空间。加之德国图书零售业的现代化程度极高，早在网络书店兴起之前，德国人就可以在遍及全国的4 000多家书店中的任何一家购买或订阅约100万种书籍。

在德国，图书从出版社到达消费者手中，中间一般经过两个环节——中间商和零售商。德国图书中间商主要有三种类型——订单中心、出版社配送代理和综合性中间商（图书即时供货商）。零售渠道主要涉及综合性图书零售点、出版社直销、邮购图书贸易（含互联网图书贸易）、其他销售点、百货商场和会员制图书俱乐部。

近年来，德国的电子书也得到了一定的发展。但与纸质书相比，规模还比较小。

五、俄罗斯出版业

俄罗斯当前的出版体系形成于20世纪的最后十年。出版社实行登记制、申请制。每年在全国图书市场上约有5 000—6 000家出版社积极开展业务。2018年俄罗斯有5 794家处于运营中的出版机构。俄罗斯出版业主要集中在中央区，莫斯科和圣彼得堡是俄罗斯的出版中心。2006年俄罗斯成为继中国、美国、英国之后，世界上图书出版数量达到10万种以上的第四个国家。2018年俄罗斯新书出版品种数达到10.29万种。

近年来，俄罗斯纸质图书发行市场总量在750亿—800亿卢布上下浮动。2018年俄罗斯传统出版业发展较为平稳，各项指标同比实现了小幅增长，增幅在1%—2%之间。2018年俄罗斯纸质图书市场总量（含财政补助机构采购额）约为749.5亿卢布，图书市场总量（含纸质图书和电子图书）共计797.6亿卢布。

俄罗斯的数字出版市场由 B2C 和 B2B 两部分构成。B2C 领域涵盖电子书和听书。B2B 涵盖电子图书馆系统。2018 年俄罗斯数字出版总量约占俄罗斯纸质图书和电子图书市场总量的 6%，市场发展势头虽有放缓，但发展水平已达到欧洲平均水平（5%—6%）。

俄罗斯图书发行渠道主要分批发和零售两部分。图书批发由图书批发公司、图书零售企业、出版机构共同完成。目前，一些俄罗斯大型图书批发公司兼做馆配、零售或网上书店业务。俄罗斯图书零售发行渠道主要涉及书店、联邦连锁书店、报刊亭、非专业图书零售机构、网上书店五部分。书店依然占据市场主导地位，其次是网上书店。

六、澳大利亚出版业

澳大利亚是英语国家中重要的图书出版市场。2017 年图书销售总量为 5 550 万册，图书总价值为 10.7 亿美元。

第二次世界大战之前，作为英国出版业最大的海外市场，澳大利亚的出版业还落后于当时的主要资本主义国家。20 世纪 50 年代以后，随着国内经济快速发展、国民意识不断增强，争取教育和文化独立的倾向越来越强，出版业得到快速发展。20 世纪 80 年代以后，澳大利亚已经成为继美国、英国之后的世界第三大英语图书市场。

澳大利亚出版社的成立采取注册制。出版企业除了传统的图书出版商，还有政府部门、地方议会、社区、业余志愿组织、专业协会、兴趣团体、宗教团体及个人，根据图书出版的总数区分专业出版商和非专业出版商。澳大利亚独立墨水自助出版平台为自助出版图书的作者提供一站式服务。

澳大利亚有约 400 家专业传统图书出版商，其中有非常小的微型出版商。少数大型出版商占据了大部分的市场份额，包括培生、企鹅兰登书屋、哈珀・柯林斯、阿歇特、麦克米伦、西蒙舒斯特等。澳大利亚最大的本土独立出版商是艾伦－昂温出版社。其他获得国际声誉的澳大利亚出版商还有千禧之家出版社、新前沿出版社和孤独星球出版公司。

澳大利亚图书发行渠道丰富、通畅，除了传统的实体零售渠道外，还包括海内外的网络供应商。主要的线上图书零售平台有亚马逊、巴诺书店等，最受欢迎的实体书店依次是连锁书店、系列折扣书店、百货店，还有一些独立书店及以本地市场书摊为代表的二手书渠道。目前连锁书店仍是澳大利亚图书零售市场的主要力量。

随着在线平台的增长，以及移动设备和信息技术改变消费者获取内容的方式，澳大利亚的期刊业也受到影响，出版发行收入下降。但截至 2017 年，纸质期刊的发行量仍继续增长，数字期刊为杂志品牌带来全新的读者，多数期刊的纸质版和网络版均有很高的交叉阅读率。

七、日本出版业

公元七八世纪时，中国的雕版印刷术经朝鲜传入日本，日本的书籍出版才真正出现。1591 年，意大利传教士将西方的印刷机、铅字等带到日本，并在长崎附近开设印刷所印刷基督教书籍。但在这一时期西方的活字印刷术并没有对日本出版业产生很大影响。16 世纪中期，日本民间开始出现出版活动。17 世纪中期，日本民间出版业真正形成。当时的民间出版企业主要集中在京都、大阪和江户三个城市。19 世纪末叶，日本的大规模出版体制形成。

第二次世界大战时期，日本出版业几乎遭受了灭顶之灾。1936 年，日本开始实行“出版统制”。1940 年，半官方的日本文化协会（1943 年改名为日本出版会）监管统治全国的出版业，掌握纸张分配权、控制出版社并审查图书出版计划。“二战”期间，日本出版社数量从战前的三千多家减到二百多家，年出版图书种数也从三万多种下降到五千多种。日本宣布无条件投降之后，美国占领当局对日本媒体进行强制改革。1945 年 9 月 24 日，占领当局向日本政府发出《关于将新闻界与政府分离开来的指令》，要求日本废除阻碍言论自由的相关法律。出版等媒体产业因此实现了产业化转型。日本出版业开始全面发展并逐渐成为世界出版强国，甚至在日本经济整体不景气的年份依然保持了稳定增长。但从 20 世纪末开始，日本出版业出现持续轻微下滑状态。

2018 年，日本图书和杂志（类别包含纸质与电子）总销售额为 15 400 亿日元，较 2017 年有小幅上扬。电子出版物（含电子图书、电子漫画和电子杂志）的市场规模同比增长 11.9%，达到 2 479 亿日元。纸质图书市场规模减幅巨大，纸质图书的出版种数连续 6 年持续走低，2018 年为 71 661 种。纸质图书和电子图书合计的市场规模表现平稳。

2018 年，日本出版社数量为 3 058 家，同比减少了 126 家，数量最多的是信息教育类出版社，其次是人文社会科学类出版社。

日本的大中型出版商往往同时出版图书和报刊。期刊（尤其是漫画期刊和周刊）一直是日本出版业的重要组成部分。但 20 年来，曾经撑起日本出版业半壁江山的期刊业销售状况持续恶化，2016 年打破了日本出版业持续 41 年的“刊高书低”式的基础出版结构。日本的出版商，大部分位于东京，大多数出版商规模都比较小。这些出版商几乎没有同时经营印刷、装订业务的，而将之委托给独立的印刷、装订公司。

日本有 70 余家出版物批发商，其中规模最大的是“东贩”与“日贩”。日本的出版商和书店都十分依赖批发商，有些书店甚至看起来就像是批发商的附属组织。随着日本纸质出版业的萧条，日本实体书店数量不断减少，且出现大型化趋势。茑屋书店是日本富有特色的实体书店，有 15 万册藏书和 13 万张可供出租的 DVD、CD，是日本知名的复合式文化生活空间。日本主要的网上书店有亚马逊日本、乐天书店等，其中，亚马逊日本是网络书店的巨头，2017 年亚马逊日本扩大了从出版社等商品制造商直接销售的直销范围，开展面向出版社的物流体系建设等新服务。

近年来，日本的电子书出版得到了很大的发展，形成了依托手机、电脑、专用电子书阅读器等多种终端的出版模式。

第七节　出版学概述

出版实践的不断发展，必然呼唤相应理论的指导，也必然导致有关理论的产生，并最终促使出版研究的兴起和出版学的形成。现有的出版学研究成果和学科建设业绩，已经展现出它丰富的内涵，表明它有自己特有的研究对象、概念、原理和体系，已经成为一门独立的学科。

但是，到目前为止，出版学还有待于成为一门更为成熟的学科。从学科的研究对象到学科的基本范畴、理论体系，还有待于进一步深入研究和完善。

一、出版学的学科性质

出版学是研究出版活动及其发展规律的科学，其目的是为出版活动提供理论指导。出版学是行业之学、领域之学，其学科性质属于应用科学。

出版学是一门年轻的学科，它充分重视对出版活动的经验概括，并不断将经验概括上升到理论的高度，从而发展和完善学科内容。

已有的学科建设经验证明：如果仅仅满足于对出版活动的经验概括，无法弄清出版活动的发展规律，难于正确指导出版活动的发展；如果不顾出版活动实际，盲目照搬、照抄综合科学或其他行业之学的理论，追求没有实践基础的玄虚的理论体系，会使出版学成为无用之学，同样不能正确指导出版活动的发展。这两种倾向都不利于出版学的学科建设，从而不利于出版实践的发展。

二、出版学的研究对象

出版学是关于出版活动及其发展规律的科学，其研究对象就是出版活动与社会的关系以及出版活动本身的规律性。

出版学的一系列范畴，研究出版活动与社会的关系。如出版与政治、出版与文化、出版与经济、出版与科技以及本国出版与国际出版，等等。还有一些范畴，反映了社会对出版活动的决定性影响，如出版活动的文化属性与商业属性、出版活动的社会效益与经济效益、出版活动的产业功能与事业功能，等等。

出版活动的编辑、复制和发行三个阶段，有着各自独立的发展规律，同时又相互依存、相互制约、相互促进。在市场经济条件下，出版活动的三个阶段围绕着出版物市场组织出版物的生产，并因此而有机构成统一的出版业。出版与社会的关系内化在这一统一的出版业之中。因而，出版物、出版业和出版物市场的矛盾运动，构成出版活动的基本规律。这一矛盾运动决定了出版活动的性质及其特点：决定了出版物既是精神产品又是物质产品、既是文化产品又是文化商品的属性，决定了出版业既是文化事业又是文化产业的属性，决定了编辑活动、复制活动和发行活动之间分工合作的相互关系，决定了编辑、作者、消费者之间的相互关系，等等。

三、出版学的研究内容

出版学是有关出版活动一般规律性的学问，其内容主要包括以下几个方面。

（一）出版与社会的关系

出版活动与社会政治、经济、科技、文化等的关系，即其与社会的关系，是出版学研究的重要内容。

社会政治、经济、科技、文化等对出版活动有着决定性的作用和影响，同时，出版活动对社会政治、经济、科技、文化等又有巨大的反作用。对两者关系的研究，重点是明确出版活动在经济社会文化和科技发展中的位置和作用，阐述出版活动在整个经济社会文化发展中的规律性。

（二）出版物

出版物是出版活动的成果，它集中体现了出版活动与社会的关系，应该是出版学研究的重要对象。

1. 出版物精神生产与物质生产的特点及其相互关系

出版物既是精神产品，又是物质产品，具有与一般物质产品不同的特点和内在矛盾。要弄清出版活动的规律，首先必须揭示出版物的精神生产和物质生产的特点及其相互关系，并据此进一步揭示出版活动的特点和内在矛盾运动。

2. 出版物的社会效益与经济效益及其相互关系

出版物的社会效益和经济效益与一般工农业产品大不相同。在一般情况下，工农业产品的使用价值与社会效益基本一致，而出版物的使用价值与社会效益的关系错综复杂。因此，研究出版物的两个效益的表现形式及其相互关系，是认识出版活动规律的重要途径。

（三）出版业

出版业是从事出版活动的社会行业，是出版学研究的主体，出版业的发展规律影响着出版活动的各个环节、领域和侧面。

对出版业的研究主要包括如下几项内容。

1. 出版业与相关行业的关系

出版业与社会其他行业有着千丝万缕的关系。相关行业包括造纸业、机械制造业、文化教育与科学研究、信息技术产业、金融服务业，等等。出版业就是在与这些行业的相互作用中形成自己特有的发展规律。

2. 出版业的体制机制

出版业具有完整的产业链，由多个环节、侧面、部分构成，在社会基本制度和经济体制的影响下，在经济社会文化和科技发展的基础上，按照一定的体制机制运转，形成既与社会其他行业具有共性、又有自身特点的体制机制。

3. 出版业的结构和发展方式

出版业由不同的行业组成，这些行业由大大小小不同的企业组成。在行业和企业的运动过程中，就形成出版业的结构。在一定的体制机制、社会经济文化环境下，出版业及其结构会按照一定的方式发展，这就形成出版业的发展方式。特别是对于发展中的出版业，发展方式的研究极其重要。

出版业结构，既包括出版业内部的结构，也包括出版业的地区布局结构，以及产业集中度等市场结构。其中，出版业内部的结构，特别是编辑、复制和发行这三大行业结构是出版学研究的重要内容。

编辑工作在这三个阶段中相当于“发动机”“原动力”，对复制和发行起决定性作用，而复制和发行也可能会反过来影响编辑工作。

这三个阶段由于职能的不同，分别形成了出版业的三种不同的业态，即狭义的出版业和印刷复制业、发行业。

出版学重点研究这三个阶段之间的相互关系及其一般性的发展规律。

（四）出版物市场

在市场经济条件下，大多数出版活动就是要面对出版物市场，生产出不断满足市场需要的出版物。对出版物市场的研究是出版学的重要内容。

出版学对出版物市场研究的重点，在于出版物市场体系建设、出版物市场与经济社会文化的关系等等。

随着我国社会主义市场经济的发展，出版物市场也在不断发展，而市场竞争的激化，也给出版业带来许多复杂的问题。因而，出版学要通过对出版物市场的研究，揭示它们的特点和变化规律。

（五）出版专业人才培养

人才是出版业第一资源，出版业的成败得失，在很大程度上取决于出版人才队伍素质的高低。因此，出版专业人才培养是发展出版业的一项十分重要的任务。

根据出版专业人才的特殊素质要求、成长特点与出版工作实践在人才培养上的特殊性，出版学重点研究出版专业人才的专门教育和培养及出版人才队伍在人才结构和知识、技能更新上的特殊要求，揭示出版专业人才的培养与管理机制的对立统一关系。

（六）出版管理体制及出版法制建设

出版活动是一个系统工程，内容十分丰富、复杂，更加离不开现代化的科学管理。特别是我国出版业是有中国特色的社会主义出版业，出版管理体制及出版法制建设对于出版业的发展具有重要的作用。因而，有关出版管理体制及出版法制建设的研究十分重要，是出版学不可缺少的研究内容之一。

（七）出版企业经营管理

在市场经济条件下，出版业微观单位的经营管理对于出版企业具有重要意义。特别是我国大多数出版企业以往长期按照事业单位运行,在转企改制后,企业经营管理摆到了突出的位置。

（八）中外出版历史

历史是一面镜子。要认识出版活动的规律，不能仅仅局限于某一段时间，而必须在历史的长河中考察。即使是在具体的业务内容方面，历史上也有无数的经验和教训。因此，认真研究中外出版历史，总结历史经验，并进行中外历史经验的比较研究，是出版学的重要研究内容。

四、出版学的相关学科

出版学要从整体上研究各类出版活动的共性和规律，必然要涉及众多的学科，必须借助众多相关学科的理论和方法。这些相关学科主要有编辑学、目录学、版本学、校勘学、文献学、传播学、新闻学、文化学、社会学、经济学、管理学、市场营销学等。从总体上说，它们与出版学有着既相互独立、又相互联系和影响的关系。

传播学是研究人类通过媒介使信息增值并得到传递和交流的学科。它所形成的一些理论和研究方法，尤其是其中有关文化传播学的研究成果，可供出版学研究吸收、借鉴。

新闻学是研究新闻工作的基本原则和方法、新闻事业的经营管理等的学科。由于报纸也是一种出版物，它同样包含有编辑、复制、发行等要素，因此新闻学的不少原理和新闻学的一些重要文献，对出版学研究都很有借鉴意义。

出版的文化属性决定了出版学与文化学、社会学的密切关系。要把握出版物、出版活动和出版业的发展规律，必须注意出版的文化属性，熟悉文化的本质特点，重视吸收和利用文化学、社会学的研究成果。同时，出版学的研究成果对于丰富和发展文化学、社会学，也能做出积极的贡献。

五、中外出版学研究和学科建设概况

由于出版业的发展日益需要理论的指导，出版学对出版实践的推进作用日益明显，世界各国的出版界、学术界正越来越关注出版学学科建设的发展。

（一）中国的出版研究和学科建设

早在古代的出版活动中，从事出版工作的人就开始不断总结各种出版经验，并逐步形成有关出版活动的许多观念和理论。例如，在我国古代典籍的许多序、跋中，就有不少资料介绍了某些书籍著述、刊刻的目的和经过，还有一些资料则是古代出版理念的简单记录；在有关古籍整理、图书管理、版本校勘等的古籍（如汉代刘向的《别录》、刘歆的《七略》、南宋郑樵的《校雠略》）中，就有不少有关古籍校勘整理的理论资料；在许多古代史书的“艺文志”“经籍志”中，则有不少古代书目和有关图书出版的历史资料。到了出版业相对比较发达的清代，这方面的著作如章学诚的《校雠通义》、纪昀的《四库全书总目提要》、叶德辉的《书林清话》等，给人们提供了更加丰富的出版学研究资料。

20 世纪初期，我国出现了专门研究图书和出版活动的刊物《图书月报》《出版周刊》《出版月刊》等。同时，有一些著名的出版家（如张元济、邹韬奋等）、文学家（如鲁迅、巴金等）、革命家（如毛泽东、周恩来、邓小平等），经常总结自己编辑书刊的经验，发表关于做好出版工作的意见和主张。这些都是我们今天研究出版理论、建设出版学所不可缺少的思想资料。

中华人民共和国成立以后，党和政府制定了一系列有关出版工作的重要文件（如 1983 年《中共中央、国务院关于加强出版工作的决定》等）。随着改革开放的不断深入，为适应出版业与市场经济接轨的需要，我国又有一系列有关出版业管理的法律法规出台。它们是中国特色社会主义出版工作的理论和实践的结晶，要建设我们的出版学，必须认真加以学习和研究。

最早提出“出版学”学科设想的是中国人杨家骆。他在 1931 年出版的《图书年鉴》上撰文认为，“出版事业志”中应该反映出版学的研究内容。可惜他的设想因为日本侵略中国的战争爆发而未能实现。①

在我国，正式提出要把有关出版活动的理论研究作为一门学科来建设，是改革开放以后的事情。1983 年，中国出版工作者协会在广西桂林召开研讨会，第一次把有关出版活动的理论研究真正作为出版学学科建设展现在学术舞台上。会上发表的不少论文对后来的研究产生了很好的影响。20 世纪 80 年代以后，有关出版学的学术研究比较普遍地展开。至今，我国已经出版了不少出版学的论著，并成立了中国新闻出版研究院等出版科学研究机构，还在一些大学里设立了出版专业，开设了编辑学、出版学、发行学等课程。出版学学科建设在各方面都取得了显著成效。

（二）外国的出版研究与学科建设

对出版活动的研究，英国开展得比较早。对出版业产生了

---

① 张志强．20 世纪上半叶的出版研究．编辑学刊，2001（3）．

深远影响并成为资产阶级反对封建主义著名檄文的《论出版自由》，就是英国诗人约翰·弥尔顿在 1644 年发表的。但是，真正把有关出版活动的理论作为一门学科来建设，在英国也是比较晚的事情。比较系统地论述出版活动的著作，是被西方国家称誉为“出版圣经”的《出版实况》（英国出版家斯坦利·昂温著，后来被日文版译者改名为《出版概论》）。该书于 1926 年问世。目前，英国每年都有出版研究的著作出版。英国的牛津布鲁克斯大学、斯特灵大学等十几所大学开设了出版研究生专业，为出版业培养了大量人才。

日本和韩国都是较早提出要建立出版学的国家。日本在 1950 年下半年提出建立出版学会的设想，1967 年 7 月又提出“出版学是一门独立学科”的主张。1969 年日本出版学会成立以后，便正式开始出版学的学科建设工作。日本的庆应大学、东京经济大学等，都开设了出版方面的课程。韩国于 1958 年在首尔新闻学院（原译“汉城新闻学院”）开设出版课程；1969 年 3 月成立出版研究会，同年 6 月该研究会改称“韩国出版学会”。1996 年以来，韩国与中国每年在首尔和北京交替举办出版学术会议，探讨两国出版业面临的难题及如何应对出版环境变化带来的危机等战略问题。

在美国，较有影响的出版研究著作《图书出版的艺术和科学》（作者为小赫伯特· S. 贝利）是 1970 年问世的。现在，美国每年都会有出版研究方面的著作出版。美国纽约大学、佩斯大学等数十所大学开设了出版研究生专业，在国际上具有很大的影响。

六、开展出版学研究的重要意义

尽管出版学还是一门年轻的学科，学科内容还没有得到充分的展现，但已有的研究成果及其已经产生的社会作用，足以证明出版学所具有的生命活力，过去那种断言“出版无学”的偏见受到了事实的驳斥。作为出版从业人员开展出版学研究具有重要的意义。

第一，指导出版实践。只有用科学的理论指导出版实践，才能树立正确的出版观念，不断适应飞速发展的形势，积极应对来自各方面的挑战；才能正确发挥出版工作者的智慧和才能，创造性地开展工作，不断为出版业的繁荣、发展做出贡献。

第二，提升出版人员的专业素养。只有依靠出版学的学科建设，才能从根本上满足各方面对出版专业人才的迫切需要，并使出版专业人才的素质能够在持续、正规的培养中不断得到提高。继续教育、岗位培训可使专业人员凭借科学理论的指导，摆脱经验传授的局限性；全日制学校里的专业培养使专业人员有系统的理论基础。

第三，培养热爱出版工作的情怀。只有对出版学有足够的理论兴趣，才能更加热爱出版工作，自觉地在出版业这个大学校里汲取丰富的营养，才有可能在出版工作岗位上不断成长，最终成为有精湛造诣的学者专家。

正是由于出版学研究具有这样的意义，出版业从业人员应该积极关心出版学学科建设的发展，并以积极参与、认真学习的态度，大力支持出版学研究。

思考题

1．什么是出版？它有哪些构成要素？其前提是什么？

2．社会发展对出版活动有什么影响？体现在哪些方面？

3. 出版活动对社会发展有什么作用？体现在哪些方面？

4. 我国出版工作的指导思想是什么？

5. 我国出版工作必须贯彻、执行哪些方针原则？

6. 我国出版工作的主要任务包括哪些？

7. 什么是出版物？它有哪些要素？出版物的种类有哪些？

8. 出版物有哪些特殊性？

9. 什么是出版资源？它具有哪些特点？

10. 为什么说出版业的人才资源和信息资源各有不同于其他行业的特点？

11. 开发利用信息资源有哪些主要途径？如何实施？

12. 开发利用信息资源时应注意哪些问题？

13. 信息资源应该如何维护？

14. 我国出版业的性质特点是什么？具体体现在哪些方面？

15. 我国出版业由哪些单位构成？它们各承担哪些任务？

16. 我国出版业改革发展的主要任务有哪些？

17. 我国台湾地区、香港特区和澳门特区的出版业各呈现什么状态？

18. 美国、英国、法国、德国、俄罗斯、澳大利亚、日本等国的出版业各有什么特点？

19. 出版学是什么性质的学科？它的研究对象是什么？

20. 出版学的研究内容包括哪些方面？这些方面各涉及哪些研究任务？

21. 为什么需要进行出版学研究？

第二章　编辑概论

重点提示: “编辑”的概念,编辑工作在出版工作中的地位,编辑工作的特点和基本功能。对编辑人员的素养要求、知识要求和能力要求。编辑学的学科建设情况,编辑学的研究对象和研究内容。

第一节　编辑与编辑工作

编辑活动是伴随着人类文明而兴起与不断发展演变的。最早出现的编辑活动是对书籍的编辑。随着社会生产力的发展和新的传播技术的广泛应用，报纸、期刊、广播、影视、网络等文化产品相继出现，编辑活动的范围也在不断扩大，并逐步进入人们的日常生活。

一、“编辑”的概念

“编辑”一词，有多重含义，既可以指一种专业性的活动，也可以指从事这种活动的职业、岗位或人员，还用作这类人员的中级技术职称。我们这里所谈的主要指专业性的编辑活动，它是以生产精神文化内容为目的，通过策划、组织、选择、审读和加工优化作品使之宜于传播的一种创造性文化活动。

编辑活动既可以包含图书、报纸、期刊等纸质媒体的编辑活动，也可以包括广播、影视、网络等其他媒体形式的编辑活动，但从出版从业者的角度来说，这里主要指出版物即图书、期刊及数字出版物的编辑活动。

日常生活中的编辑活动泛指一切对已有作品的加工整理活动，它不是专业性的编辑活动，而是专业性编辑活动的普及和延伸。

二、编辑工作是整个出版工作的中心环节

1983年《中共中央、国务院关于加强出版工作的决定》明确指出："编辑工作是整个出版工作的中心环节。"这是因为：

第一，编辑活动最能体现出版工作的特点。出版是编辑、复制作品并向公众发行的活动。出版的目的是向公众提供他们所需要的精神文化产品，满足人们对精神生活的需要。在这个过程中，编辑、复制、发行构成了出版的三个环节。但这三个环节并不是平起平坐的，其中起决定作用的是编辑环节。并不是任何作品都可以出版，决定一个作品能否出版以及如何出版的既不主要是复制，也不主要是发行，而主要是编辑。出版的选择、鉴别、把关功能主要是通过编辑工作实现的。因此，编辑工作最能体现出版工作的特点。

第二，编辑工作最能体现出版工作的功能。出版工作的社会作用主要是通过出版物的精神文化内容来体现的，而出版物的精神文化内容虽然主要靠作者创造，但要通过编辑的选择、组织、设计、审读、加工等优选、优化活动，才能变成出版物见之于公众。可见，出版工作对社会发展的能动作用主要是通过编辑工作来实现的。

第三，编辑工作是出版物复制和发行的前提。出版工作主要由编辑、复制和发行构成，没有编辑工作，出版物的复制和发行就不能进行。编辑工作的质量水平，是直接影响、制约甚至决定复制和发行效果的因素。当然，出版物的复制和发行也很重要，它们对编辑工作具有反作用。复制、发行工作做得不好，也往往会成为制约整个出版工作发展的"闸口""关隘"，但如果没有编辑工作，出版物的复制和发行就会成为无源之水、无本之木。

第四，编辑工作对出版单位的经营具有决定性作用。出版业是内容产业，一个出版单位的竞争力主要依靠优质的内容和精良的设计。出版单位经营的根本要求是不断提高市场竞争力，而这又主要取决于是否拥有高质量的、有竞争力的出版物，是否拥有丰富的出版资源，能否创造吸引消费者的品牌。而优质的内容和精良的设计主要依靠编辑的策划、选择、组织、设计、审读、加工等优化活动。出版单位竞争力的提高在根本上取决于编辑工作的持续努力和不断创新。

三、编辑工作的特点

编辑作为一项创造性文化工作，具有政治性、思想性、科学性、创造性、选择性、中介性等突出特点。

（一）政治性

编辑工作的政治性突出表现在编辑工作具有鲜明的政治立场。它既要反映国内外政治、经济、科技、文化、社会等发展的状况和要求，更要反映国家意志和主流价值观，具有鲜明的导向性，能够起到教育人民、引导社会的作用。我国编辑工作的政治性，就是要求编辑工作旗帜鲜明讲政治，自觉增强“四个意识”、坚定“四个自信”、坚决做到“两个维护”，始终在政治立场、政治方向、政治原则、政治道路上同以习近平同志为核心的党中央保持高度一致，坚持党的出版方针，把握为人民服务、为社会主义服务的方向，坚持中国共产党的基本路线，遵守国家法律、法规，并在具体的编辑业务中认真贯彻执行，具有政治敏锐性和政治鉴别力，把好政治关。

（二）思想性

编辑工作的思想性是指编辑工作要体现一定的思想倾向和

社会意义。在当代中国，编辑的思想性主要指要保证出版物对社会产生先进的、进步的思想文化影响，避免落后的、甚至腐朽的思想文化影响，要坚持社会主义先进文化的前进方向，倡导富强、民主、文明、和谐、自由、平等、公正、法治、爱国、敬业、诚信、友善的社会主义核心价值观，让先进的思想文化得到更好的发挥，使出版物更好地引导人们树立中国特色社会主义的共同理想，为实现中华民族伟大复兴的中国梦作出贡献。

（三）科学性

编辑工作的科学性，首先，指编辑工作是一门专业性的工作，本身是一门科学。其次，是指编辑工作要传授科学知识，帮助消费者掌握专业技术，引导消费者树立科学意识。再次，编辑工作要保证出版物内容上合乎科学规范，表现形式上达到科学的标准。最后，编辑工作者要有严谨的科学态度，对待编辑加工对象字斟句酌，一丝不苟，认真负责，精益求精。

（四）创造性

编辑工作的创造性主要表现为：发现社会的文化需求，设计、策划精神文化产品的选题，开拓和发展精神文化生产的新空间；选择、优化精神文化作品，或把优秀的作品组合起来，创造精神文化作品的整体效应；设计、组织文化精品的生产或精神文化重点工程的实施；协调和促进精神文化产品的总体发展，参与精神文化生产的宏观调控。

编辑创造与其他精神文化创造的特点，在于既包含编辑人员独自的创新（如发现精神生产领域中的空白区、结合点，提出和策划有创意的选题，在审稿中促成某些重要观点的发挥或完善，对稿件进行有学术贡献的评价，等等），又存在一定的依附性。这是因为出版物中所体现的编辑的创造性，是以作者创作的作品为基础的。编辑工作的文化传播功能也离不开消费者对出版物的接受和使用。离开了作者，编辑创造就成为纸上谈兵；离开了消费者，编辑创造也会成为无的放矢。

（五）选择性

编辑工作的选择性主要体现在：第一，选择选题，根据市场情况和本单位的特色策划选题；第二，选择作者和作品，一旦确定好选题就需要寻找合适的作者去完成这项选题，同时对作者的作品做出判断和选择；第三，对作品的内容进行选择，使其中有价值的、适宜于传播的部分能够形成出版物而向社会传播，以满足消费者的需要，促进社会的进步。

（六）中介性

编辑的中介性表现在两个方面：第一，编辑工作是联系精神生产过程和物质生产过程的中介；作者创作的作品，只有经过编辑人员的选择、加工，才能进入物质生产过程，转化成为出版物；第二，编辑工作是联系作者和消费者的中介。编辑工作发挥的中介作用，能使作者的创作与消费者的需要相适应，能保证精神文化生产与精神文化消费达到平衡和协调。

四、编辑工作的基本功能

从编辑工作的整体来说，它的基本功能可以概括为四个方面。

（一）文化生产中的组织功能

编辑工作的组织功能是指根据社会调查发现社会需求，策划选题组织实施，从而生产出能够满足社会需要的出版物。没有编辑的组织功能，文化生产很可能处于一种无序状态，某些文化产品甚至无法问世。

首先，编辑工作的组织功能体现在组织对市场需求的调研上。编辑工作首先需要了解市场、了解消费者需求，这需要投入大量的人力、物力，因此，需要进行组织，无论是调研目标的确定、调研对象的确立、调研方法的选择、调研过程的管理、调研结果的运用等都需要周密细致的组织工作。

其次，编辑工作的组织功能体现在选题的实施过程中。在选题实施过程中，无论是选题的立项、作者的选择、作品的设计与编辑加工、出版物的生产管理、出版物的宣传与营销、预算与资金的管理等等都需要协调和组织，尤其是像《中国大百科全书》《不列颠百科全书》《辞海》这样的大型工具书、系列产品等，涉及的学科门类极广，是任何个人无力独自完成的，如果没有编辑工作的组织功能，它们就不可能出版。

再次，编辑工作的组织功能体现在为作者的创作活动提供必要的保障上。编辑根据社会的需要，策划选题并引导作者进行创作或继续完成他们的创作，编辑为作者提供智力和物力的支持和帮助。如果没有老史密斯公司的编辑热情邀约，也许就不会有夏洛蒂·勃朗特的《简·爱》。没有出版社编辑的坚持，柯南道尔笔下的福尔摩斯早在 1893 年就“寿终正寝”。鲁迅的《阿 Q 正传》已经成为现代文学中的经典，而这篇作品是由《晨报副刊》的编辑孙伏园约稿，并在他的“笑嘻嘻”的催稿声中完成的。

（二）文化传播中的选择功能

编辑在文化传播过程中的一个重要职能是对文化内容进行发现和优化选择，选择那些最适合传播的作品、内容等进行出版。

第一，选择市场需求。媒介产品生产的根本目的是满足人们的精神需求。但市场千变万化，市场信息常常是不对称的，这就需要编辑根据自己的专业水平进行判断和选择。编辑在做选题策划的过程中，首先要对市场环境进行分析，分析外在的政治、经济、文化和社会等因素对媒介产品的影响，然后根据出版社自身的规模、品牌、特色、渠道等找出自己能够满足社会需求的产品定位，通过分析出版社自身的优势、劣势、机会和威胁，从而发现市场需求以及如何能够满足这种需求，从中找到获得发展的机遇。同时，编辑的重要作用还体现在对媒介产品的市场需求的规模和趋势做出客观分析和判断。这样一方面寻找市场商机，另一方面可以避免由于对市场需求的误判而导致市场供求脱节。当供大于求时，产品出现积压和浪费，而供不应求时则满足不了人们对该产品的需要，不仅损失了应有的市场，而且也削弱了传播的效果。

第二，选择优秀的作品。在当代传播过程中，选题策划的作用越来越明显。但在实际编辑工作中，往往有大量的没有纳入策划的选题进入我们的视野。这些作品或者是自然投稿，或者是通过引荐。编辑工作的一项重要功能是对这些作品加以评判，把真正有价值的优秀作品挑选出来，进行出版。发现和选择优秀作品并使它转化为传媒产品，加以广泛传播既是编辑人员的基本功，也是编辑工作基本功能的体现。编辑选择优秀作品的功能不仅仅体现在已有的成型作品，更重要的是能够发现很多作品具有成为优秀作品的潜质，并通过与作者的互动和合作提升作品的价值。

第三，选择适合的作者。真正有创造力的编辑人员必须成为了解专家的专家。一个好的选题创意如果找不到合适的作者去创作，或者达不到创意的目的，或者流于纸上谈兵。因此，选择合适的作者就成为编辑工作的一个重要功能。一个适应社会需要和文化发展潮流的好选题，如果选择了适当的作者，就容易取得引人瞩目的成果；相反，如果作者选择不当，即使选题适应市场需求，也会功亏一篑。选择适合的作者，不能仅仅看作者的知名度或者是否权威，更要看这个作者是不是能够充分表达选题创意的最佳人选。发现和选择适合的作者，还要善于发现那些目前还默默无闻但具有发展潜力的作者，也就是要培育作者。

第四，选择文化导向。编辑人员不是价值中立者，他的选择总要表达一定的声音，代表一定的利益和价值判断标准。编辑选择是按照一定标准、目的和价值观对作品的过滤、筛选，体现鲜明的思想导向、审美导向、价值导向和文化导向等。编辑的文化导向首先表现为对文化产品的鉴别，他按照社会的需要对良莠不齐的作品进行分析比较，通过去粗取精、去伪存真，将那些有益于社会而又符合自身媒体传播特色的作品挑选出来形成媒介产品，进行传播。编辑在选择作品时将通过自身对作品的判断标准，以社会主流价值观以及消费者的利益代表来影响作者，而在消费者那里，编辑则代表作者以及媒体，编辑作为作者和消费者之间的中介，以一定的价值观、审美观对消费者和作者产生影响，形成作者、媒体、消费者之间的互动关系。编辑以及所在媒体将通过这种互动传达自身的文化导向和价值取向。

随着知识和信息爆炸，人们在急剧膨胀和泛滥的信息面前常常会感到无所适从，传播渠道的增多更使得人们在海量信息面前感到眼花缭乱。在这种情况下，如何把真正有价值的信息选择出来，择优汰劣，并找到这种信息传播的最佳渠道和方式，就成为编辑的重要职责。而通过编辑的这种选择，可以提高信息的集中度和传播精准度，提高信息质量，扩大传播范围，极大地提高传播的效果。

（三）文化创造中的优化功能

编辑工作以已有作品为劳动对象，其任务是把已有作品优化并转化为出版物，把作者的智慧成果转化为社会文化产品。编辑在推动作品提升，优化出版物质量方面发挥着不可替代的作用。

第一，作者进入创作过程之前，编辑要通过信息的收集和分析，对消费者的需求和出版物市场的走向做出自己的判断，并及时与作者交流，帮助作者寻找最佳的创作角度。作者当然也可以根据自己的判断创作，但编辑的介入有利于缩短作者与消费者的距离，提高创作的针对性和作品的成功率。

第二，作者进入创作过程之后，编辑要继续与之保持联系，了解创作进度，分析创作情况，配合作者解决遇到的问题。创作作品是一项艰苦的精神劳动，而编辑不是旁观者，要与作者一起开展观点的探讨，研究作品的结构。许多作品的创作过程中，编辑也倾注了大量的心血。

第三，作品完成之后，编辑要对作品进行认真的审读。对可以接受出版的作品，要通过认真的加工，弥补作品存在的疏漏和不足，提升其完美度，做到精益求精；对尚不够成熟的作品，编辑要提出退修方案，有时在经过作者同意后甚至要自己动手对作品作出较大的改动。

第四，在将作品转化成出版物时，编辑还要参与出版物的整体设计。新颖的封面或包装，别致的名称和标题样式，可以提高出版物的审美价值，增加出版物的附加值；巧妙的宣传语句或其他宣传手段，能大大增强出版物的市场竞争力。

第五，编辑工作还通过选题的设计和规划，对出版物的产品结构发挥重要的优化作用。单个的作品即使是优秀的，也只能产生“个体”的影响，编辑还可以通过设计文集、丛书、文库等形式，把一部部作品按不同的需要和方式组合起来，从而形成“集约效应”，产生更大的影响。

（四）文化建设中的引导功能

作为文化产品的出版物，是文化传播的重要载体，既反映着社会文化的发展，同时又对社会文化的发展具有重要的引导作用。出版物质量的好坏、优劣，直接关系到社会文化和社会生活的发展，影响十分重大。出版物的文化传承和引导作用主要是通过编辑活动实现的。

第一，坚持正确的政治方向。编辑工作不是价值中立的，而是具有鲜明的导向性和政治性。出版作为意识形态的重要组成部分，编辑工作必须时刻坚持正确的政治方向，在政治立场、政治方向、政治原则、政治道路上与党中央保持高度一致，提高政治站位、政治敏感性和政治鉴别力。

第二，通过“把关”引导社会舆论。编辑对于作者的稿件绝不仅仅停留在润色增色的角色层面，他更像是一个接生婆和守门人。人们习惯于将编辑称为“把关人”。在信息的流动渠道中，根据公正的规则，决定信息是否可以进入渠道或继续在渠道里流动，“把关人”是一种普遍存在的现象。在传播者与消费者之间，“把关人”起着决定继续或中止信息传递的作用。无论何种信息媒介，在信息与资料的提供、采集、写作、审理、排序的全过程中，编辑往往起着主导程序的作用，他们往往是代表社会对信息进行取舍。编辑以社会文化代表者的资格来审读、判断、优选并编定媒介母本，裁决其是否和怎样进入社会文化传播网络。优先传播什么内容，少传播什么和不传播什么；

以何种传播媒体形式传播、通过何种组织结构和面目传播等，对人们思想和行为以及整个社会舆论都具有导向作用。

第三，通过创意策划促进文明进步。任何精品出版物的诞生都不是单单靠作者一手之功就能完成的，都是经过编辑精心策划，审理组合编构而成的，无不体现着编辑人的主体意识。从孔子编“六经”，到近代著名报刊，再到今天的影视和网络的品牌界面，无不是编辑主体协同创作主体和阅读观赏主体越来越充分地交流互动而创造共享的社会文化。其中的编辑主体起着关键性的契约中介和枢纽联结的作用。在当今这个信息流速极快、充满变数的社会，编辑的创意策划在传播中的作用显得尤其突出。编辑的一个突出特点是具有专业优势，善于解放思想、出奇制胜、灵活别致、追求创新，并设计出一个个前所未有的选题，收获预期的效果，取得良好的社会反响。

第四，提高全社会的科学文化素质。全面推进素质教育，不仅能提升个体形象和气质，更重要的是它关系到国家和民族的整体风貌，关系到中国人在国际上的形象及其推动社会全面发展的水平和能量。素质教育是一项综合工程，需要全社会来共同完成，需要社会方方面面的参与和支持。素质教育包含媒介素质的教育，编辑通过编构的媒介作品，对国民进行普遍的知识、理论、道德、艺术和技能教育。编辑以其所编印（播）发的各种读物对国民进行文化和科学技术普及教育，把人类已经掌握的科学知识、科学方法，以及融化于其中的科学思想和科学精神，通过多种途径传播到社会，使之为公众所理解。编辑活动所展现的成果对国民道德素质的提高具有潜移默化的作用。

第二节　编辑人员

作为出版工作中心环节的编辑工作，是由编辑人员承担的。因此，编辑人员毫无疑义地是出版工作的骨干力量。编辑人员常常被赞誉为“人类灵魂的工程师”“优秀作品的助产士”“善识千里马的伯乐”“为人作嫁衣的无名英雄”等。这不仅反映了社会对编辑工作的重视和对编辑人员的尊敬，同时也说明了社会对编辑人员职责、功能的承认与对编辑人员的期望、要求。出版事业发展、出版物质量提升和编辑人员职业生涯发展对编辑人员职业素养、知识水平和业务能力的要求受到人们的关注。

一、编辑人员的素养要求

对于编辑应该具备什么样的素养，业界给予了很多研究。人们从不同角度提出了很多的素养要求，有一些是大家公认的，即一个称职的编辑人，需要具备下列基本素养：

（一）政治思想素养

编辑工作是一项政治性、政策性、纪律性很强的工作，编辑必须要有较高的政治鉴别力和政治敏感性。在中国特色社会主义的新闻出版事业中，编辑人员要有马克思主义的理论修养和较高的政策水平，能在复杂的政治斗争中明辨是非，坚持以人民为中心的出版取向。自觉承担起举旗帜、聚民心、育新人、兴文化、展形象的职责使命。为此，编辑必须加强时事政治的学习，及时了解党和国家的基本方针、政策，了解国际形势。

在思想素养方面，最重要的是要有较高的精神境界和思想品位。编辑要永葆推进社会进步的热情，以创造优秀的文化产品，美化和完善社会环境，传播社会主义核心价值，献身于公共利益为职志，为传承人类先进文化和社会进步做出自己的贡献。

（二）道德素养

编辑人员必须遵守一定的职业道德规范。这种职业道德是编辑人员在处理与社会、与作者、消费者及相关人员之间关系时的行为准则。编辑在道德素养方面的要求主要有：

1．爱岗敬业、忠于职守、献身事业的无私奉献精神。编辑工作的“中介性”决定了他具有“为他人作嫁衣”的特点，因此，编辑应该是一个能够为他人服务，具有为社会奉献精神的人。编辑工作是一种传承文化、塑造人的灵魂的崇高而光荣的职业，它给人以职业荣誉感，但同时它也是很艰苦、很烦琐的工作。编辑通过默默的劳动把作者的劳动成果尽可能完美无缺地奉献给公众。

2．严谨求实、认真负责的工作作风。编辑的对象是精神产品，具有教育人、影响人的功能，这就要求编辑要有一种精益求精、一丝不苟、严谨扎实、认真负责的工作作风。在编辑过程中要严格检验，反复琢磨，认真加工，遣词造句通顺妥帖，不可轻易放过任何一点微小的差错。

3．品位高尚、抵制粗俗、不媚俗、有骨气的职业操守。编辑在大量的文化资源中寻找和选择最有价值的部分，经过向社会传播，影响人们的思想，推动社会的发展，因此，编辑的职业道德境界影响着编辑的选择行为。编辑应有高度的社会责任感，选择对人们的精神世界产生积极健康影响、对人类物质文明建设起推动作用的作品，淘汰那些不利于社会进步、不利于陶冶人们情操的劣质作品，避免他们通过编辑的手流入社会，贻害大众。在任何时候都把社会效益放在首位，绝不能为了追求经济效益而放弃社会责任，传播“三俗”的内容，这是编辑道德的基本要求，是编辑职业道德的底线。

4. 廉洁自律、热情真诚的工作态度。编辑在对待作者与消费者时，要以人为本，热情诚意地善待作者，尊重作者的劳动，维护作者的权益，积极推介年轻作者。文稿处理要及时，用则有据，弃之合理，一视同仁，以质论稿，稿件面前人人平等。排除用稿中的不正之风，不收关系稿、人情稿，不以手中的权力谋取私利。

（三）心理素养

编辑必须具备如下心理素养才能适应现代出版业的竞争需要。

1. 求异心理。编辑要善于动脑筋，不重复自己，不模仿别人，只有不断改革，勇于创新，编辑才能出成果。可以说，任何一种优秀的媒介产品都是编辑求异心理的成功。

2. 抗挫心理。编辑的策划并不见得每一次都能取得理想的效果，编辑要能够抵挡来自各方面的压力，要具备相当的抵抗挫折的心理，并学会用适当的方法为自己和团队减压，将编辑工作作为一种长久的事业来追求。

3. 宽容心理。编辑要有听取各方面意见建议的胸襟和气魄，勇于改正工作中的缺点，不断完善和改造自己。

4. 缜密心理。编辑活动的每一个环节都容不得半点马虎，一旦有瑕疵和问题的文化产品出笼，造成的影响无法收回，更无法弥补。因此，编辑在工作过程中应秉持严谨认真的工作态度，考虑周全，把差错消灭在起始阶段。

5．协作心理。现代传播过程复杂，流程分工严密，单靠一个人的力量无法完成，必须协同作战，编辑最终的成果——文化产品是在合作中完成的。因此，编辑必须有协作心理，营造和谐共处的良好工作氛围。

6．淡泊心理。人们常常说，编辑是幕后英雄，因此，编辑必须对事业要追求，对名利要淡泊。编辑应当自觉抵制社会上的不良诱惑，做到对名人和普通人一视同仁，不卑不亢，以质量论取舍。

（四）审美素养

审美素养是指一个人认识美、评价美的基本素养，包括对美的感受、判断、想象、创造等方面的能力和素养。编辑的职业审美素养，体现在对内容之美的赏识和发掘上，也体现在对媒介产品形式之美的探索和表达上。如何使所编辑的文化产品从形式到内容统一起来，使出版物的封面、版式、插图、装帧、开本等，音像、影视、音视频等作品的图片、画面、音乐等的美感，以及作品的主题、风格、受众定位和谐一致等，都是编辑必须考虑的问题。编辑必须了解，没有无内容的形式，也没有无形式的内容；媒体应是内容和形式的统一体。所以编辑必须努力提高自己的审美能力，提高审美素养。

二、编辑人员的知识要求

编辑人员必须具备必要的专业知识，成为“专家”；同时，编辑又被称为“杂家”，要处理很多专业领域的稿件，审读很多领域的专业内容。因此，编辑既要“专”也要“博”，“专”与“博”应是辩证统一的。“专”是“博”的立足点和基础，“博”是“专”的深入和发展。编辑人应既专又博，一专多能。

“专”包括学科专业性知识和编辑业务性知识，这些知识水平的高低直接关系到编辑水平和文化产品的质量。近年来，编辑学界提出了“学者型编辑”的要求，意即编辑成为某一方面、某一学科的学者有益于提高编辑的选择判断能力，有益于与专业领域的作者对话，有益于提高出版物的质量，编辑应向“学者”的方向发展。在编辑业务知识方面，编辑除应掌握编辑技术操作方面的专业知识外，还应注重学习编辑学理论、新闻传播学理论、应用文写作、新闻出版法规、媒介经营管理、图书报刊发行、中外编辑出版史、新闻史等相关知识，使自己从经验型编辑成长为理论实践结合型编辑。

“博”包括除特定学科专业知识和编辑知识以外的社会科学和自然科学知识，以及相关的市场知识、法律知识、网络知识、多媒体融合知识，等等。编辑人员面对的是各式各样的稿件、素材，还有不同的作者和消费者，要有广阔的文化视野、丰富的文化知识和多方面的文化爱好，方能胜任工作。

三、编辑人员的能力要求

编辑除了要具备适宜于多种活动要求的一般能力，如观察力、记忆力、抽象概括能力等，还必须具有以下几种熟练的业务能力。

（一）市场分析与预见能力

随着出版业市场化程度的提高，产业竞争愈发激烈，不但要面对彼此的竞争，还要面对来自其他媒体的竞争，这使得编辑人员对市场的分析判断至关重要，这关乎文化产品的质量、生存价值及文化企业的社会效益和经济效益。编辑对选题新生长点的捕捉，对产品价值准确的判断，对市场营销巧妙的策划安排，都与其市场分析与预见能力有极大关联。编辑必须熟悉本专业的市场现状和竞争格局，包括竞争对手的情况、操作思路和方向选择，做到对市场结构充分了解。在此基础上，深入分析市场空间，预见市场未来的走向，掌握市场规律，才能在工作中处于主动地位，策划、设计、生产出适销对路的、有针对性的出版物。

（二）语言文字驾驭能力

编辑是与语言文字打交道的职业，因而编辑人员必须有深厚的语言文字修养。编辑的语言文字能力直接关系到国家、民族通用语言文字的纯洁性，因此，对编辑的语言文字驾驭能力要求必须比一般人要高。编辑必须能够在标准的文字和内容方面对文稿进行规范。这种规范包括根据国家有关语言文字标准对文字、语法的，也包括对修辞和逻辑的加工。编辑人员要在不改动作者原意的基础上，将意思表达得更清楚明白，言辞组织得更有光彩，框架、逻辑更有层次。只有具备了这样的语言文字驾驭能力，才能成为一名合格的编辑。

（三）选择鉴别能力

编辑每天接触大量的信息，作为把关者，他如同一个“过滤网”，要将适合消费者接受的信息筛选出来并加以传播。这就要求编辑具备一定的选择鉴别能力，具有对选题、文稿的识别和判断能力。选题是一系列编辑工作的起点和基础，只有鉴别和判断好选题，提高选题质量，达到一个“人无我有，人有我优，人优我特”的境界，才能使编辑产品在激烈的竞争中立于不败之地。同样，文稿也存在优劣高低、文稿修改后是否可用、出版后是否适合市场需要的鉴别问题。选择鉴别能力是编辑基本修养与工作经验的综合体现。

（四）组织协调能力

现代编辑活动是个复杂的系统工程，由许多不同的工种组成，需要不同环节的工作人员配合完成。编辑作为编辑活动过程中的“执行导演”，作为稿件的“经纪人”，从策划选题、选择作者、修改稿件，到装帧设计、出版制作、宣传营销，各环节都必须置身其中。要使这些环节得到较好的衔接，避免不必要的摩擦，编辑必须具有很强的组织协调能力，能处理好各方面的关系，并充分调动各种资源，以确保编辑活动的顺利进行。

（五）沟通表达及公关能力

编辑工作是一种与外界广泛接触、开放性很强的工作，不仅要与社会上各种不同年龄、不同职业、不同专业、不同性格、不同经历、不同素质的作者打交道，还要经常参加各种交流活动，这就要求编辑必须有良好的沟通表达能力，有机智、灵活、娴熟的社交公关能力。这种能力给编辑提出了两个方面的要求：一是要将自己的观点，通过沟通渗透到作品中，从某些方面说服作者，使作品渗入自己的思想、见解，从而对作品做出独特的、无可替代的贡献；二是编辑要与社会建立广泛的联系，有积极参加社会活动、进行社会调查的能力，善于做团体和个人之间的协调和合作工作，善于接近和参加学术文化团体，参加各种类型的聚会和讨论，及时了解各种学术前沿动态。编辑的沟通和社交能力将直接影响信息的捕捉、选题的提出、作者的物色和稿件的优劣。

（六）新技术运用能力

当前传播技术日新月异，因此编辑要保持对新技术的敏感性，及时了解并运用新技术武装自己。编辑的新技术运用能力是指编辑在工作中有关新兴技术方面，特别是在对文稿物化过程中技术处理的能力。媒介产品只有达到内容和形式的统一才是完善的，而内容与形式的统一，又必须建立在内容决定形式、形式适应内容这一基础之上。随着科学技术的发展，出版业已经告别了铅与火的年代，人工智能、大数据、AR、VR 等新技术的兴起和运用所带来的变化已渗透于编辑工作的各个环节，这些技术势必对编辑业务能力的提高带来质的飞跃，同时也给编辑带来了新的挑战。编辑对新技术的熟练掌握不仅有利于编辑能力的提升，更主要的是可以选择恰当的媒介表现方式，真正发挥编辑构建媒介的功能，使传播获得最佳效果。

第三节　编辑学研究

编辑学是研究编辑活动的性质、功能、发生、发展过程及其运行规律的科学。编辑学是对编辑活动及其运行规律的总结和升华，又反过来指导编辑活动的发展。

一、编辑学的学科建设

把编辑学作为一门独立的学科来研究，是从中国开始的。据现有资料，1949 年在广州出版的李次民所著《编辑学》，是世界上最早以“编辑学”命名的专著。

20 世纪 80 年代以来，在中央领导的直接关怀下，我国编辑学迅速发展。我国建立有关编辑学的研究机构，在很多高等院校开设编辑出版学相关专业，已经创办多种研究编辑学的专业期刊，每年有大量的编辑学论文发表，出版了一批编辑学的学术著作和教材。在国外，也有大量的编辑原理、编辑艺术方面的教材出版。现在，无论在国内还是国外，编辑学这个学科已经得到相当普遍的承认。

二、编辑学的研究对象

编辑学的研究对象就是编辑活动及其发展规律，具体可分为四个方面。

（一）研究编辑活动的性质

编辑活动是从事出版物生产的精神生产劳动。编辑劳动的产品与一般的工业、农业产品不同，不是为了满足物质生活和物质生产的需要，而是为了满足人们精神文化生活的需要，即增长人们的知识，提高人们的素质，从而提高劳动力再生产的质量。

编辑活动是出版活动的起点和中心环节，对于保证出版物的质量具有重大作用。因此，编辑学必须研究编辑活动的性质，了解它的本质。

（二）研究编辑活动的任务及其实现手段

从宏观而言，编辑活动是出版活动的中心环节，因而出版活动所承担的内容生产和服务工作也主要就是编辑活动的任务；从微观而言，编辑活动承担策划选题，组织作者创作，审读作品以做出选择，对选定的已有作品进行加工整理等任务。

编辑学不仅要研究编辑活动所承担的任务，而且要研究用怎样的措施、方法来完成编辑活动的任务，尤其要研究作为编辑活动主体的编辑人员的素养结构、知识结构和能力结构，研究编辑人才成长规律及其工作特点等。

（三）研究编辑活动的作用

编辑活动如同出版活动一样，既受制于社会的政治、经济、文化、科技等的发展状况，又反过来影响社会的政治、经济、文化、科技等的发展。编辑学在研究社会如何制约编辑活动的同时，又要研究编辑活动对社会生活所起的作用。

此外，编辑学还要研究编辑活动在出版活动内部的作用，特别是它与复制活动、发行活动的相互作用。

（四）研究编辑活动的规律

编辑活动是随着历史条件的变化而不断演变的。不同历史时期、不同国家的编辑活动具有不同的特点，但编辑活动的变化发展总是遵循着一定的规律。研究和把握编辑活动的规律，是编辑学的根本任务。

为了完成这个任务，需要深入研究编辑活动的历史与现状，并对不同国家、不同时期的编辑活动进行比较，从而揭示编辑活动的规律。

三、编辑学的研究内容

由于编辑活动的复杂性和多面性，除以编辑活动共性为研究对象的一般编辑学之外，还有以各种不同的编辑活动为研究对象的特殊的编辑学，如图书编辑学、期刊编辑学、报纸编辑学、网络编辑学等等。就一般编辑学而言，从编辑学的发展历史看，主要以研究图书编辑活动及其发展规律为主，并同时吸纳有关其他编辑活动研究的共性内容。本节所说的编辑学就是指一般编辑学。其研究内容有以下几个主要方面。

（一）编辑活动与其他活动的关系

如前所说，编辑活动与社会政治、经济、文化、科技等有非常密切的关系。它既受社会政治、经济、文化、科技等状况的制约，又对社会政治、经济、文化、科技等产生重要影响。

作为出版活动中的一部分，编辑活动还与复制活动、发行活动等出版活动中的其他部分有着不可分割的关系。

因此，编辑学研究要求在认识编辑活动与其他活动关系的基础上，探讨并正确阐明编辑活动的社会性质与编辑活动在出版活动中的地位和作用。

（二）编辑过程

编辑学通过对编辑过程各个环节的分析研究，揭示编辑过程各环节之间的矛盾运动及其相互关系，使编辑工作的具体操作在理性总结的基础上得到科学的规范。

对编辑过程的研究是编辑学主要的实务研究内容。为此，编辑学不断总结新鲜的编辑工作经验，不断调查研究编辑工作中产生的各种新问题，并在此基础上对编辑过程进行理性的概括，揭示编辑过程中各环节之间的关系和矛盾运动，探讨编辑活动的规律。

（三）编辑与作者、消费者的关系

没有作品，出版就成了无米之炊，而作品是作者创作的，可见作者对于编辑工作具有多么重大的作用。研究作者和作者队伍的建设，是编辑学的重要内容之一。

出版物中包含的精神文化内容，只有通过消费者的接受才能转化成物质力量，从而体现编辑活动的社会价值。因此，编辑学必须研究消费者。研究消费者结构、消费者需求和消费者心理，研究不同的消费者群体所具有的不同特点，以及消费者如何影响出版物市场的走向、有什么变化规律。消费者与出版物市场有着密切的关系，从一定意义上说，研究消费者也就是研究出版物市场。

编辑与作者、消费者的关系，贯穿于编辑过程的始终，是各种编辑活动中最重要的关系。编辑与作者、消费者的矛盾，是推进编辑活动的重要动力。深入研究这些关系，不但可以促进出版单位的作者工作和消费者工作，从根本上提高出版物质量，改善出版单位的经营管理水平，而且有利于深化对编辑活动规律的研究。所以，编辑与作者、消费者的关系是编辑学的重要内容。

（四）编辑活动的创造性及其特点

编辑劳动是一种创造性劳动，既与其他创造性劳动有共性，又有自己的个性。编辑劳动是一种由编辑与他人协同进行的创造性劳动。不同出版物的编辑活动有不同的特点，相同出版物的编辑活动又有不同的专业特点，不同的编辑分工也有不同的要求和不同的特点。

因此，研究编辑活动创造性的共性和个性，从理论上指导编辑人员有效地提高创造的自觉性和创造能力，是编辑学的重要内容。

（五）编辑队伍的建设和管理

编辑活动离不开编辑人才的培养、编辑队伍的建设和编辑人员管理机制的改善。为此，除了加强业务培训以外，还应该加强对编辑人员的思想教育工作，特别是进行有关方针政策的教育、遵纪守法的教育、职业道德教育等。

编辑学要在借鉴人才学、管理学理论的基础上，广泛开展编辑人才的研究。在科学分析编辑队伍特有的群体结构的基础上，研究对编辑人员的评价体系、评价机制，研究编辑人员的培养、选拔任用机制等。

（六）编辑历史

漫长的编辑活动历史给后人留下了珍贵的文化遗产，其中不仅有经验，也有教训。以史为鉴，可以知兴替。深入研究编辑历史，是认识编辑活动规律的重要途径。

此外，编辑活动与出版质量的关系、编辑活动与出版市场的关系等等，也属于编辑学研究的内容。

思考题

1. 什么是“编辑”？为什么说“编辑工作是整个出版工作的中心环节”？

2. 编辑工作有哪些特点？它们在编辑工作中是如何具体体现的？

3. 编辑工作有哪些基本功能？它们在编辑工作中是如何具体体现的？

4. 编辑人员应具备哪些素养和能力？对这些素养和能力的具体要求有哪些？对编辑的知识要求有哪些？

5. 什么是编辑学？它的研究对象是什么？

6. 编辑学的研究内容包括哪些？

第三章　出版历史知识

重点提示：中国各民族语言文字的产生与发展。早期文献载体，纸的发明与传播。印刷术发明前的复制方式，雕版印刷术的发明，活字印刷技术的发明与应用，套版印刷技术的发明与应用，中国印刷术向域外的传播。官刻、私刻和坊刻，古代刻书业的编辑工作。早期书市，印刷术发明后图书的流通。西方印刷技术的引进与应用，近代中国印刷业的发展，新技术对图书装帧形态的影响。近代出版机构的形成，以民营出版机构为主的近代出版机构的发展。近代出版的报纸、期刊和一些重要的图书种类。近代著作权法的颁布、修订与实施，近代建立的出版行业协会组织。中国共产党领导的出版活动。

第一节　文字与文献载体

出版活动是随着人类文明的发展而逐步形成的。文字、文献载体、传播技术及思想认识和精神文化的进步，影响着出版活动的发展；而出版的进步，同时也对社会政治、经济、科技、文化的发展产生影响。学习中国出版历史知识，应对上述诸要素在各历史阶段的状况和影响有基本的了解。因此，本章从作为出版活动形成主要条件之一的文字开始，讲述中国出版历史的一些主要知识。

一、文字

中国的历史是由生活在华夏广袤土地上的各民族人民共同缔造的，几千年灿烂的中华文明留下了浩如烟海的文化典籍。这些典籍既有汉文的，也有维吾尔文、藏文、壮文、蒙古文、西夏文和满文的等等。因此，这里讲述的文字既包括汉字，也包括中国历史上一些主要的少数民族文字。

（一）汉字的产生与演变

据考证，古埃及的象形文字、两河流域苏美尔人的楔形文字、古印度的印章文字、美洲玛雅人的玛雅文字、中国的汉字等都是公认的曾经记录和传承文明的古老文字。其中，汉字是唯一延续至今并仍在使用的文字，从目前所知最早的较成熟的文字——甲骨文算起，距今已有 3 000 多年的历史。

对于汉字的起源，最早的文献记载是《易·系辞下》：“上古结绳而治，后世圣人易之以书契。”战国年间有仓颉造字的传说，《世本·作篇》说黄帝使仓颉作书。东汉许慎《说文解字序》说：“黄帝之史仓颉，见鸟兽蹄迒之迹，知分理之可相别异也，初造书契。”上述记载反映了上古先民从结绳记事、契刻记事到创造图画式原始文字的过程。考古发现也对汉字在这个萌芽时期的特征有所证明。20世纪中期，在陕西西安半坡仰韶文化遗址及附近临潼姜寨发现的陶器上，刻有记事符号；在山东莒县陵阳河和大朱村大汶口两处文化遗址中出土的陶尊上，刻画有4个具有象形文字特征的符号。1992年，山东邹平县苑城乡丁公村发现一件刻字陶片，有文字5行11字。据考古专家和古文字学家鉴定，这是龙山文化陶书，距今约有4 200年。迄今所知最早的较为成熟的文字，则是清光绪年间在河南安阳小屯村发现的殷商时期的甲骨文。这是一种刻在龟甲和兽骨上的文字，内容多是殷人占卜的记录。据统计，甲骨文单字有4 500个左右，其中约2 000个已可识别。

继甲骨文之后，在汉字演进过程中出现过的主要字体，还有金文、篆书、隶书、楷书、草书和行书。金文和甲骨文一样，因载体而得名。甲骨文有相当一部分字的形体尚未完全定型，金文则因铭刻时代不同而形体相异：商代的类似甲骨文，战国末年的则近于小篆。篆书有大篆、小篆之分。大篆主要流行于西周末年至秦统一前。战国时期，诸侯割据，造成各国间“言语异声，文字异形”。秦始皇统一六国后，采纳李斯的建议，“罢其不与秦文合者”，取大篆稍加整理简化，创立小篆（又名秦篆）。小篆形体简单，结构整齐，写法规范。“书同文”对于华夏民族的统一、中华文明的传承，产生了深远的影响，有着十分重要的意义。隶书是秦时源于民间的字体，已完全脱离了图画的性质，使汉字更为简洁，更趋大众化，真正成为便于书写的符号。隶书在汉代继续演变，到东汉中期出现的八分书，已与楷书比较接近，奠定了汉字的方块形象。后在八分书的基础上，逐渐发展形成了以钟繇所书之字为代表的“真书”，即楷书，也称“正书”。自从楷书出现之后，汉字的字体趋于基本稳定。楷书沿用至今，在历史上与书籍复制的关系最为密切。

成熟、系统、简洁、实用、统一、规范的文字体系，是书籍编辑出版的最基本条件。这个体系的形成经历了相当长的历史过程。不断出现的古代字书，在一定程度上反映了这个过程的发展轨迹，也为汉字体系的最终形成发挥了重要的作用。

（二）少数民族文字的产生与发展

这里介绍的少数民族文字，是历史上在我国境内原生的一些主要文字。我国境内原生的少数民族文字，其历史不如在我国境内产生的少数民族典籍久远。这有两个原因：一是有些少数民族典籍是用传入西域的印欧语系文字书写的，如佉卢字文献、龟兹文文献、焉耆文文献等。现存的公元2世纪写在桦树皮上的佉卢字《法句经》，是迄今所知中国最早的少数民族文字文献；二是一些少数民族早期没有自己的文字，使用汉字创作属于本民族的部分典籍，如西夏人最初是使用汉字的，后来参照汉字创造出了西夏文。

维吾尔族在公元8世纪至15世纪使用自己创造的回鹘文。回鹘文是当时西域和整个中亚地区的通用文字之一，对其他少数民族文字的产生影响很大，辽代契丹小字、元代蒙古文的创制都以回鹘文为基础。公元13世纪，维吾尔人采用了以阿拉伯字母为基础的拼音文字——察合台文。现代维吾尔文是在晚期察合台文的基础上改进而成的，1938 年形成现行文字。

藏文是公元 7 世纪吐蕃大臣通米桑布扎参照印度梵文和乌尔都文字母，结合藏语特点改制而成的一种拼音文字。公元 9 世纪后进行过两次厘定，在西藏地区一直使用至今。历史上用藏文抄写、印制了大量图书，目前保存下来的文献十分丰富。

蒙古文是成吉思汗时期创制的。1204 年，塔塔统阿受成吉思汗之命“教太子诸王以畏兀儿字书国言”，用于书写蒙古语言的畏兀儿文字就成为回鹘式蒙古文。这种早期的回鹘式蒙古文使用到 17 世纪初，后来形成了近代蒙古文。此外，由八思巴奉元世祖之命以藏族字母为基础创制的八思巴字，于 1269 年正式颁布。八思巴字曾作为国文，主要用于官方文件，通行约 110 多年，元亡后不再使用。

古壮文现在一般称为“方块壮字”或“古壮字”，有 1 000 多年的历史，是唐、宋时期壮族人民利用汉字形声及偏旁，模仿汉字“六书”中的一些方法构造而成的。但方块壮字出自多人之手，在各地的读音也不同，因此未能成为壮族规范通用的文字。

满文是努尔哈赤 1599 年下令创制的，是一种以蒙古文为基础创制的文字，被称为“老满文”或“无圈点满文”。1632 年皇太极命达海对这种文字加以改进，确定了满文的形体，其后 200 余年再无改变，史称“新满文”或“有圈点满文”。今天所称的“满文”，一般都是指“新满文”。

朝鲜文创制于 1444 年，是拼音文字，拼写时以音节为单位，组成方块形。我国境内的朝鲜族至今仍使用这种文字。

此外，在我国历史上有重要典籍传世的少数民族文字还有突厥文、契丹文、西夏文、女真文、东巴文、彝文、白文、傣文等。

二、文献载体

在文字产生与演变的同时，文献的物质载体也经历了一个漫长的历史变迁过程。

（一）早期文献载体

从考古发掘看，纸发明以前用以承载文字信息的文献载体主要有甲骨、青铜器、石头、简牍与缣帛等。

1. 甲骨

甲骨是指龟甲与兽骨（主要是牛肩胛骨）。殷人用甲骨占卜，占卜后把占卜日期、占卜者的姓名、所占卜的事情用刀刻在甲骨上，有的还把若干日后的吉凶应验也刻上，内容最多的有近百字。学者把这种记录称为“卜辞”，记录卜辞的文字称为“甲骨文”。

甲骨文卜辞的内容涉及面很广，包括祖先鬼神祭祀、气候天象、年成、凶吉、征伐、田猎游玩、疾病梦境、妇女生育等。

2. 青铜器

我国的青铜器制作早在公元前 21 世纪的黄河流域就已开始。由考古获知，从公元前 14 世纪晚期起，古人就在青铜器上刻字。最初仅刻各类符号，后有刻上自己的名字或纪念性文字以说明制作器物的原因和用途等。用作祭礼的青铜器成为政权和礼治的象征，一些需要永久保存的重要文献和对重大事件的记载便被铸镌在上面，字数也由少到多。目前已知文字最多的青铜器是西周毛公鼎，铭文有 497 字。

青铜器上的文字称“金文”或“铜器铭文”，其中钟鼎上的文字又称“钟鼎文”，流行于商、西周、春秋和战国时期。

铭文中记载的历史事件，涉及社会、政治、经济、军事、法律、文化等各方面。由于钟鼎彝器具有陈列、展示的作用，其铭文也有了某种“公示”的意义。如春秋时，郑国于鲁昭公六年（前536年）、晋国于鲁昭公二十九（前513年）年，将法律条文铸镌在铜鼎上，称为“刑鼎”或“刑书”。

3. *石头*

早在春秋战国时，《墨子》中已有“镂于金石”的记载。1965年，在山西侯马晋城遗址发现的晋国世卿赵鞅与卿大夫举行盟誓的约信文书——“侯马盟书”，以玉石片（绝大多数被打磨成圭形）为材料，用毛笔将盟辞书写在上面。现发掘出土的计有5 000余件，其中形体基本完整、字迹比较清楚的有656件，每件最少10余字，最多达200余字。

刻有文字、图案的石头通称“石刻”。目前能见到的最早的成篇石刻文字是东周秦国的石鼓文。石鼓共有10个，因其形状似鼓而得名。

时至汉代，石刻的使用更为广泛，并产生了“石经”这种文献传播的方式。石经是指刻在石上或摩崖上的儒家经典。最为世人所熟悉的有初刻于东汉熹平四年（175年）的“熹平石经”，又称“一体石经”（因只用隶书一种字体），是中国历史上最早的官定儒家经本。

其后，魏正始二年（241年）又用三种字体刻《尚书》《春秋》于石。这就是“正始石经”，又称“三体石经”。

佛经石刻中最为著名的是存于北京房山云居寺的“房山石经”，始刻于隋代而终于明代，计刻佛经1 025种，900多部，3 000多卷，总计15 061石。房山石经是中国现存数量最大的文字铭刻，具有很高的文化价值。

石经虽不是现代意义上的出版物，但已具有出版传播的意义；东汉蔡邕、李巡在刻经时所做的校订经籍文字的工作，则在一定程度上具有编辑工作的成分。

4. 简牍

“简牍”是“简”和“牍”的合称，指加工成细长条可供书写的竹片、木片。竹片称作“简”，木片称为“牍”，把多根简编联在一起称作“策”（册）。简一般宽约 0.5 厘米，可抄写一行字。可抄两行字的简使用较少。牍比简宽，呈版状。简牍的原材料往往因各地自然条件的不同而取材不一，如南方多用竹简，而敦煌、居延汉代烽燧遗址出土的都是木牍。

简一般长 23 厘米，相当于汉尺 1 尺。简面上端空白处称“天头”，下端空白处称“地脚”，中间是书写面，以“栏界”与天头、地脚分隔。简策的开头，常有两根不写字的空白简，称“赘简”或“首简”，用以保护后面的文字。书写完毕的简策，以最后一根简为轴心，向前卷起，然后用带子将卷轴系好，以免散脱，并便于携带和存放。

简牍在东周至魏晋间（公元前 5 世纪至公元 3 世纪）得到广泛使用，目前发现的年代最早的简，是湖北随州战国早期曾侯乙墓出土的竹简，有 240 多支， 6 600 多字，为墨书篆体，主要记载用于葬仪的车马兵器。

在纸张大量生产、使用以前，简牍因其便于取材、制作价格低廉而成为文字书写的主要载体，因而得到较大范围的普及，沿用时间超过千年。从形态和功能看，简牍已具有较完备的书籍形态，后世的书籍在相当长的时间里，因袭了简牍的形制，如从上至下、从右至左的书写形式，版面有版框、行款、天头、地脚。此外，书之称“卷”“册”，以及书业中的“杀青”“尺牍”“版图”“书札”“篇籍”等行话，都与简牍相关。

5. 缣帛

中国是世界上最早利用蚕丝织造丝绸的国家，但将缣帛用于书写而成为帛书，则应该是在丝织业有了一定的发展之后。从文献记载看，缣帛与简牍常并称“竹帛”，故当在同期流行。丝织品有“帛”“缯”“缣”“素”等名称，因而帛书也有“缯书”“缣书”“素书”等称谓。

帛书的出现是书籍载体的一次重大变化。缣帛质地轻薄柔软，易于着墨书写，易于携带收藏，便于阅览，克服了简牍体积大、分量重、不便携带展读等缺点；且缣帛幅面较大，较之竹简更适宜绘画制图。但缣帛价格较贵，故无法在民间得到广泛使用。现在能够看到的最完整帛书，是 1973 年在长沙出土的马王堆汉墓帛书。

帛书在书籍发展史上有着重要的影响。它的载体已不是直接取材于自然界的原始材料，而是人工制造的编织物。这种具有良好质地的书写材料，启发人们去寻找更价廉物美的替代物，最终导致了纸的发明。

（二）纸的发明及其影响

纸的发明是出版技术发展过程中一项历史性的重大进步，是中国对世界文明的伟大贡献。在纸发明前，埃及人用纸莎草、巴比伦人用泥版、欧洲人用小山羊皮等作为书写材料，这些材料与前述甲骨、青铜器、石头、竹木、缣帛等中国的文献载体一样，都存在许多缺点。因此，寻找理想的书写材料是社会文化发展的必然要求，纸的发明就是社会经济文化发展的必然结果。

1. 纸的发明

据考古发掘，西汉时期已有纸。从 20 世纪 30 年代开始至

1990 年，我国考古工作者先后 8 次在新疆、甘肃、陕西考古发现了早期古纸。1986 年甘肃天水放马滩秦汉墓葬出土的古纸，是公元前 176—前 141 年的，纸质薄软，有文字并绘有地图。1990 年甘肃敦煌甜水井汉悬泉邮驿遗址出土的古纸，是公元 8—23 年的，也写有文字，且纸质较好，有帘纹。从出土古纸的质地分析，它已是植物纤维纸。但纸作为一种新的文献载体，要得到广泛使用，必须具备成熟的工艺制作手段和标准，能够达到稳定的质量和形成大批量的生产。因此，发明造纸新工艺，就成为历史的需要。

2. 蔡伦造纸及其贡献

南朝宋史学家范晔所撰《后汉书 · 蔡伦传》曰："自古书契多编以竹简，其用缣帛者谓之为纸。缣贵而简重，并不便于人。伦乃造意，用树肤、麻头及敝布、渔网以为纸。元兴元年奏上之，帝善其能，自是莫不从用焉，故天下咸称'蔡侯纸'。"这段文字是中国发明造纸术的重要文献记载。根据考古结论，蔡伦以前已经有纸，然而蔡伦在中国造纸史上仍有着不可替代的地位。首先，他总结前人的造纸经验，改进生产技术，创造了一套完整的生产新工艺，为纸的大量生产和广泛使用奠定了基础。第二，他主持开发了以楮树皮等造纸的技术，这是重大技术创新，扩大了原料来源，推动了造纸术的发展。蔡伦作为中国发明造纸术的杰出代表人物，在世界文明史上有着不朽的地位。

3. 纸的推广应用及对社会文化的影响

从简书发展到纸书，这是书籍载体的重大进步，对文化乃至其他领域都产生了广泛而深刻的影响。简策流通困难，造成先秦著作多以单篇流传。随着纸书取代简书，文人用纸写信、抄书。到建安末年，作者开始将自己的单篇作品结成文集，如曹植、曹丕曾将自己的诗赋编为一集，赠送他人；曹丕还将徐幹、陈琳、应玚、刘桢四人作品，分别编成文集行世。魏晋文人使用纸书的情形更加普遍。纸作为一种新型书籍载体，促进了建安文学与魏晋学术的繁荣。

纸的产生，也将魏晋时期的书法绘画艺术带入了新的境界，并对汉字字体的变化产生影响。汉末的“章草”发展成为“今草”，魏晋时带有楷书笔意的楷隶体，都与纸的应用和笔的改善有关。可以想见，在一根狭长的竹简上，是难以肆意流畅书写的。

随着纸张产量增加，纸书逐渐普及。民间拥有的书籍逐渐增加，越来越多的寒士有机会读书学习，文化教育不断普及，为政治上实行科举制度奠定了基础。

4. 造纸术向域外的传播

中国发明的造纸术，很快传入东亚周边国家。汉末动乱之际，有大批中国人到越南北部避难，带去了中国书卷与造纸术。西晋太康六年（285 年），百济博士王仁将《论语》等书卷带到日本。朝鲜半岛有中国纸书，当在太康六年之前。南北朝时，中国书籍与纸件书法不断流入朝鲜半岛，数量很多，据《北史》记载，有五经、三史、《三国志》等。中国造纸术大约在 4 世纪传入朝鲜，5 世纪经朝鲜传入日本。唐以后，朝鲜产的“高丽纸”与日本产的“和纸”在中国也很有名。通过频繁的友好交往，中国与邻国分享着造纸术带来的文化成果。

自汉开始，西域与内地交流频繁。造纸术向西方传播，都是通过西域与丝绸之路，先到达中亚与西亚诸国，然后再到北非与欧洲各国。与东亚诸国相比，中亚、西亚与中国的交流历来很少，欧洲则更少。中国纸经西域流传到中亚，最早大概是在 4 世纪，数量不会很多。唐玄宗天宝十年（751 年），唐军与大食国（当时西亚大国）在怛逻斯（今哈萨克斯坦境内）激战，部分唐军战败被俘，其中也有造纸工匠。大食人就是向中国战俘学习造纸的。从 8 世纪开始，阿拉伯人用中国技术造纸，取代昂贵的羊皮纸。欧洲则从 12 世纪开始造纸。

第二节　印刷术的发明、发展与传播

造纸术与印刷术是支持古代出版活动发展进步的两大技术。在古代，以纸为载体、通过印刷复制的书籍，是作用最大、效果最好的传播媒介。中国继发明造纸之后，又发明了印刷技术。这是中国对世界文明进步的巨大贡献。马克思曾说："火药、指南针、印刷术——这是预告资产阶级社会到来的三大发明。火药把骑士阶层炸得粉碎，指南针打开了世界市场并建立了殖民地，而印刷术则变成新教的工具，总的来说变成科学复兴的手段，变成对精神发展创造必要前提的最强大的杠杆。"[1]

一、印刷术发明前的复制方式

在印刷术发明之前，图书主要通过抄写来复制。汉代是简册、帛书盛行的时代，汉武帝元朔五年（前124年）设置了专门主持抄书的"写书之官"，可见官方对抄书的重视。中国古代关于抄书的记载很多，汉代出现职业抄书人"佣书"，魏晋、南北朝时把抄书人称为"经生"，唐代称"钞书人"。

汉代很多名人都抄过书，如河间献王刘德、史学家司马迁、军事家班超等。至魏晋、南北朝抄书业得到进一步发展，名人

---

① 中共中央马克思恩格斯列宁斯大林著作编译局．马克思恩格斯全集．北京：人民出版社，1979，47：427．

新书、新作一经问世，往往立刻被传抄。如《晋书・左思传》记载左思《三都赋》一问世，便“豪贵之家，竞相传写，洛阳为之纸贵”。

隋朝官方对抄书十分重视，各个部门都备有大量的书手（抄书者），《隋书・百官志上》记载：“（中书省）有中书舍人五人，领主事十人，书吏二百人，书吏不足，并取助书。”这些书手除了抄写公文，也是抄写图书的重要力量。唐代官方组织过多次大规模的抄书活动，据《旧唐书・经籍志》记载，仅开元年间完成的，“凡四部库书，两京各一本，共一十二万五千九百六十卷”。唐代到官府充当书手，必须符合两个条件：一是出身官宦，二是书法优秀。

在印刷术发明前的漫长岁月里，手工抄写是最主要的图书复制方式。在雕版印刷发明之后，抄本仍长期流通于市，约至南宋末年，才渐为雕版书所替代。王重民通过对南宋《郡斋读书志》《遂初堂书目》《直斋书录解题》等私家藏书目录的分析，认为著于12世纪中后期的《郡斋读书志》和《遂初堂书目》，主要著录的是抄本书。甚至到明清时期，手抄仍是重要的复制方式，如明《永乐大典》、清《四库全书》等，因卷帙浩繁，一时难以刊刻，于是动用大量人力抄写。可以说，在近代机器印刷广泛应用之前，抄书一直是图书复制的重要方式之一。

二、印刷术的先驱技术

印章与拓石的具体作用不同，但都用来复制文字，因而研究者一致认为它们是印刷术的先驱技术。

中国的印章起源很早，河南安阳曾出土一枚商代青铜阳文印章。自汉代起，士大夫无不使用印章。印章上雕刻姓名或官职，文字或为阴文，或为阳文；将章上文字印在封泥或纸上，最初作符信之用。后来，印章用途扩大。葛洪《抱朴子·登涉篇》记载道教徒用木章复制符咒，其中一枚2寸枣木章上的图案，近似一幅版画；一枚4寸木章刻有120字，篇幅几近短文。南齐时曾有在经书上印千佛像的习惯。印千佛像的方法，是先刻佛像之章，再用章捺印。在敦煌石室经卷中，有人见过背后印千佛像的“南齐书经”。“南齐书经”捺印千佛像是5世纪的事，南齐之后，捺印佛像更成风气。用木印这种方式可以复制文字和图像，因此，这种技术与雕版印刷已相当接近。

拓石也称拓印，是将碑石上的文字用纸墨捶拓下来。拓石产生的复制品，就是拓片、拓本，古代称“打本”“脱本”等。金石学家马衡认为：“拓石之法盖始于石经。”[①] 汉魏石经有着经学与书法的双重价值，因此很早就有了石经拓本。南北朝经久不衰的书法热，推动了拓石普及。梁代阮孝绪《七录》中已著录汉魏石经拓本。《隋书·经籍志》又著录汉魏石经与秦皇刻石拓本。目录学著作不断著录拓本，说明拓石之法唐以前已趋普及。拓石与雕版印刷都是复制技术，二者的不同之处在于：碑刻是阴文、正书、用石板，雕版是阳文、反书、用木板；拓石的方法是先覆纸于碑面，然后用墨在纸上捶拓；雕版印刷的方法是先在版上刷墨，然后覆纸将墨色刷印纸上。由此可知，拓石与雕版印刷都以纸的应用为不可或缺的前提，在复制方式上十分相似。南京所存梁简文帝萧纲陵前神道碑，刻于6世纪50年代。碑的正面是阴文正体，反面是阴文反体，如在碑面上墨，然后覆纸捶拓，阴文反体即成黑底白字的正文拓片，其原理已接近雕版印刷。

---

① 马衡．凡将斋金石丛稿．北京：中华书局，1997：216．

三、印刷术的发明与发展

印刷术的发明与发展经历了雕版印刷、活字印刷、套版印刷等过程。

（一）雕版印刷

关于雕版印刷的产生时间，历来众说纷纭。从技术发展的渐进角度分析，产生在隋唐之际的可能性较大。明代胡应麟《少室山房笔丛》说："雕本肇自隋时，行于唐世，扩于五代，精于宋人。"这种说法比较符合历史事实。迄今存世的最早的印刷品，是1974年于陕西西安西郊西安柴油机械厂出土的梵文陀罗尼经咒单页。此经咒出自唐墓中，考古工作者将其定为唐初印刷品，时间不晚于公元690—699年。1966年韩国庆州佛国寺发现的《无垢净光大陀罗尼经》印本，据考证，应是公元702—704年唐东都洛阳的武周刊本。从这些印刷品的风格看，它们已是雕版印刷接近成熟期的印刷品。

目前出土的唐代印刷出版物，以佛经与佛像为最多，其次是历书、韵书等。据记载，9世纪前后，印制的历书在四川与江淮市场上销售很多。唐文宗大和九年（835年）曾下令禁止私印日历。晚唐四川地区书商继续印售历书，以及《玉篇》《唐韵》和阴阳、占梦、相宅之类书籍，还出现了书铺字号，如"卞家""樊家""刁家"等。

雕版印刷至晚唐已高度成熟。在敦煌石室发现的整卷《金刚般若波罗蜜经》（现藏英国伦敦不列颠图书馆），是这一时期最重要的现存实物。此经刻印于咸通九年（868年），经卷全长5.25米，印有精美插图，图中人物形象丰满，线条刻画流畅，说明这时期的雕版技术已能很好地表现绘画艺术。

五代时，后唐宰相冯道刻《九经》。《九经》最终刻成是十二经，比《十三经》只少《孟子》。这次刻《九经》以开成石经为底本，由名人书写，众多著名学者校勘，历经4朝，用了22年时间才完成。它成为雕版印刷推广应用的历史转折点，影响深远。五代时期，印刷术在全国遍地开花，四川成都成为雕版印刷中心，刊刻了《九经》《文选》《初学记》等多种大部头书籍。南唐也刊刻了《史通》《玉台新咏》。此外，还有和凝刊印自己的文集，吴越（今江浙一带）等地刊印大量佛经、佛像等。五代士人纷纷参与雕版印刷，既促使书籍的质量提高，又使册页装迅速趋于完善并进而完全取代卷轴装，从而为两宋成为雕版出版的黄金时代奠定了基础。

直到19世纪初西方的铅活字印刷术传入之前，雕版印刷一直是中国最主要的印刷方式。

（二）活字印刷

与先将若干文字内容镌刻在一块版上、然后刷版印书的雕版印刷方式不同，活字印刷是先制成单个的字，视需要排版印制。中国古代制作活字的材料有泥、木、铜、锡、陶瓷等。

1. 泥活字印刷

世界上最早的活字印刷术是我国宋代毕昇发明的。根据北宋沈括《梦溪笔谈》记载，毕昇在宋仁宗庆历年间（1041—1048年）发明了泥活字印刷。这种印刷方法的具体过程包括如下几个步骤：第一步，用胶泥刻字。各字所刻数量不等，一般的字刻几个就够了，“之”“也”等常用字，要刻20余个，冷僻字临时刻烧。第二步，烧字。泥字烧过之后，坚硬且不易破碎。第三步，排版。具体做法是先在一块铁板上撒上松脂蜡、纸灰等黏合材料，接着用铁框把四周围起来，把活字排在铁框里面，然后用火在铁板下烘烤，等黏合材料熔化之后，用平板把版面按平即可。第四步，印刷。为了加快印刷速度，可用两块铁板，印第一版时，第二版便可排字，互相轮换，以提高效率。第五步，回收泥活字。回收的方法是用火烘烤铁板底部，等黏合材料熔化后，用手一推，字就掉了，然后按字韵分别把字存放在木格里，等到下次印书时再用。

沈括在《梦溪笔谈 · 技艺》中说：“昇死，其印为予群从所得，至今宝藏。”所谓“予群从”，即“我的堂兄弟与子侄辈”，所以后人一般称活字印刷为“沈氏活版”。

毕昇发明的活字印刷术，在当时究竟印了什么书？什么式样？既不见传本，也不见著录，现已无法作进一步的考证。但是，后来仿用此法印书者，不乏其人。宋光宗绍熙四年（1193 年）周必大在潭州（今湖南长沙）用沈括所记的方法，以胶泥铜板刊印了他所著的《玉堂杂记》。元朝初年，忽必烈的谋士姚枢，教学生杨古用“沈氏活版”印成《近思录》《小学》《经史论说》等书。

现在能见到的泥活字印书实物，是清代江苏苏州人李瑶和安徽泾县人翟金生两家用毕昇遗法自造泥活字印刷的书籍。翟金生有《泥版试印初编》等书传世。

2. 木活字印刷

木活字出现在何时，没有确切记载。从黑水城出土的西夏文活字印刷品看，其印制时间约在西夏桓宗时期（1194—1205 年），可见木活字在 12 世纪末 13 世纪初已经在西夏广泛应用。元代农学家王祯，在大德二年（1298 年）用木活字成功排印了自己编纂的《旌德县志》，并作《造活字印书法》一文附于所撰《农书》之后，是目前所知我国印刷史上最早系统叙述木活字印刷的珍贵文献。王祯造木活字印书的基本步骤是：第一步，按韵写字后贴到木板上，刻好；第二步，用细齿小锯将木板上的字锯成单个字；第三步，将单字修理整齐，使之高低大小一致；第四步，造轮盘贮字；第五步，检字排版；第六步，印刷。

明代木活字本有书名可考者100余种，多为万历印本，弘治以前的极为少见。尤其值得注意的是，明崇祯十一年（1638年）出现了用木活字排印的《邸报》。这是我国报纸用活字印刷的开端。

到了清代，木活字印书已通行全国。清朝最大的一次采用木活字印书的活动是乾隆年间排印《武英殿聚珍版丛书》134种，主办人金简。金简总结这次印书经验后，写成《钦定武英殿聚珍版程式》。该文比王祯的《造活字印书法》更为详明具体，是我国活字印刷史上的重要文献。民间活字印本，影响较大的是乾隆五十六年（1791年）和乾隆五十七年萃文书屋排印的《红楼梦》120回，由程伟元主持其事。

3. 铜活字印刷

铜活字的使用相当广泛。存世实物和文献证明，明代铜活字印刷已很普及，进入了成熟期。明弘治、嘉靖年间（1488—1566年），江苏无锡、常州、苏州一带盛行铜活字印刷，其中以无锡华氏、安氏最有名。华氏印行的书籍有《宋诸臣奏议》，这是我国现存时间最早的一部铜活字本；其他还有《蔡中郎集》《白氏长庆集》等。安氏桂坡馆印行的书籍有《吴中水利通志》《颜鲁公文集》等。清雍正年间（1723—1735年）出版《古今图书集成》，全书一万多卷，全部用铜活字排印，是中国历史上规模最大的一次铜活字印刷。

4. 古代活字印刷的普及规模

活字印刷术的发明与发展，对于普及知识、促进生产、传播文化、沟通中外学术交流，曾起过一定的作用。但总的看来，活字印刷在中国古代出版业中，并未取代雕版印刷成为主流出版技术。究其原因，是雕版印刷容易重印，书版在数十年乃至数百年后仍可以刷印，而古代的活字印刷技术无法解决重印问题，每一次重印，都必须费工重排，在一次印数较少的情况下，反而不如雕版经济，只有印刷那些卷帙浩繁的图书或印数确定的家谱等文献时，活字印刷才能体现出它在经济上的优势。

（三）套版印刷

要在同一书页上印两种以上的颜色，有两种方法：一是在同一块版上施以不同的颜色一次印成，称为“涂版”或“套色”；二是将同一版面有不同颜色要求的部分，分别刻版、施色，分几次套印而成，称为“套版”或“套印”。套版由涂版发展而来，使版面分色更清晰、表现更细腻。

套版印刷术的发明，使印刷进入彩印时代，是我国继雕版印刷术、活字印刷术之后，对世界印刷技术的又一重大贡献。

关于套版印刷发明的时代，学术界有宋、元、明诸说，而这项技术的广泛应用，是在明代后期。明代社会经济文化的繁荣，雕版印刷技术的迅速发展，为套版印刷提供了良好的物质基础和技术条件。另外，明代批点古书的风气盛行，也有力地促进了套版印刷的广泛应用。明代使用套版印刷术刻印书籍，最负盛名者为吴兴（今浙江湖州）闵氏（以闵齐伋最为有名）和凌氏（以凌濛初最为有名）。据近人陶湘的不完全统计，闵、凌两家共刻印套版书籍 117 部，计 145 种。

套版印刷在清代继续发展，尤其是在清代前期，宫廷内府应用套版印制了不少质量较高的书籍。

在吴兴凌、闵两家大量出版套印本的同时，版画艺术也在徽州（今安徽黄山、歙县、休宁、祁门、绩溪、黟县与江西婺源一带）、南京、福建建阳等地蓬勃兴起。明代弘治以后，特别是万历、天启年间（1573—1627年），反映市民生活的戏曲小说风行。为了扩大销路，这些书都附有木刻插图，风格各异，争奇斗艳，其中尤以徽州的刻工技艺最为出色。这主要是由于徽州产墨，很多刻工原来就是雕刻墨模的匠人。此时，除了小说、戏曲书有插图外，还涌现了一批以图为主的绘画教学范本和供人欣赏的版画集，如《集雅斋画谱》《诗余画谱》等。绘画、雕版和印刷技术的融合，逐渐形成了彩色版画套印术，并进一步创造出更复杂的饾版。

饾版是将彩色画稿按不同颜色分别勾摹下来，刻成一块一块的小木版，然后逐色依次套印或叠印，最后形成一幅完整的彩色画图。这样印出的作品，颜色的浓淡深浅、阴阳向背几乎与原作无异。饾版之得名，是因其形似"饾饤"（一种五色小饼）。与饾版技术配套的，还有"拱花"技术。拱花技术是用凸凹两版嵌合，使纸面拱起的办法，与现代凹凸印刷的效果很相似，富有立体感，适用于印制鸟类羽毛和行云流水。

用饾版和拱花技术印刷的书籍，有明末书画家胡正言主持刊行的《十竹斋画谱》、颜继祖编印出版的《萝轩变古笺谱》。至清代，有康熙年间（1662—1722年）在南京出版的《芥子园画谱》。

饾版这种古老的印刷技术，后人称作"木版水印"，作为一种传统工艺，至今仍在发挥作用。

四、中国印刷术向域外的传播

中国雕版印刷术诞生后，随着中外文化交流，从8世纪开始陆续传入朝鲜、日本、越南等东亚、南亚地区。根据埃及19世纪发现的数十张印刷品推测，中国雕版印刷术传入阿拉伯地区的时间，有可能是在11—12世纪，至迟不会晚于1350年。欧洲到14世纪末年才出现少量雕版印刷，西方学者推测是从阿拉伯地区传过去的。丝绸之路上的今新疆地区是中国印刷术（不论是雕版印刷还是活字印刷）西传的重要基地。跋涉于丝绸之路的商贩与传教士，以及蒙古人的西征，都有可能把活字印刷技术带到欧洲。

在中国印刷术影响之下，德国人约翰·谷登堡约在1445年发明铅活字印刷，比中国毕昇发明泥活字晚了约400年。但谷登堡的发明富有独创性。他使用铅活字与油墨，通过压印而不是刷印的方式印刷，并且发明了木制印刷机，开创了近代机械印刷的新纪元。

第三节　古代图书的生产

古代图书出版业与今天的出版业有许多不同。古代出版业是出版业的初期阶段，因此图书编撰、编辑、印刷、发行等环节的专业化分工还没有完全形成，作者与编辑合一、印刷与出版合一、印刷与发行合一的现象很普遍，所以古代的刻书机构既是复制机构，也是出版、发行机构。

一、古代的图书

以文字为表达手段的称“书”，以图画为表达手段的称“图”。结绳记事、象形壁画、甲骨文、金文是图书正式出现前的先驱形式，在当时起了图书的作用，但不是正式的图书。有专家认为，正式的图书必须具备三个条件：一是有一定符号（文字或图画）所表达的内容，二是有一定形式的专用载体，三是有传播各种知识的作用。从这个意义上来讲，先秦时代出现的简书是我国最早的正式的图书形态。

先秦已经正式设置了主管和领导图书事业的机构和职官，孔子等人已开始进行图书的分类工作。两汉之际，简书是图书的主要形态，缣帛是辅行的书写材料，纸的发明与造纸技术的改进为图书的进一步发展奠定了坚实的物质基础，促成了中国图书生产的第一次飞跃。汉朝从立国之日起就动用国家力量收集图书，完成了中国历史上第一次图书大集合。刘向父子在国家大量藏书的基础上，开展大规模的校书活动，历经20余年，完成了我国综合目录的开创性著作——《别录》与《七略》。班固将《七略》改编成《艺文志》列入《汉书》，开2 000年来史志目录之先河。魏晋南北朝时期，帛和纸逐渐代替简书成为主要的书籍形态，此时收集到的图书数量与汉代相比，增长了许多倍。这一时期在图书整理编目方面也取得了很大的成就，第一部类书《皇览》就是在那时纂集而成的。

隋唐之际由于纸和雕版印刷的普遍使用，图书逐渐由抄本向刊本印刷过渡，图书的数量增加，流通扩大，历朝政府数次的求书活动促使图书第二次大集合。图书典藏较前代有了很大改进，专设的图书机构和职官至此已经成熟。这一时期编纂了一批体制完备、资料丰富的类书，对保存图书资料起了重要作用。有宋以来，在雕版印刷基础上发明的活字印刷促成了中国图书生产的第二次飞跃。宋代典藏图书主要有国家、私人、书院、寺院四大系统，从官府到民间，刻书蔚然成风，印本逐渐代替了抄本。宋代除了官修目录外，还有不少私人藏书家编目，郑樵的《校雠略》开创了目录学研究的先河。纂集图书在这一时期也取得了极大的成就，大型类书《太平御览》《太平广记》《册府元龟》就成书于此时。辽、夏、金也都有公私刻书，不仅从宋接受了汉文书籍，还刊行了契丹文、西夏文、女真文、蒙古文等少数民族文字的图书。元代的刻书规模不亚于宋代。

明代的套版多色印刷使图书日益精美，这是继雕版、活字印刷之后中国图书生产的第三次飞跃。从明代起，图书的装帧也逐渐改用线装。明清两代在大型类书、丛书方面的成就超越前朝，《永乐大典》《古今图书集成》《四库全书》成为我国古代图书事业全盛阶段的重要标志。清代纂修《四库全书》，促使中国图书第三次大集合。

据统计，我国从先秦到清末共出书约 181 755 部（种），其中先秦两汉时期约 2 133 部（种），魏晋南北朝时期约 10 654 部（种），隋唐五代之际约 10 806 部（种），宋代约 11 519 部（种），辽夏金元约 5 970 部（种），明代约 14 024 部（种），清代约 126 649 部（种）。截至 1450 年（谷登堡印刷术发明前），我国生产的图书种类和数量都在世界上居于首位，我国的出书总数（45 315 种）也大于整个欧洲的出书总数。

二、古代的刻书业

我国古代图书的生产方式主要有官刻、私刻、坊刻、寺院刻书等四种。

（一）官刻

所谓“官刻”，是指由国家机构出资或主持的图书刻印活动。

我国发明的雕版印刷技术，最先是在寺院使用，直至五代后唐长兴三年（932 年），才在宰相冯道主持下由官府刻印《九经》。《九经》是我国最早的官刻本，历经后唐、后晋、后汉至后周广顺三年（953 年）总计 22 年时间，才完成刊印。《九经》的校刻，是在国子监完成的，故历史上通常称之为五代监本《九经》。它的刊刻，开了儒家经典大规模刊刻的先河，也标志着印刷术从民间走入官府。

宋、明两代都是国子监刻书的兴盛时期。宋代国子监刻书内容范围很广，遍及经史子集四部，刻书数量也很大，是当时中央政府的主要刻书机构。明代国子监分为南京、北京两监，南监多在前人遗留下来的宋、元两代版片的基础上进行整理、修补、刷印图书，以“十七史”最为著名。北监则以翻刻南监本为主，如《十三经注疏》等。元代和清代的国子监则很少刻书。

历代朝廷刻书的专门机构，除上面说到的国子监外，元代秘书监的兴文署、艺文监的广成局、太史院的印历局，以及太医院的广惠局等都曾刻印图书，其中以兴文署刻本最为著名。明代司礼监的经厂，刻书数量较大；另外，中央政府各部院、都察院等机构也都刻书。

清代的武英殿刻书在康熙、雍正、乾隆三朝兴盛一时。武英殿设立了书作与刷印作两个作坊，书作职在界划、托裱等，刷印作职在写样、刊刻、折配、装订等。两个作坊内部又有分工，共有书匠、界划匠、平书匠、刷印匠等 80 多人。

历代地方官府也刻书。南宋的各地公使库、元代的各路儒学和书院、明代的各藩王府、清代的各官书局等，都在古代地方官刻中享有盛名。

由于财力雄厚，历代官刻本书籍一般书品都比较考究，具有字大行疏、开本阔大、纸墨精良、装潢铺陈等特点。许多大部头的图书，也是在官府雄厚财力的支持下才得以刊印，如宋代编纂刻印的《大藏经》《册府元龟》《太平御览》，清代的《古今图书集成》《四库全书》等，都是鸿篇巨制，非以政府之力无法完成。

在内容取向上，官刻多以正经、正史为主，强调教化功能。在校勘质量上，不同历史时期与不同刻印机构往往有很大不同。以国子监刻书为例，五代、两宋时期的监本，底本优良，校勘精湛，士人奉之为圭臬；而明代的监本多用前代旧版，字迹不免模糊，故质量不高，南监印书有“大花脸本”之称，北监本错谬更多。再如，明代的经厂刻书，多出自太监之手，校勘不精，素为后人所诟病，但明代的藩府刻书，则在藏书家中享有口碑，人称“藩刻本”。

（二）私刻

私刻的主体多是士人学者，所刻书籍的牌记多刊自家堂号、宅名或书斋名等。他们刻书多是出于崇尚学问、推广文化、传播知识而非赢利。因士人学者或亲自校勘，或延聘专家代劳，所以校刻精审，图书质量较高，为当时及后人所重。

私人私宅刻书，唐五代时已发其端，如唐懿宗咸通九年（868年）王玠为二亲祈福而雕印普施的《金刚经》，五代毋昭裔刻印的《文选》《初学记》等，都是唐五代私宅刻书的实例。

宋元时期，私宅刻书相当普遍。宋代穆修首次刊印的韩愈和柳宗元的全集、廖莹中世彩堂所刻的《九经》、黄善夫家塾本《史记集解》，元代岳浚刻印的《九经》、张存惠晦明轩刻印的《重修政和经史证类备用本草》等，都十分有名。

明清时期，全国私刻大盛，私家出版的书籍品种数量，总的看已超过官刻。官刻不重视的子部与集部之书，大都经明清学者重新校勘整理或注释之后，再由私家刊刻，传承至今。

私家刻书中，大部头丛书的刻印饶具特色。丛书始于宋，较早的有宋代俞鼎孙、俞经辑刻的《儒学警悟》。迨至明代，有《汉魏丛书》《唐宋丛书》《格致丛书》等的编印。清代很多学者和藏书家加入丛书刻印的行列，丛书出版蔚为大观。著名的有鲍廷博《知不足斋丛书》、吴骞《拜经楼丛书》、卢文弨《抱经楼丛书》、阮元《文选楼丛书》、黄丕烈《士礼居丛书》、马国翰《玉函山房辑佚书》、黎庶昌《古逸丛书》等。

（三）坊刻

坊刻的主体是书商。我国早期印刷品多为坊刻本。唐代坊刻已经相当普遍，遗存下来的实物中，有“成都府樊赏家”“龙池坊卞家”“西川过家”等刻印的历书和经卷。目前已知的坊刻图书中佛经最多，历书、字书、韵书、占梦书、相宅书等民间用书次之。

南宋时期坊刻有很大发展，出现了若干著名坊肆，如建阳（今福建南平建阳区）余仁仲的万卷堂、临安（今浙江杭州）陈起的陈宅书籍铺、临安府太庙前的尹家书籍铺等。宋孝宗淳熙（1174—1189 年）初，临安书坊印行的《圣宋文海》多达 120 卷，表明当时的书坊已开始刊印大部头图书。南宋时期，我国已形成三大坊刻中心——两浙坊刻（主要集中在杭州和金华）、福建坊刻（主要集中在建阳）、蜀中坊刻（主要集中在成都和眉山）。

元代的坊刻主要集中在平阳（今山西临汾）、建阳，其刻书之盛，较之南宋有过之而无不及。建阳沿袭宋代刻书风气，仍为书坊聚居之地，刻书最多。建阳崇化坊余氏勤有堂、麻沙镇刘氏南涧书堂、刘锦文日新堂、虞平斋务本堂、郑天泽宗文书堂、叶日增和叶景逵的广勤堂，均历史悠久。现存元代坊刻书籍多半是这几家的刻本。从内容上看，元代书坊刻印医书开始增多，仅建阳余氏勤有堂就刻了《太平惠民和济局方》《新编妇人大全良方》《普济本事方》等多种医书，燕山窦氏活济堂乃是专门刻售医书的书籍铺。

明初由于取消了书籍税，建阳、南京、苏州等地不少老字号书坊得以发展并长期延续。仅以建阳为例，郑氏宗文书堂开业近 300 年，刘氏日新堂近 200 年，叶氏广勤堂和杨氏清江书堂也都有 100 多年的历史。早在宋代就以刻书而名扬海内的余氏，到了明代又有数十人同时从事刻书业，其中以余象斗的三台馆和双峰堂最为著名，所编刻的《西游记》《列国志传》《三国志传评林》《水浒志传评林》《东西晋演义》《西汉志传》等书行销甚广，刻本至今犹存。明代刻坊分布广，刻书数量大。除建阳外，南京、苏州、吴兴、徽州、杭州、北京都是书坊的集中之地。南京的书坊大多位于三山街和太学前，可考者有50多家，其中以唐姓书坊为最多。万历年间，唐姓各家所刻经书、医书、文集、尺牍、琴谱和戏曲、小说等达数百种。

清代的坊刻业更为兴盛，坊刻数量甚大。北京、南京、苏州为刻书最多的三个地区。北京是政治文化中心，琉璃厂、隆福寺等地书坊林立。北京的书坊，有的以贩卖为主，有的兼营雕版印行，其中的老二酉堂是明至清末历经数百年的老店。

书坊刻书以市场需求为导向，所刻书大都是四部经典的名家注本、科举程式用书、医书、各类名家名著的选本、通俗文学读物等；形式上多为小字本、巾箱本、互注本、插图本。这些书籍问世后，往往能迅速进入社会，广泛流传，发挥文化传播的重要作用。古人在书目、题跋或相关笔记中，常常把坊刻本称为"通行本"，从中正可看出坊刻本在古代文化传播中的作用和影响。

中国历史上出版技术的发明和革新，大多出现在以坊刻为代表的民间出版活动中。诸如雕版书籍版式中书耳的运用，正文、注疏、音义、释文合刊的编排方式，分栏、分版和花栏的创新，"绣像"（插图）本的出现，彩色套印和饾版、拱花技术的应用等，均首创于坊刻等民间出版活动中。可以说，历代出版商为出版技术的发展作出了巨大的贡献。

商人的经营能力强，但同时却又常为谋利而粗制滥造、弄虚作假。例如，"麻沙本"在版本学家那里，几乎成为"低劣版本"的同义词；冒称宋版元刻或名人编校者则不胜枚举。翻版印刷之事屡见不鲜，往往一书畅销，各坊群起仿印，增订详注推出新本。其实，反对翻版的观念在宋代就有了，《书林清话》卷二“翻版有例禁始于宋人”一节，说得很详细。明末清初的李渔，在杭州刻印自己创作的小说、戏曲，很是畅销，但他的书在南京、苏州经常被翻印。为了阻止翻版，李渔将全家从杭州搬到南京，还到苏州求过地方官，结果都没有用。翻版问题不能解决，书商负有重要责任，此外还有缺乏相应法律环境等社会方面的原因。

（四）寺院刻书

在历史上，宗教对出版业的影响很大。不论是在中国还是在西方，现存最早的印刷品都是宗教用品。在我国古代出版史上，一些寺院也是重要的出版机构，佛教、道教典籍的刊印，是一个重要的出版门类。

从宋刻《开宝藏》起，到民国初年活字排印的《频伽藏》，佛教大藏经几乎平均 30 年左右就开雕一次。佛教典籍中，有相当一部分是由寺院集资刻印的。

道教典籍的刻印不如佛教典籍多。较著名的有宋代的万寿道藏之刻、金代的玄都宝藏之刻、明代的正统道藏之刻等。

为了吸引民众，方便传教，寺院刻书往往并不局限于宗教典籍，也刻印一些生活用书、流行读物等。

三、古代刻书业的编辑工作

编辑工作始于何时，学术界对此尚有不同意见，但对于“最初的编辑工作主要是校勘”这个观点，基本上已形成共识。例如，冯道刻《九经》，令田敏校勘。田敏是国子祭酒，他负责总校勘，手下另有一批学者具体从事校勘。所以，田敏实际上是总编辑。北宋端拱元年（988 年）刻《五经正义》，孔维为都勘官，另有多位国子博士为勘官，都勘官也就是总校勘、总编辑。小规模刻书，校勘多是兼职，无需专人。坊刻其实也有校勘，只是校之不精，或因未有专人而马虎从事，或虽有专人而水平太低。

古代刻书业的特点，是从事古籍编纂、编辑、编选之类的工作，以官刻、私刻者为多。私刻的业主往往是学者，有能力从事编纂、编辑、编选之事；而书坊大都缺乏这方面的能力。一般情况下，官刻不接受民间新作，书坊因有市场风险而较少受理新作。因此，新作一般都由作者自己出资请刻工或送坊间刊印，不经他人编辑加工。一些大的书坊也会主动寻找名家的各种批注本、诗文集出版，若是新作一般也都由作者自己编校。

为了保证质量，私家刻书往往延聘专家校勘。南宋廖莹中在临安刻书，宋人周密说他搜集数十种版本，动用百余人校勘，廖氏世彩堂因此留下许多精品。明代汲古阁毛晋刻书，专门造了楼阁招待校书的众多学者。

清代乾嘉以降，校雠学迅速发展，学者刻书常另请专家校勘。例如，钱熙祚刻《守山阁丛书》聘张文虎，伍崇耀刻《粤雅堂丛书》聘谭莹，蒋凤藻刻《铁华馆丛书》聘叶昌炽，黎庶昌刻《古逸丛书》聘杨守敬，等等。清代为他人刻书做编辑工作最有名的要算顾广圻。孙星衍、黄丕烈、胡克家、秦恩复、汪士钟这些公认的名家刻书，也请顾广圻去校勘。顾广圻，字千里，江苏元和（今苏州吴中区）人，自己并无巨著传世，一生为他人校书，人称“清代校勘第一人”。由他校定之书，“举世珍若珙璧”。他与出版家黄丕烈合作最多。黄氏最佳的版本，再加顾氏最佳的校勘，珠联璧合，弥足珍贵，学界称“顾黄”。

清末张之洞在《书目答问》所附《劝刻书说》中说："刻书必须不惜重费，延聘通人，甄择秘籍，详校精雕。刻书不择佳恶，书佳而不雠校，犹糜费也。"可说是经验之谈。"延聘通人"的意思，就是延聘学问渊博的人从事选书、校勘。从业务内容看，这应属于古籍编辑工作。

自宋以来出版界流传一本书，题名《相台书塾刊正九经三传沿革例》，是目前已知最早的有关编辑出版业务工作的条例。该书有"书本""字画""注文""音释""句读""脱简""考异"七个条目。所谓"书本"，就是务必事先将不同版本搜集齐全，请专家参证其他相关书籍，进行反复审订与校勘，最后确定刊刻的定本。所谓"字画"，就是要求规范文字，以字书为准，使用通行字体，去掉俗字或怪僻古字，也包括如何避讳。所谓"注文"，是指对注文、疏文、正文三者复杂关系的处理。所谓"音释"，就是要求规范注音，贯彻正确的注音原则，避免方音等。所谓"句读"，与现在要求正确使用标点符号相似。所谓"脱简"，是指查补缺页和文中脱漏之处。所谓"考异"，就是校勘，并将校勘记附于书后，以备读者考查。上述七个条目，对现在的古籍编辑工作仍有重要参考价值。除《相台书塾刊正九经三传沿革例》外，《通志·校雠略》等文献对古籍编辑工作也有所介绍。

第四节　古代图书的流通

春秋战国以后，书籍突破了官府秘藏而走向社会，从王室专有逐渐演变为上层社会成员私有。随着社会的发展，书籍也逐渐以商品的形式进入社会流通领域。

一、早期书市

在秦以前，书籍的商品性表现如何，尚不可考。到了汉代，书籍的商品性已日益明显。书籍作为商品在社会上买卖，到汉代开始见诸文献记载。西汉末年扬雄的《法言·吾子》有："好书而不要诸仲尼，书肆也。"这是"书肆"一词在文献中的最早出现。

汉平帝元始四年（4 年）宰衡王莽扩建太学后，在太学附近形成了"槐市"。《三辅黄图·明堂》对此有较为明确的记载："（常满）仓之北为槐市，列槐树数百行为队，无墙屋。诸生朔望会此市，各持其郡所出货物及经传书记、笙磬乐器，相与买卖，雍容揖让，或论议槐下。"可见，槐市是一个综合性的贸易集市，集市中有"经传书记"的买卖，买卖双方都是诸生，方式是"相与买卖"，时间是农历每月的初一和十五。更始元年（23 年），王莽政权崩溃，在战乱中太学解散，历时 20 年的槐市随之消失。

《后汉书·王充传》说："（王充）家贫无书，常游洛阳市肆，阅所卖书，一见辄能诵忆，遂博通众流百家之言。”王充在洛阳书肆观书，说明当时洛阳书肆已有一定规模，图书品种不少，可供读者浏览。此后，据史书记载，较大的城市都有图书买卖，贫寒之士也可携带图书到市上售卖。《后汉书·刘梁传》：“（刘梁）宗室子孙，而少孤贫，卖书于市以自资。”《太平御览》卷614引司马彪《续汉书·荀悦传》：“荀悦年十二，能读《春秋》。贫无书，每至市间阅篇牍，一见多能诵记。”这里泛称“市间”，说明当时都市里多有书肆，不止洛阳一地。

二、印刷术发明后图书的流通

从唐代中后期起，随着雕版印刷的发明和使用，图书的需求和供应发生了很大变化。图书贸易的客体开始由手抄书扩大到印本书；图书的种类逐渐增加，从历书、日用杂书、经书到诗文集；从事图书贸易的主体也由书坊、私家扩大到官府。宋国子监设书库官，负责刻书并售书。据毕沅《续资治通鉴》称，监本价格便宜。北宋天禧元年（1017年），有人建议提价，宋真宗回答说：“此固非为利，正欲文籍流布耳。”不准提价。后来，采纳监本只收“工纸”之价的建议，书价更低。宋代国子监还刻过小字本医书，也是只收“官纸工墨本价”，让民间任意购买。

随着图书交易的增加，交易场所、交易时间逐渐固定。北宋东京（今开封）有相国寺书市，每逢朔望三八开市，殿后资圣门前专门售卖书籍、图画等。宋散文家穆修就曾在此设肆售书。据《金石录后序》载，李清照与其夫赵明诚“每朔望谒告出，质衣取半千钱，步入相国寺”，“遇书史百家，字不刓阙，本不讹谬者，辄市之，储作副本”。据《东京梦华录》载，其时又有“鬼市子”，“每五更点灯博易，买卖衣物、图画、花环、领抹之类，至晓即散”。在福建的建阳，书坊林立。南宋建阳学者熊禾在为重修的同文书院所作《上梁文》中有“书籍高丽日本通”“万里车书通上国”等句，是宋代建本书远销全国各地乃至海外的真实记录。

明清时期的图书流通比过去前进了一大步。首先是图书市场逐渐完善，经营手段逐渐多样化。刻书业比较发达的地区逐渐形成了以批发为主、零售为辅、批零结合的发行格局和长途、短途结合的发行网络，图书发行的覆盖面日益扩大。由于图书品种、数量大量增多，图书市场的竞争也日益激烈。

明朝书市较著名的，据胡应麟《少室山房笔丛·经籍会通》载：“今海内书，凡聚之地有四，燕市也，金陵也，阊阖也，临安也。”清朝则有：苏州书市，多集中于胥门、阊门、玄妙观附近，总称吴门书市；成都书市，有经元八大家之称，因乾隆年间江西书商贩书至成都，所设书籍铺字号中多有经、元、友、观、贤等八字，故名；北京琉璃厂，既是图书贸易市场，又聚有众多刻书铺，乾隆年间开四库馆，众编修常来此购书，书市益盛；福建泉州有道口街书市。

中国古代的图书贸易受小农经济和地域、交通诸因素的影响，经营规模都不是很大。这在一定程度上影响了出版业的发展。此外，中国古代一直奉行重农抑商政策，士人耻于言商。这种观念上的局限，也是中国古代没有产生大书商的原因之一。

第五节　近代印刷业的发展

中国古代发明的雕版印刷术、活字印刷术，曾经对人类文明发展起到了巨大的推动作用。但到了近代，中国的印刷技术落后于西方。19世纪初对西方先进印刷技术的引进，导致中国印刷技术及印刷业发生了重大变革。

一、西方印刷技术的引进与应用

西方印刷术以机械操作为基本特征，采用了机械、光学、电气、化学等方面新发明的技术手段，其生产效率远远高于以手工操作为主的雕版印刷。国人引进了这些新技术，并逐渐广泛应用于出版物的印刷。

（一）近代印刷技术的传入

西方印刷技术是随着西方传教士来华而逐渐传入中国的。

1. 近代造字技术

19世纪初，欧洲人兴起研究、制造中文铅活字的热潮。当时研制的中文活字造字技术，有铸坯刻字和先制字模再铸活字两种。《华英字典》所用的铅活字，即是用前一种方法制造出来的。后一种方法由传教士戴尔最先试验并取得初步成功。

1815年左右，澳门东印度公司印刷所成立。为了印制《华英字典》，技师汤姆斯专门刻制了一套中文铅合金活字，数量多达10万枚。这是最早的中文铅合金活字。1838年，传教士米怜发明用钢冲压制造中文字模的方法，这些方法很快就传入中国。1858年，威廉·姜别利主持宁波华花圣经书房工作，发明了用电解法铸造汉字字模的新方法，并以这种方法制成了大小铅字七种，分成一至七号。1860年，华花圣经书房迁往上海并改名美华书馆后，大量制造这种字模和铅字（时称“美华字”），出售给上海、北京等地的报馆和书局。“美华字”由此成为在中国通用几十年的字模和铅字。

2. 近代印刷技术

19世纪初，西方传教士在传教的过程中，首先在中国引进用铅活字排版的机械印刷。第一部用机械印刷汉字的图书就是《华英字典》。此后的近半个世纪内，采用西方印刷技术的主要是传教士和外资创办的机构，如墨海书馆、美华书馆、土山湾印书馆（亦称“土山湾印刷所”）、点石斋书局、申报馆等。新的设备、新的技术和新的生产方式，为书刊印刷提供了新的生产力。如点石斋书局首次引进石印技术，于1878年印制《康熙字典》，首印4万部，第二次印6万部，创当时出版物发行量之最。申报馆引进机制纸印《申报》，并首先使用手摇平版机和单色轮转机。

为了使西方印刷技术更加适用于汉字印刷，姜别利在发明“美华字”之外还发明了元宝排字架，将汉字分为常用、备用、罕用三类，于排字木架中间放常用、备用字，两边放罕用字，并按部首排列，大大提高了汉字排版的速度。

（二）石印技术的兴盛

石版印刷是最早的平版印刷术。它以表面磨光的天然多微孔石灰石板为版材，将图文用转写墨（一种含有脂肪的油墨）直接写画在石板上或通过转写纸加压转印到石板表面，制成印版，并用酸性液等处理以增强图文的亲墨性。印刷时，先用水润湿版面，使非图文部分吸水而具有拒墨性，然后上墨覆纸印制。

1821年，英国传教士麦都思在巴达维亚（今印度尼西亚雅加达）建立印刷所，于1828年用石印技术印刷出版《中文课本》。1832年，广州出现了第一家中国人开办的印刷所。1833年，广州出版石印中文月刊《东西洋考每月统记传》。1874年，照相石印技术北上进入上海，首先出现在土山湾印书馆中，但真正光大门庭的则是英国人美查办的点石斋书局。点石斋书局在全盛时期有石印全张机10多部，并在北京、浙江等地开设了20多个分店。

随着对西方印刷技术长处的不断了解，国人也开始重视采用这些先进的技术与设备。1881年，出现了中国人自办的石印局——同文书局和拜石山房。同文书局购入石印机12架，拥有工人500名，专事古籍影印。1891年，同文书局受清政府委托印刷《古今图书集成》100部，堪称石印出版物中的精品巨制。在大书局的带动下，石印技术以其工序少、印刷速度快、存貌不失真等优势得到了迅速传播和应用，不仅逐渐取代雕版印刷，而且一时胜过铅印。据《贩书偶记》《中国丛书综录》《中国通俗小说书目》等书著录，从清末到民初，全国各地采用石印技术印书者多达上百家之众，明显多于铅印业。

在石印基础上发展起来的珂罗版印刷，是德国人J. 阿尔贝特于1867年发明的。不过10年的时间，它就传入了中国。1902年，上海文明书局员工赵鸿雪自行试制珂罗版获得成功；1904年，该书局又聘请日本技师试验以石印技术印刷彩色版获得成功，所印古代书画碑帖十分精致。

（三）铅印技术主导地位的形成

辛亥革命前后，随着各种政治力量进行舆论宣传的需要，随着清末废科举后各级学校的兴办，随着新的科技知识的传播，书刊出版量陡然大增。这就需要有足够的文字印刷能力作保障。

从光绪末年到辛亥革命前后，铅印的物质条件逐渐完备，字模多了，字体日益齐整秀丽，价格也略有下降，小型印刷机国内已能制造，纸型取代泥版使重印更加方便。于是，铅印取代石印成为必然趋势。

1905 年清廷废除科举制度，众多主要以石印应试读本为营生的石印书局遭到致命性的打击。由于存书乏人问津，兴盛一时的石印业几乎全军覆没。铅印技术从此开始占据绝对优势地位。

二、近代印刷业

近代是中国印刷业快速发展的时期。一方面，国外先进的印刷设备和印刷技术很快被引进，为我所用；另一方面，一些有实力的印刷企业开始根据汉字特点对引进的印刷技术进行改进，并取得了一定的成绩。印刷技术作为一种重要的出版生产力要素，推动了中国近代出版业向前发展。

19 世纪末 20 世纪初的短短几十年时间，国人自营的机械印刷业迅速发展起来。有财力的企业直接购买国外的先进设备，以发展生产，适应市场竞争的需要。如 1898 年有印刷企业购进价格低廉的日制仿欧式轮转机，1906 年引进单滚筒机，1908 年引进铅版印刷机，1915 年引进胶印机，1919 年引进米利双回轮转机、双色米利机、双面印米利机，1922 年引进双色胶印机、滚筒印刷机，1923 年引进环轮凹印机，1925 年引进彩色影写版印刷设备，等等。

印刷的用途虽然多种多样，但在近代，印刷主要用于书刊生产领域。也许正因为如此，那一时期独立的专事印刷的机构不多，多数印刷厂直接隶属于出版机构，也有一些印刷厂兼营出版业务。商务印书馆、中华书局、世界书局、大东书局、正中书局等大出版机构，都有自己的印刷厂，且其生产设备、生产能力、生产水平等始终保持国内领先地位。商务印书馆印刷厂在1932年“一·二八”事变遭日寇轰炸之前，已是远东综合实力最强的印刷厂，下辖彩印、石印、铅印、铸字、排版校对、照相影印等40多个部门，拥有滚筒机、米利机、胶印机、铅版印刷机、大号照相机等各种机器设备1 200余架，工人3 000余名。商务印书馆印刷厂往往在全国率先采用新技术，印刷设备已大体与西方同步。例如，1912年开始使用电镀铜版，1915年创制仿古活字，引进彩色胶印机，1919年引进米利机，1920年采用直接照相制版法，等等。中华书局同样重视印刷厂的发展，派员出国考察印刷技术，积极引进先进设备。中华书局印刷厂下辖10多个部门，有工人1 000余名，是仅次于商务印书馆印刷厂的中国第二大印刷企业。1932年在九江建分厂，设备之完善号称远东第一。

新式印刷设备与技术的广泛使用，标志着中国近代印刷业机械化的程度已经达到了较高的水平。

三、新技术对图书形态的影响

西方印刷技术的传入对中国图书的开本、版式、装帧形式产生巨大影响，使图书形态逐步发生变化。

中国传统的雕版印刷图书，开本没有统一规定，除巾箱本外，一般尺寸都较大。铅印、石印技术传入后，出版物字体变小但仍十分清晰，如石印本《康熙字典》《古今图书集成》均只有 32 开大小。小开本便于携带使用，尤其如《康熙字典》这类赴考必用之书，印成小开本后深受士子欢迎。至 19 世纪末 20 世纪初，各种铅印、石印图书已基本统一采用 32 开或大 32 开的规格。

图书版式的设计主要取决于主观意愿，技术的影响较小，变化较慢。究其原因，可能与传教士最初在华印书为求得中国人的认同而多遵循中国的传统习惯有关。教会印制的一些图书，在很长时期内也都采用直排，版面印有版框，在中缝印“鱼尾”（雕版印刷书籍版面上表示对折位置的一种记号，形状像鱼尾巴）、书名、卷数。国内现存最早的横排本，是 1884 年点石斋书局印制的《无师自通英语录》，因是双语对照，无法竖排，于是出现了中文从右至左排、英文从左至右排的格式。而版式的真正改变是在五四新文化运动以后。

中国古代的图书装帧，在纸张普遍使用以后，从当初的卷轴装，到经折装，到旋风装，到蝴蝶装，到包背装，经过千余年的历史演变，最终定格为统一的线装形式。到了光绪末年，随着石印、铅印技术的应用，书籍装帧开始发生一些新变化，如在线装书的书衣（面封）上舍去书名签条，改排铅字，或用书法题写书名。到 20 世纪初，有些书的封面上开始出现带装饰花边的框线，封面纸也变换不同的颜色。五四运动在推动出版业迅猛发展的同时，也极大地促进了书籍装帧艺术的巨大变革。随着现代书籍装帧艺术的正式确立与人们对书籍审美需求的不断提高，装帧设计受到各出版机构的高度重视。书刊整体设计的意识明显得到加强。不仅是面封，还有底封、书脊、勒口、环衬、衬页、扉页、目录，甚至广告页等，也都一同进入设计者的视线范围之内。不仅是图案，还有颜色、字体、版式，乃至材料、印刷与装订工艺等其他设计元素，也均由设计者组合变化，布局安排。作为书籍装帧重要元素的图片，运用更加普遍，类型也日渐丰富。

西方造纸技术和装订机械的引进，使图书可以双面印刷，出现了精装、平装的样式。书的形态也因文字的横排由右翻本变成左翻本。毛边书也日趋向切边书转化。民国时期的图书装帧已完全与世界潮流合拍。但是，传统的线装样式作为中国特有的一种图书装帧形式，至今仍然保留，用于一些富有传统文化气息的图书。此外，新式标点符号的使用也是这一时期的一大进步。

第六节　近代出版活动

西学东渐、洋务运动、维新变法、辛亥革命、五四运动等社会变革，无不对中国近代出版业产生深刻的影响，各类出版机构也应运而生。

一、近代出版机构的形成

鸦片战争后，现代印刷术逐渐传入中国并流传开来，报纸期刊的出版也逐渐增多。外国教会、封建官僚与具有资产阶级民主思想的知识分子，都想通过出版书刊来宣传自己的政治主张，广大人民群众对于新知识的需要也日益强烈，原有官刻、私刻、坊刻的旧出版体系已不能适应新形势发展的需要。于是，政府办起了官书局，私坊刻书也进一步分化。近代印刷出版发行机构便应运而生。最初是一些外国传教士和外国商人，接着是晚清各级政府，后来是国内一些民族资本家，陆续开设采用新式印刷技术的印刷厂，创立出版发行机构。

（一）早期传教士创办的出版机构

中国近代的外资出版机构主要由外国传教士创办。外国传教士对中国出版的影响，早在明末即已开始，如意大利传教士利玛窦与徐光启合译出版《几何原本》。外资直接在中国办出版机构则是在五口通商之后。此前虽有英华书院（1814 年成立于马六甲）、华英书院（1838 年成立于新加坡）、华花圣经书房（1844 年在澳门设立）等出版中文宗教读物的出版机构，但都是在海外华人聚居地或殖民地注册的。

外资在中国内地开办的第一个近代出版印刷机构，是英国传教士麦都思于清道光二十三年（1843 年）在上海成立的墨海书馆。该书馆先后由麦都思、伟烈亚力主持，聘王韬为编辑，翻译出版了《几何原理》《谈天》《博物新编》《大英国志》等自然科学、社会历史和宗教书籍。书馆首次在中国引进了西方印刷机械和铅活字排版技术。此后，在上海出现了一批由外国传教士主持的教会出版机构或外商出版机构，如土山湾印书馆、点石斋书局、申报馆、益智书会（即学校教科书委员会）、图书集成局、广学会等。

这些出版机构在宣传宗教教义的同时，翻译出版西方自然科学著作，把许多自然科学知识介绍到中国，也出版社会科学著作，向中国人介绍西方的政治和历史。此外，它们还出版了一些报纸、期刊。这在客观上促进了中国近代科学的发展和社会政治的变革。

（二）晚清政府创办的出版机构

清朝末期，官办出版机构大致有两类。

1. 地方官书局

由地方官绅创办的官书局，从 19 世纪 60 年代起曾经一度兴盛，时间长达二三十年。

自 1864 年左右曾国藩创办金陵书局后，扬州的淮南官书局、苏州的江苏官书局、杭州的浙江官书局、武昌的崇文官书局、长沙的思贤官书局、福州的福州官书局、广州的广雅官书局、成都的存古官书局、昆明的云南官书局、北京的直隶官书局、济南的山东皇华官书局、太原的山西官书局、西安的陕西官书局等纷纷出现。这些官书局利用政府的力量，大量刊刻传统文化典籍，数量之多，有“群籍之要，未刻者甚少”的评价。同时，这些“局刻本”因多由学者名家从事校勘而质量精良，且“平其值而售”，因价格低廉而流布广远。

晚清兴起的官书局刻书，是特定历史时期政治文化背景下的产物。随着洋务运动的失败和戊戌变法的兴起，以“中学”为主要内容的官书局刻书日渐凋零，多数官书局先后停办，只剩下浙江官书局、北洋官书局等零星可数的几家官书局。

2. 洋务派创办的出版机构

这类出版机构也是中国近代最早的翻译机构，附设于洋务派创办的学校和工厂内。

同治元年（1862 年）成立的京师同文馆附属于总理各国事务衙门，光绪二十七年十二月（1902 年 1 月）并入京师大学堂。同治二年（1863 年）成立于上海的同文馆，在培养外交和洋务人才的同时，翻译出版了大量西方书籍，其中以丁韪良的《万国公法》，毕利干的《化学指南》《化学阐原》影响最大。同治五年（1866 年），海关税务司在上海设置印务所，后改名为海关总署造册所，设印刷厂，出版贸易年报、海关统计报告，以及方便外籍人士学习汉语的双语工具书等书籍；出版物多用中英文对照，所设印刷厂是中国最早具有外文排字能力的印刷机构。光绪二十二年（1896 年），盛宣怀奏请清廷批准创办上海南洋公学，并于次年正式成立。南洋公学所附译书院出版自编新式教科书，打破了西学教育以使用教会出版物为主的局面。该院出版的《蒙学课本》三编，是中国学校正式使用的第一种新式教科书。

工厂附设的翻译出版机构，有福州船政学堂和江南机器制造总局翻译馆，而尤以后者为著。江南机器制造总局翻译馆成立于同治七年（1868 年），是中国晚清时期译书最多、影响最大的翻译机构。该馆先后聘请了 59 名中外学者翻译西书，出版了一批军事、应用技术、医学和自然科学基础理论方面的著作与部分史志、政治类著作，总共 20 个学科 199 种。著名的出版物有《谈天》《地学浅释》《佐治刍言》和《西国近事汇编》等。翻译馆为近代中国带来了一大批西方先进的应用技术和自然科学新成果，促进了中国近代科技的发展，也对思想界产生了极大的影响。翻译馆 1905 年停办。

二、近代出版机构的发展

19 世纪末，中国民族资本兴办的出版事业也逐渐活跃起来，特别是中日甲午战争失败及戊戌政变前后，一些有识之士鼓吹维新变法，学习西洋的科学技术；1905 年废科举兴学校，需要大量新式教科书。这些都对中国民族资本兴办出版事业起了巨大的推动作用。正是在此契机下，中国近代出版机构，尤其是民营出版机构，进入了一个快速发展时期。

（一）民营出版机构的崛起

康有为在《上海强学会章程》中，明确地将译印图书、刊布报纸、开大书藏（即图书馆）、开博物馆列为“最要者四事”。康有为、梁启超等维新派的著作当时大量出版，如康有为的《新学伪经考》《孔子改制考》，梁启超的《西学书目表》，冯桂芬的《校邠庐抗议》，以及维新派出版的《公车上书记》等，均广为流传。据时人记载，维新派出版的新书有 40 多种。《西学书目表》初版 2 000 余册，上市即告售罄。同时还有《中外纪闻》《时务报》《强学报》等报刊宣传维新变法。

在他们的带动和影响下，各地报刊如雨后春笋般蓬勃兴起，仅1896—1898年间，全国各地出版的报刊数量就在60种以上。这些报刊多是由个人或团体所创办，虽然有些不无官方背景，但基本上属于民营性质。

维新变法的失败，说明改良主义在中国行不通，许多知识分子开始寻求新的道路，于是宣传民主革命的图书大量涌现。据统计，至辛亥革命爆发前，出版这类图书130余种，最著名者有章炳麟《訄书》，邹容《革命军》，陈天华《猛回头》《警世钟》等。革命派创办的报刊达数百种之多，遍布全国各地，如上海的《苏报》《国民日日报》，广东的《亚洲日报》，武汉的《江汉日报》，安徽的《安徽俗话报》，河北的《直隶白话报》，等等。这些书刊大都由民营出版机构出版。

20世纪初叶，清政府在“新政”期间出台的定学制、废科举等教育改革措施，既促进了新式学堂在全国大规模兴起，也推动了许多以教科书为主要出版业务的民营出版社的发展与壮大。

（二）民营出版机构云集的上海成为中国出版中心

清代最后数十年，上海已经涌现出许多民营出版机构，如商务印书馆、大同译书局、广智书局、广益书局、神州国光社、科学仪器馆、锦章书局、文明书局、国学扶轮社、作新社、小说林社、有正书局、群学社、新世界小说社、集成图书公司、中国图书公司、乐群书局等。这些民营书局的先后兴起，正式确立了上海在中国近代出版史上的中心地位。随着时间的推移，这一中心地位不断得到强化。

1912年民国初建，全国第二大民营出版机构——中华书局在上海创立。随后，全国出版界公认的第三、第四、第五大出版机构，也产生于上海。根据上海市档案馆所藏有关档案记载，1920—1935 年上海市书业同业公会登录的会员出版机构有 81 家，其中资本在 100 万元以上的有 2 家，资本在 50 万—100 万元的有 1 家，资本在 10 万—50 万元的有 6 家。1936 年 12 月上海市书业同业公会登录的会员出版机构有 66 家，其中资本 200 万元以上的 2 家，10 万元以上的 9 家，3 万元以上的 11 家，3 万元以下的 44 家；职工人数 200 人以上的 5 家，20 人以上的 14 家，20 人以下的 47 家。除此之外，还有像良友图书公司那样没有参加书业同业公会的出版机构 60 多家。上海出版机构如此繁盛，从业人员如此众多，出版资本如此雄厚，是国内其他城市难以望其项背的。

同其他大多数行业一样，上海的出版机构也随着自身的发展，自发地形成了一块相对集中的商业区域。类型丰富的书刊品种，鳞次栉比的书局书店，吸引了全国各地的书商来这里发货和添货，而上海发达的水陆交通也保证了出版物物流的畅通。善于推销的出版经营者又十分重视邮购业务的开展，通过上海发达的邮政系统把各种书报刊无远弗届地送到每一个需要它的读者手中。为了拓展销售业务，上海凡是有规模的书局，都设法在全国重要城镇设立分支机构和特约经销点。这些分支机构和特约经销点即便在北京、南京、天津、汉口、广州这样的大城市中，依然在当地书业构成中具有举足轻重的影响。它们像一个庞大的网络，纵横交错地把上海这个中心点和全国有机地联系在一起，形成辐射全国的局面。

（三）有影响的民营出版机构

先后兴起于上海的商务印书馆、中华书局、世界书局这三大民营出版机构，堪称全国出版业中的巨头。据当时商务印书馆总经理王云五的调查计算，1934 年全国出版物总册数的 61%，1935 年的 62%，1936 年的 71%，均出自这三大巨头。

1. 商务印书馆

商务印书馆成立于 1897 年，由夏瑞芳、鲍咸恩、鲍咸昌、高凤池等人合资创办，开始以印刷为主。1902 年成立编译所，由张元济主持，聘请知名学者大力编印教科书。

1907 年，商务印书馆在上海宝山路建成占地 80 余亩的总厂，包括编译所和 4 个印刷所等。之后，又在上海天通庵路设立第五印刷所，并先后在北京、香港设立分厂。商务印书馆还努力建设全国范围的发行体系，先后在全国各地设立分馆、支馆共计 80 余个，同时还在新加坡设有分馆，在汉城（今首尔）、东京、河内等地也设有代销处。

商务印书馆早期的出版业务主要有四类：一是大量编印教科书，行销海内外。二是大量翻译出版西方文化名著，如严复与林纾的著名译作。三是出版新式工具书，早期以双语工具书为多，后来各类品种大增。四是兴办各种期刊，自 1903 年创办《绣像小说》起，到 1914 年已有自办期刊 6 种，其中影响最大的是《东方杂志》《小说月报》。后自办期刊又有所增加，同时还接受馆外各种期刊编辑部的委托印制出版期刊，两者合在一起，前后多达数十种。

1902—1950 年，商务印书馆共出版图书 1.2 万种，内容涵盖社会科学、人文科学、自然科学、技术科学等各个学科。

张元济领导的编译所人才济济。1920 年以前，在编译所工作过的有蔡元培、高梦旦、蒋维乔、杜亚泉、陆费逵、孙毓修、沈雁冰、章锡琛、胡愈之等，可谓众贤云集。

2. 中华书局

中华书局由陆费逵、戴克敦、陈寅等人1912年在上海创办。虽说书局挂牌之日是在民国元年元旦，但筹备工作却在辛亥革命以前。1911年，作为日知会会员的陆费逵预感到一个崭新的时代即将来临，于是秘密组织编写适合未来共和政体的教科书。当陆费逵的预感果真成为现实之时，他事先“量身定制”的“中华教科书”成为全国各地供不应求的热门图书，中华书局也因之很快发展成为仅次于商务印书馆的全国第二大出版机构。

1913年，中华书局改组为股份有限公司，成立董事局，公司下设编辑、事务、营业、印刷4个所。1916年，资本从创业时的2.5万元增至160万元。

1937年春，中华书局资本扩充至400万元，年营业额约1 000万元，在全国各地设分局40余处，沪、港两厂职工达3 000余人。中华书局进入全盛时期。

1912—1949年，中华书局共出版各类图书约6 000种，包括教科书、古籍、字典、词典、书画碑帖等。创业之始除教科书外，还出版《中华教育界》《中华小说界》《中华实业界》《中华童子界》《中华儿童画报》《大中华》《中华妇女界》《中华学生界》8大期刊，风行一时。

3. 世界书局

世界书局成立于1917年，创办人沈知方。1921年，世界书局从独资企业改组为股份有限公司。为了吸引人们的注意，沈知方特将发行所房屋漆成醒目的红色，对外以“红屋”称名。此后世界书局果然经营得红红火火，很快跃居为全国第三大书局。1931年的资本总额近100万元，营业额200余万元。

世界书局在发展的中后期，以商务印书馆、中华书局为竞争对象，在教科书、工具书、古籍、儿童读物、社会科学读物、人文科学读物、自然科学读物等主要出版领域，均有一定的建树。1921—1949 年，世界书局共出书约 5 500 种。

4. 其他有影响的民营出版机构

民国时期，根据教科书销售份额而排名第四、第五的民营出版机构，分别是大东书局和开明书店。

大东书局 1916 年由吕子泉等创办，出版中小学教科书和法律、国学、中医、科技、文艺等各类图书。

开明书店 1926 年由章锡琛创办，在规模上虽不及其他几大书局，但其周围汇聚了一批著名文化人担任编辑和作者，如夏丏尊、叶圣陶、顾君正、赵景深、丰子恺、钱君匋、傅彬然、金仲华、周予同、郭绍虞、王统照、陈乃乾、周振甫等。这些学者严谨的治学态度，使开明书店逐步形成了朴实严谨的编辑作风，出版的图书注重学术质量和编校质量，得到社会的认可。开明书店历年共出版图书约 1 500 种，其中青少年读物和教科书深受读者的欢迎，特别是期刊《中学生》，在当时具有广泛影响。

其他较有影响的出版机构还有：神州国光社、亚东图书馆、泰东图书局、北新书局、良友图书公司、上海杂志公司、光华书局、儿童书局、现代书局、新月书店、自由书店、光明书局、龙门书局、黎明书局等。

（四）其他出版机构

在民营出版机构强势崛起之外，正中书局等国民党政府创办的出版机构及文化团体创办的出版机构，在这一时期也有较快发展。

1. 正中书局

南京国民政府成立以后，十分重视书局的创立。早期有

1922 年创办的民智书局，出版有孙中山《建国方略》《三民主义》，廖仲恺《全民政治》，蔡和森《社会进化史》，以及《孙大总统广州蒙难记》《中国国民党第一次代表大会宣言》等宣传民主政治的图书。1928 年后又成立了新生命书局、独立出版社、正中书局、中国文化服务社等。其中正中书局在国民党的扶持下，经营规模较大，成为当时六大出版机构之一。

正中书局由陈立夫 1931 年创立于南京。1933 年，陈立夫将书局全部资产捐献给国民党。从此，正中书局隶属于国民党中央，成为国民党党营事业。由于受到官方的大力扶持，正中书局的出版业务发展迅速，很快在出版界站稳脚跟。正中书局建立初期，以编辑出版中学教科书及课外读物为主，在教科书出版市场上，形成与商务印书馆、中华书局、世界书局、大东书局、开明书店等五大书局并立的格局。后来随着业务的发展，正中书局出书范围逐渐扩大，学术专著、民众读物、儿童读物、字典等类图书相继出版，不少有关社会科学、教育与新生活运动等方面内容的丛书也先后问世。

2. 文化团体创办的出版机构

文化团体曾是中国近代期刊编辑出版的主力军。时效性、连续性和学术性都较强的特点，使期刊更适合于文化团体用来联络同志、发布信息、探讨问题和砥砺学术。《全国中文期刊联合目录（1833—1949）》中所著录的大部分期刊，都是由各种学术机构和文化团体编辑出版的。

成员遍及全国各地的文学团体，其报刊出版活动尤其引人注目。有的是报刊先行，社团后立，如《晨报副刊》与语丝社；有的是社团还在酝酿，刊物即已列入计划，如创造社与《创造季刊》；有的则是社团筑巢在先，报刊引凤在后，如文学研究会与《小说月报》等，不一而足。文学团体的发展壮大离不开文学刊物和报纸副刊的发展。许多现代文学团体以报刊为园地，发表了大量的文学作品，培养了大批作家，形成了一些独特的流派。

文化团体在图书出版方面也有贡献。查阅《民国时期总书目》中著录的“出版者”项，常会发现各种文化团体的名字。

出版并非文化团体的专项职责，但文化团体的出版活动却构成了中国近代出版业的重要方面。

三、近代出版物

中国近代是社会激烈动荡，中西学术、新旧思想猛烈碰撞的时代。出版业通过自己的最终产品——出版物，真实反映了这一历史过程；同时，出版物的品种、内容结构和数量在这一时期也都发生了质的变化。

（一）近代报纸

报纸的大量出版发行，是中国近代出版的一大特点。

报纸作为国外传入的一种新传播媒体，早期主要是由教会、外商办的。上海、天津、北京、汉口、广州、福州与东北等地，均创办了一批以中国人为阅读对象的中文报纸，如《上海新报》（1861 年，上海）、《申报》（1872 年，上海）、《时报》（1886 年，天津）、《字林汉报》（1893 年，汉口）、《闽报》（1897 年，福州）、《顺天时报》（1901 年，北京）、《协和报》（1901 年，上海）、《盛京时报》（1906 年，沈阳）、《全闽新报》（1908 年，厦门）、《芝罘日报》（芝罘）、《岭南新报》（广州）、《燕都报》（北京）、《关东报》（旅顺）等等。

1854年传教士创办于浙江宁波的中文报刊《中外新报》是我国最早以“新报”命名的中文报刊。初为半月刊，后改成月刊，主要刊登新闻、宗教、科学与文学等方面的内容，1861年停刊。[①]1865年左右由香港孖剌报馆主办和印行的《香港中外新报》是中国人主办的第一份近代报纸，伍廷芳、黄胜等编辑，有“本港新闻”“中外新闻”“羊城新闻”“选录京报”等栏目。1873年王韬创办的《循环日报》是香港首份由个人独资出版的大型日报，该报除星期天外每天发行，具有现代报纸的各项主要特征，内容包括行情、新闻（京城录、羊城新闻、中外新闻）、航运消息和广告、启事等，类似现在中文报纸的分版编辑方式，接近现代偏重政经消息的财经报纸风格。

《大公报》1902年由英敛之在天津创办，1925年11月27日停刊。张季鸾、胡政之、吴鼎昌组织新记公司于1926年9月1日接办复刊。在张季鸾等人的经营下，《大公报》成为近代很有影响的一份报纸。1949年之后，《大公报》在中共港澳工委的领导下，在香港继续出版发行。

《申报》1872年由英商美查等人合资在上海创办，初期曾几易其主，1912年转让给史量才，1949年停刊。《申报》一共存世77年，出版25 600期，是中国近代历史最长、影响最大的报纸之一。

（二）近代期刊

学术界一般认为：最早的具有现代涵义的中文期刊是《察世俗每月统记传》（*Chinese Monthly Magazine*），它由英国传教士马礼逊、米怜于1815年8月5日在马六甲创办，用木版雕印，

---

① 赵晓兰．论《中外新报》．浙江社会科学，2010（8）．

主要在南洋华侨中免费散发。国内最早创办的现代中文期刊是1833年由外国人创办、在广州出版的月刊《东西洋考每月统记传》，也有人把它看作是中国第一种期刊。也有学者认为，苏州长洲人唐大烈于乾隆五十七年（1792年）开始纂辑出版的《吴医汇讲》已经是期刊。

中国近代出版的主要刊物还有：1868年教会创办的《中国教会新报》，1874年改名《万国公报》，广学会成立后，成为广学会的机关刊物，是外国传教士所办最有影响的一种刊物。1872年英商申报馆创办的《瀛寰琐记》，是中国第一种文艺刊物。1896年创刊、由梁启超任主笔的《时务报》，是中国人创办的第一种以时事政治为主的综合性刊物。1900年由杜亚泉创办的《亚泉杂志》，是中国人创办的第一种自然科学杂志。1904年由商务印书馆创办的《东方杂志》，是中国近代出版时间最长、最具影响的综合性杂志。1906年上海书业商会创办的《图书月报》，是中国第一种出版专业杂志。在20世纪初短短的10年中，在上海陆续创办的刊物达160余种。

（三）近代图书

在近代，中国出版的图书品种激增，图书内容也很有特色。

1. 教科书与教育类图书

近代教育的发展，特别是国民基础教育的逐渐展开，为教科书出版开辟了广阔的市场。商务印书馆、中华书局等一些大型出版机构，均因教科书而崛起，亦以教科书为营业之大宗。教育的普及在扩大教科书市场的同时，还带动了其他教育类图书的销售。

抗日战争爆发以前，教科书的编写主要采用审定制。教育行政机关、一些著名学校、各省教育学术团体与出版机构，都曾按照统一的审定大纲编写了各种不同学科、不同年级的中小学教科书，其中以出版机构编印的教科书所占比例最大，影响也最为深远。

1937 年全面抗日战争开始以后，国民政府教育部取消教科书的“审定制”，实行教科书的“部编制”。1942 年 1 月，教科用书编辑委员会改成国立编译馆的教科用书组。1943 年 4 月，国民政府教育部指定商务印书馆等七家出版机构，在重庆组织国定本教科书七家联合供应处，简称“七联处”，承担国立编译馆主编的国定教科书的印刷发行任务。这七家的分配比例是：商务印书馆 22%、中华书局 22%、正中书局 22%、世界书局 12%、大东书局 10%、开明书店 8%、文通书局 4%。

2. 翻译作品

洋务运动和戊戌变法都在不同层面促成了翻译作品出版的热潮。

林则徐是中国近代最早组织人员翻译西书的人。他在广州设立译馆，招募受过英文教育的华侨和通晓汉文的外国传教士，编译外国时事、法律、军事等著作，其中最有影响的是根据英国《世界地理大全》编译的《四洲志》，该书向国民介绍了世界情况。林则徐谪戍伊犁途经镇江时，将数万字的《四洲志》资料交给魏源，嘱托魏源将其整理扩编。魏源对这些资料作数次增补后，于咸丰二年（1852 年）出版《海国图志》100 卷。康有为说，他就是从读此书开始认识西方世界的。梁启超更将自己“新思想之萌蘖”的“因缘”归功于《海国图志》。

张元济入主商务印书馆后，出版了大量翻译作品。近代著名翻译家严复和林纾，都有大量作品在商务印书馆出版。以《天演论》《原富》《群己权界论》《穆勒名学》《法意》等为代表的严译名著，以《巴黎茶花女遗事》《黑奴吁天录》《鲁滨孙飘流记》等为代表的林译小说，在当时产生了巨大影响。

据诸宗元、顾燮光所著《译书经眼录》的不完全统计，至光绪末年，在已出版的译作中，译自日文的有 321 种，译自英文的有 87 种，译自法文的有 15 种，译自德文的有 25 种。又据《涵芬楼新书分类目录》统计，当时出版的翻译小说有 400 多种。

到了民国时期，翻译作品出版更是蔚为大观。据估计，民国时期翻译出版的外文图书有 4 万多种，约占图书出版总数的 1/3。

3. 古籍

古籍是中国传统文化的重要载体，对之进行整理与出版，是传承文明、弘扬传统的重要手段，其意义自不待言。公立的藏书单位、民间的个人藏书家和民营出版机构，是近代古籍出版的主要力量。据统计，民国时期共出版古籍近 3 万种。

商务印书馆出版的《四部丛刊》《百衲本二十四史》《四库全书珍本初集》《十通》《选印宛委别藏》《国立北平图书馆善本丛书》等，中华书局出版的《四部备要》《古今图书集成》，开明书店出版的《二十五史》和《二十五史补编》，民国时期著名藏书家刘承幹辑刻的《嘉业堂丛书》等，都是这一时期出版的工程浩大、质量上乘的古籍精品。

4. 工具书

中国工具书编纂的历史悠久，据不完全统计，从两汉到明清，工具书的总数为 597 种。到近代，工具书作为一种重要的出版物类型，受到出版界和学术文化界的高度重视，无论是内容还是编纂方法，都发生了根本性的变化，出版数量明显增多。据统计，民国期间共出版工具书 1 400 余种，包括百科全书、字典、词典、年鉴、书目、索引等各种类型。

民国时期出版的《辞源》《辞海》《辞通》《中华大字典》等，向来被列为大型出版工程，其价值受到学术界、文化界的充分肯定。

在专科词典方面，《中国植物学大辞典》《中国医学大辞典》《中国人名大辞典》《动物学大辞典》《哲学辞典》《教育大辞书》《地质矿物学大辞典》《中国古今地名大辞典》《外交大辞典》《经济学辞典》《四库大辞典》《古今同姓名大辞典》《世界人名大辞典》《中国文学家大辞典》《中国画家人名大辞典》等，均影响一时。

年鉴与索引类工具书的出版，也有相当大的成绩。著名的年鉴有《申报年鉴》《世界年鉴》《中国经济年鉴》《中国劳动年鉴》《财政年鉴》《内政年鉴》等。著名的索引类工具书有《太平御览索引》《两汉不列传人名韵编》《宋元学案人名索引》《十通索引》《佩文韵府索引》《十三经索引》《室名索引》《别号索引》《丛书子目索引》《二十五史人名索引》《中国历代年号索引》《二十四史传目引得》等。

在书目性的工具书中，朱士嘉编写、北平图书馆 1933 年编印的《官书局书目汇编》，平心编写、生活书店 1935 年出版的《〈生活〉全国总书目》，杨家骆编写、中国图书大辞典馆 1936 年印行的《民国以来出版新书总目提要》等，均为时人及后世所称道。

5. 丛书

丛书出版在中国有一千多年的历史。到了近代，人们对丛书的认识日益加深，丛书的地位日益提高，影响不断扩大。

民国时期，丛书的出版亦为一大特色，既有综合性的，也有以某一专题、专科为一类的。一些大型出版机构往往出版几十种之多。如商务印书馆出有《四部丛刊》《丛书集成》《百衲本二十四史》《万有文库》，中华书局出有《四部备要》《新文化丛书》《中华百科丛书》，世界书局出有《ABC丛书》《生活丛书》《哲学丛书》《经济学丛书》《心理学丛书》，开明书店出有《开明青年丛书》《世界少年文学丛刊》，等等。有学者根据《中国丛书综录》及其《补正》和《中国近现代丛书目录》作过不完全的统计，民国时期所出版的丛书总数当在6 400种左右，超过了历代出版丛书数目的总和。

《万有文库》是民国出版史上最大的一套现代普及性综合丛书，第一集于1929年问世，收录各科图书1 010种，共1.15亿字；第二集于1935年出版，正编收录各科图书700种，分装2 000册，规模与第一集相当。

6. 文学作品

五四新文化运动推动了新文学的诞生。随着民主、科学思想的广泛传播，反映新思想、新观念的文学作品不断涌现。鲁迅的《呐喊》收入从1918年创作的《狂人日记》到1922年创作的《不周山》等15篇小说，1923年8月由北京新潮社列入“文艺丛书”出版。1926年10月又列入鲁迅所编“乌合丛书”，由北京北新书局出版。《阿Q正传》是《呐喊》中篇幅最长、最有分量的小说，也是鲁迅最著名的小说。

20世纪30年代是中国现代文艺发展的黄金时代，新文学作品已趋成熟，现代文学史上的一系列巨著都是在这一阶段产生的，如茅盾的《子夜》、巴金的《家》、老舍的《骆驼祥子》、叶圣陶的《倪焕之》等，这些作品思想内容深刻、社会影响巨大且销售业绩优良。①

四、近代对于著作权保护的探索

中国近代的著作权保护，在没有立法建制前，主要沿用宋代以来的老办法——由地方政府颁布著作权保护告示。这种办法既受时间的限制，又受地域的限制，效力有限。19 世纪以来，随着西学东渐的深入，西方的著作权法律观念渐渐传入东方，近代的著作权保护意识开始在中国萌芽。

（一）近代著作权意识的萌芽与《大清著作权律》的颁布

近代的著作权保护意识最先在翻译介绍西方学说的知识分子中萌芽，并由他们在翻译出版实践中予以应用，严复就是其中的一位。他在翻译《天演论》时提到："译文取明深义，故有所（颠）倒附益，不斤斤计较于字比句次，而意义不倍（背）本文。""不倍（背）本文"就包含了尊重原作者保护作品完整权的意思，也即"信达雅"中的"信"。此外，严复在翻译出版《原富》时，曾就版税问题与时任南洋公学译书院院长的张元济书信往返讨论，提出让著译者分享销售利润的著作权保护建议，并获得张元济的支持。梁启超在戊戌变法失败后做了很多古书辨伪工作，虽然他的初衷是"辨章学术，考镜源流"，但在一定程度上也维护了古书作者的人身权，在著作权保护方面具有重要意义。张元济领导的商务印书馆尊重和倡导著作权保护，给予的稿酬大都从优，吸引了诸如严复、林纾、梁启超等一大批优秀作者。商务印书馆还编译出版了《著作权考》，

---

① 王余光，吴永贵著．中国出版通史 · 民国卷．北京：中国书籍出版社，2008.

介绍西方的著作权知识。在一定程度上讲，张元济与商务印书馆带领中国近代出版业走上了著作权保护之路。

1886 年第一个国际著作权公约——《伯尔尼公约》诞生，1902 年上海的《外交报》全文译载了《伯尔尼公约》，开启了这部国际著作权公约在中国的传播。1910 年《大清著作权律》颁布，这是中国历史上第一部著作权保护法律。

（二）《中华民国著作权法》的颁布、修订与实施

1915 年，《中华民国著作权法》颁布，共 5 章 45 条，很多条文和内容是对《大清著作权律》的沿用和变通。1916 年 2 月公布的《著作权法注册程序及规费施行细则》，对申请著作权注册的具体程序与交纳规费作了详细规定。因为该法对著作权人权利的限制较多而保护不够，引起了出版界的不满。1916 年，上海书业商会递交了《呈为陈请修正著作权法以振文化而维商业事》的请愿书，要求对个别条款进行修改。此时的北洋政府忙于稳固统治，对于上海书业商会的呼吁只敷衍回应，没有解决问题，出版界只好在民间自己实施著作权保护，调停解决纠纷。

1928 年，修订后的《中华民国著作权法》颁布，在著作权内容、登记注册生效制度、外国人作品保护等方面作了一些补充。这次修订部分采纳了上海书业商会的意见，但特定的历史条件使得修订后的条款仍然存在很大缺陷，故执行中不断发生疑义。同年，南京国民政府颁布了《解释著作权法各项疑义令》，最高法院还设有统一解释法令的会议，即便如此，依然不能适应迅速发展的出版业的实际。如 20 世纪 30 年代电影事业已经兴起，但《中华民国著作权法》缺乏有关电影的著作权保护规定，后来不得不按照保护美术作品的办法来执行对电影著作权

的保护。接下来的内战和抗日，使得当局没有心思对《中华民国著作权法》进行修订。直到1944年抗战即将胜利，国民政府再次修订的《中华民国著作权法》才颁布，其中对著作权保护的客体范围进行了修改和增删，加重了对侵犯著作权行为的处罚。同年国民政府公布了《著作权法施行细则》，规定了注册登记和规费收取的标准。1949年年初，《中华民国著作权法》又作修订，但只是将罚金有所降低，其他并无多少变化。

近代特殊的历史背景造成了《中华民国著作权法》本身存在很大的缺陷，也没有得到很好的实施，但是《中华民国著作权法》在实施过程中也解决了一些实际问题，为出版界处理著作权纠纷和维护著作权权利提供了法律层面的依据。

五、出版行业协会组织的建立

印刷技术的巨大进步、出版机构的发展壮大与多种出版物的空前繁荣，将近代出版业推到了一个新的发展高度，蓬勃发展的出版业急需著作权法律法规的保护。随着维护著作权活动的日益增加，出版行业协会组织也应运而生。

出版行业协会组织是随着维护著作权活动的脚步而建立的。清末民初，虽然颁布了著作权法，但由于战乱频繁、政治动荡，对著作权保护力度不够，著作权纠纷时有发生。1905年年初，北洋官报局盗印文明书局的书，却反过来要求当局撤销文明书局的著作权。这一事件促使北京、上海两地的出版机构建立了北京书业商会和上海书业商会，以期“互通声气”“禁私行翻印”。北京书业商会的活动情况不详，上海书业商会的活动则屡有记载。商务印书馆的夏瑞芳和文明书局的俞复是上海书业商会的主要负责人。1906年6月，上海书业商会创办的刊物《图书月报》第一期出版，刊登了上海出版业中所有加入书业商会的 22 家成员名单，主要是上海的民营出版机构。上海书业商会曾就“日本正则英文教科书”一案和美商经恩公司挑起的“《欧洲通史》案”上书，请求有关部门据约维权，使得日商、美商的无理要求没有得逞。1927 年，上海书业商会奉国民党政府命令进行改组。1930 年，为加强对商业工会的控制，国民党政府指定人员召开同业代表大会，正式合组上海书业同业公会。初期的上海书业商会在维护成员的著作权利益上有所作为，但改组后的上海书业同业公会处于国民党的控制之下，少有作为。

1927 年，部分进步的作家和编辑郑振铎、叶圣陶、周予同、李石岑、丰子恺等人建立了上海著作权人公会。1932 年年初，中国著作权协会成立，参与的著作者共有 35 人。1936 年，北平文化界成立了文化救国会，中国文艺家协会也在上海成立。

第七节　中国共产党领导的出版活动

中国共产党历来十分重视出版工作在革命中的特殊作用，成立之初就充分利用出版工作宣传自己的政治主张和方针政策，传播和普及马克思主义知识，提高民众的政治思想和理论水平。随着中国革命的不断发展，党领导下的出版工作与中国革命的结合越来越紧密，在战争年代成为配合武装斗争的另一条重要战线，成为一个重要的方面军。

一、中国共产党成立初期的出版活动

在中国共产党成立之前，全国各地的共产党早期组织创办了《共产党》《湘江评论》《每周评论》《觉悟》《劳动者》《劳动音》等刊物，翻译出版了《共产党宣言》等书，以各种方式宣传马克思主义和共产主义。

1920 年 9 月，陈独秀在上海设立新青年社，出版期刊《新青年》和《新青年丛书》。《新青年》原名《青年杂志》，1915 年创刊，从第 2 卷起改名《新青年》，是五四时期最有影响力的综合性文化刊物之一。中国新文学史上最早的一批白话新诗、第一篇白话小说和白话独幕剧剧本，都发表在《新青年》上。它最初由上海群益书社出版，1917 年迁至北京，1920 年 9 月又迁回上海出版。中国共产党成立后，《新青年》一度成为党的机关刊物。党还创办了《向导》《中国青年》等党团刊物，

同时建立出版机构，有计划地开展出版活动。

1921 年 9 月，中国共产党决定在上海成立人民出版社，由当时担任党中央宣传主任的李达亲自主持。人民出版社成立后，即以出版宣传马克思主义的著作为己任，计划出版《马克思主义全书》《列宁全书》和“康明尼斯特丛书”（即“共产主义者丛书”）等多种图书。虽然由于反动派的破坏，出版计划未能全部完成，但这是中国第一次有组织有计划地系统出版马列主义著作，开拓了出版业的新领域。

由于反动派的镇压，中国共产党的出版机构往往不能正常开展业务，存在时间也较短，但其出版物因宣传新思想而在群众中广为传播。人民出版社被迫停办以后，1923 年 11 月，中国共产党又在上海开办了上海书店，先后由徐白民、毛泽民负责，出版了《社会科学讲义》《世界劳工运动史》《马克思主义浅说》等革命书籍。1926 年 2 月上海书店被军阀孙传芳查封。同年 12 月，中国共产党又在武汉成立长江书店，由瞿秋白直接领导。长江书店除了翻印上海书店的书籍外，还出版了《社会进化简史》等书，并首次出版了毛泽东的《湖南农民革命》（即《湖南农民运动考察报告》）单行本。1927 年国民党发动七一五反革命政变，长江书店被封。

此后，中国共产党又先后成立了无产阶级书店（1928—1929 年，上海）、华兴书局（1929—1931 年，上海）、北方人民出版社（1931—1932 年，河北保定）等。这些党的出版机构赓续早期人民出版社的光荣传统，继续开展革命宣传斗争。

二、中国共产党在苏区的出版活动

中国共产党在苏区的出版活动，始于 1927 年大革命失败之后。在中央苏区，党领导的出版事业在苏区红色政权的保护下，直接服务于党的政治斗争、军事斗争和工农兵大众的需要。

中央革命根据地创建初期，中国共产党和工农红军开展革命宣传活动的主要方式是出版印刷布告、传单、标语、捷报，这也成为中央革命根据地新闻出版事业的萌芽。1928 年经毛泽东审定印发的《井冈山土地法》是革命根据地第一部土地法，也是根据地早期的出版物之一。1929 年，红四军司令部颁布由毛泽东起草、石印出版的《红四军司令部布告》，是根据地新闻出版史上的珍贵出版物。同年，红军利用“毛铭新印刷所”大量出版发行各种革命宣言、布告、传单、标语；接着又筹建了中央苏区第一个出版发行机构——闽西列宁书局，主要编辑出版介绍党的有关方针政策的小册子，各种布告、宣言及文件，各种政治文化教育图书等，并出版革命报纸刊物，如早期的《红旗报》《战线报》，后来的《闽西红旗》《红色福建》《红色闽赣》等报刊。

古田会议后，苏区的报刊等出版物在种类和数量上均超过以前。目前发现这一时期比较有名的出版物有：《中国工农红军告国民党士兵书》（铅印，1929 年 10 月）、《为反对军阀混战告工农兵群众书》（石印，1929 年）、《共产主义与共产党》（油印，1929 年）、《工农兵》（1929 年）、《前进》（1930 年）、《福建红旗》（1930 年）等。

1931 年中华苏维埃共和国临时中央政府成立后，制定了一系列包括出版事业在内的文化教育政策。1931 年底，临时中央政府机关报《红色中华》、红军军委机关报《红星》等报刊相继创刊发行，中央出版局、中央印刷局、中央印刷厂、中央总发行部等出版发行机构相继建立。团中央、教育部、财政部、少共中央局都有自己的出版机构和发行网。除中央一级的出版发行机构外，各地方党政机关、群众团体和军事院校等均创办了报刊，建立了各种出版、印刷、发行机构和其他配套设施，逐步形成了一个从中央到地方的较完整的出版发行系统和网络。

据目前保存的史料统计，1927—1937 年苏区创办的报刊近 300 种。其中影响较大的有《战斗》《红色中华》《红星报》《青年实话》《斗争》《少年先锋》等。其中《红色中华》发行量从 3 000 份增到四五万份以上，《青年实话》发行 2.8 万份，《红星》发行 17 300 份。这些报刊内容贴近革命斗争实际，且文字通俗，深受苏区群众的欢迎。书籍出版方面，1932—1934 年，全苏区共出版图书 400 多种，主要是宣传马列主义理论和党的基本政策的图书、小册子，如《社会主义浅说》《列宁主义概论》《共产党和共产党员》《土地问题讲授提纲》等，也有小学课本和军事理论书籍。

三、抗日战争时期中国共产党领导的出版活动

抗日战争时期中国共产党领导的出版活动主要有两部分：一是党领导下的各个敌后抗日根据地的出版活动，二是党领导下的国民党统治区的进步出版活动。

（一）各个敌后抗日根据地的出版活动

抗日战争时期，中国共产党先后创建了陕甘宁、晋察冀、晋冀鲁豫、晋绥、华中、山东等多个敌后抗日根据地。中国共产党及中央红军长征到达陕北后，延安成为中国革命的中心。大批学者、作家、艺术家和进步青年从全国各地奔赴延安，延安也由此成为创作和传播革命文化的圣地，并辐射和影响着各

个敌后根据地的出版事业。

1．陕甘宁边区的出版活动

以延安为中心的陕甘宁边区主要出版机构有解放社、新华书店、华北书店、大众读物社等。此外，八路军军政杂志社、鲁迅艺术文学院、民族问题研究会、边区文化教育研究社、解放日报文化供应部、边区音协编译部、敌情编委会、印工合作社等机关团体也或多或少地出版了一些报刊、书籍、地图、年画等出版物。

解放社是中共中央在延安设立最早，也是书刊出版最多、影响最大的出版机构。除了编印《解放》周刊外，解放社主要承担马列学院编译的马恩列斯著作，以及其他学术文化团体著译作品的出版任务。在成立解放社的同时，1937 年 4 月，党中央在延安清凉山成立新华书局，后改称新华书店。新华书店最初是《解放》周刊和解放社所出版书籍的发行机构，后逐步发展成为出版兼发行机构，出版了一大批人民群众喜闻乐见的图书。

陕甘宁边区出版的报纸主要是《解放日报》，该报是抗日战争时期和解放战争初期的中共中央机关报，从 1942 年 8 月起又兼中共中央西北局机关报。毛泽东、周恩来、王稼祥、张闻天等领导人的著名文章很多都在《解放日报》上发表。到 1947 年 3 月撤出延安，该报总共出版了 2 130 期。期刊有《解放》《共产党人》《八路军军政杂志》《前线画报》《中国青年》《中国妇女》《中国工人》《中国文化》等。

陕甘宁边区出版的图书主要有：《马恩丛书》（9 种）、《列宁选集》（9 卷）、《斯大林选集》（5 卷）、《抗日战争丛书》（6 种），另外还有《哲学选集》《唯物史观》《十年来的中国共产党》《中国通史简编》等，以及毛泽东《论持久战》《在延安文艺座谈会上的讲话》等单行本。据统计，从1936年党中央进驻延安到1947年3月最后撤离，一共10年时间里，延安先后出版了约20多种报刊和400多种书籍。[①]

延安有根据地中规模最大、印刷质量最好的中央印刷厂，还有八路军印刷厂、光华印刷厂和机要印刷厂等，为延安的新闻出版活动提供了坚强的印制保证。由于敌人的封锁，延安的纸张供应有限，运输也比较困难，因此出版物的印数都比较少。中央鼓励延安的出版机构提供样本或者打好纸型和清样，交由各个根据地的出版机构就近翻印。在此情况下，各根据地的出版事业从无到有、从弱到强地发展起来。比较而言，晋察冀、晋冀鲁豫、晋绥、华中等根据地的出版工作较为突出。

2．其他敌后抗日根据地的出版活动

晋察冀根据地是华北第一个抗日根据地，在邓拓、沙飞等优秀出版工作者的努力下，晋察冀日报出版社、晋察冀新华书店、前卫出版社和铁流出版社等主要出版机构出版了《战线》《边政导报》《新长城》《晋察冀画报》等期刊，《晋察冀日报》《救国报》《群众报》《北岳日报》等报纸。1944年7月晋察冀日报社编印出版的《毛泽东选集》（5卷本）是中国出版史上第一部毛泽东的选集，编入毛泽东从抗日战争开始到1944年6月间的著作，共29篇。1947年3月以“晋察冀中央局”的名义出版了增订本，增订本分为6卷，新增了《论联合政府》等6篇文章。同年12月，晋察冀中央局又将毛泽东在土地革命战争时期和抗战初期的几篇重要著作汇集，出了一本《毛泽

① 赵晓恩．延安出版的光辉．北京：中国书籍出版社，2002．

东选集》（续编），收入了《〈共产党人〉发刊词》等6篇文章。这套《毛泽东选集》帮助广大党员群众学习毛泽东思想，同时为新中国成立后《毛泽东选集》的编辑出版工作准备了条件，打下了基础。

晋冀鲁豫根据地是华中、山东根据地与延安联络的重要通道，随着中共中央北方局、八路军总司令部、晋冀鲁豫边区政府、抗日军政大学、鲁迅艺术学院等军政领导机关和文化团体的进驻，这里成为华北前线的政治、文化中心。1939年《新华日报》（华北版）创刊标志着太行山区的新闻网络建立，1940年华北新华书店和1941年华北书店的成立，则标志着晋冀鲁豫根据地图书出版事业驶入了正规化轨道。

晋绥根据地抗战时期的出版事业发展经历了两个阶段：第一阶段是从开始创建根据地到晋西事变，这一时期出版了众多油印和石印的小型报刊图书，宣传统一战线，数得出来的出版单位就有50多家，其中黄河出版社最为著名。第二阶段是从晋西事变到抗战胜利，抗战日报社、吕梁文化教育出版社（晋西大众报社）、晋绥新华书店（晋西北新华书店）、吕梁印刷厂等纷纷创建，出版技术大大进步，大部分图书、刊物已经发展为铅印，印数也大增。据不完全统计，抗战期间晋绥根据地出版发行的油印、石印、铅印的各种刊物200余种，图书约400种。

华中敌后根据地是经济文化比较发达的地区，群众的文化基础较好。抗战期间，由于基本都是敌占区，进步的文化事业受到很大摧残。皖南事变后，在刘少奇、陈毅的大力支持下，华中敌后根据地集中了许多知名的文化界人士，如吕振羽、孙冶方、钱俊瑞、范长江、钱杏邨、薛暮桥、夏征农等，他们办报纸杂志、出版图书，办各种文艺团体和学校。这一时期华中根据地的出版机构有江南社、战时文化服务社（后并入抗敌报社）、拂晓报社、苏北文化服务社、江淮日报社、苏中画报社等，发行机构有随军书店、大众书店等。华中根据地出版的报纸主要有《抗敌报》《江淮日报》《大众报》等，杂志主要有《文艺》《老百姓画报》《抗敌文艺》《抗敌画报》《新华文摘》等，图书主要有《论共产党》《列宁主义概论》《三民主义与共产主义》《新民主主义论》《学习与修养》《冰雪中的小英雄》等。

（二）中国共产党领导的国民党统治区的出版活动

在中国共产党领导下的抗日根据地出版事业蓬勃开展之际，在国民党统治区内，党领导的出版事业也发展壮大起来。

1937 年 12 月，中国共产党长江局在武汉创办中国出版社，委托进步书店新知书店具体负责经营，出版了《马克思恩格斯论中国》等书籍。1938 年 1 月，《新华日报》在武汉创刊，后迁入重庆。在出版《新华日报》的同时，新华日报馆特设图书科，开展图书出版工作。中国出版社和新华日报馆除出版自己编印的图书外，还大量翻印延安解放社和新华书店的重要书籍。

与此同时，中国共产党还通过各种方式领导设在国民党统治区的进步出版机构，出版了大量宣传抗日、宣传马克思主义的革命进步书刊。这些进步出版机构中，最有影响的是生活书店、新知书店和读书生活出版社。

生活书店 1932 年 7 月由邹韬奋等创办于上海，其前身是《生活》周刊社。生活书店出书范围很广，内容包括马列主义经典著作与哲学、经济、历史、地理、自然科学、文学艺术等各个门类，先后出版《大众生活》《新知识》等期刊 29 种，出版图书 1 000 多种、丛书 20 余种。生活书店的优质服务深受读者欢迎，业务不断拓展，在各地广设分店，形成规模经营。生活书店的创办者邹韬奋，是中国革命知识分子的卓越代表、出版工作者的模范。他积极追随中国共产党，在出版战线上为中国新民主主义革命事业贡献了一生，得到党和人民的高度评价。

新知书店1935年由钱俊瑞、徐雪寒、薛暮桥等人创办于上海，出版图书约400种、期刊10种，并受中共中央长江局委托，经营中国出版社。读书生活出版社由艾思奇、郑易里出资，邀黄洛峰于1936年在上海创办，以出版大众哲学读物和期刊《读书》而闻名，曾出版过《资本论》中文全译本。

生活书店、新知书店和读书生活出版社于1948年在香港合并，成立生活·读书·新知三联书店。

四、解放战争时期中国共产党领导的出版活动

解放战争时期，随着新民主主义革命的逐步胜利，解放区的范围逐渐扩大，各个解放区趋于联合，部分区域性报纸及通讯社相继完成了自己的历史使命而停刊；原本隶属于不同根据地的出版事业逐步在机构上、人员上进行整合，各地的新华书店逐步合并。这时期的报社和书店大都设立了专属的印刷厂，图书出版物数量大增，发行网络更为完善，单本印数也有明显增加。出版事业在取得一定成就的同时，也为新中国成立后的进一步发展打下了坚实的基础。

在晋察冀和晋冀鲁豫解放区，这一时期出版活动最有特色的是一批反映现实的文艺小说的出版。如赵树理的《小二黑结婚》，马烽、西戎的《吕梁英雄传》，孔厥、袁静的《新儿女英雄传》等。《小二黑结婚》由晋冀鲁豫根据地华北新华书店出版，得到广为传播，仅在太行一个区就销售了三四万册，创

下了新文学作品在农村畅销流行的新纪录。《吕梁英雄传》是最早描写敌后根据地的红色经典小说，1945 年 6 月开始在《晋绥大众报》上连载，1946 年全书由晋绥边区吕梁文化教育出版社出版。《新儿女英雄传》1949 年 5 月至 7 月连载于华北版的《人民日报》，1949 年 8 月由冀南新华书店出版。

东北解放区是解放战争中出版成就最大的解放区。这一时期东北地区的出版机构主要有东北书店、光华书店、兆麟书店、鲁迅文化出版社等。东北书店 1945 年 11 月 16 日在沈阳成立，属于东北日报社领导。东北书店成立之初的主要任务是发行《东北日报》，同时出版图书。至 1947 年年底，东北书店拥有 7 个直属分店、73 个支店和百余个分销处，并在佳木斯、东安、哈尔滨建立了 3 个印刷厂，[①] 成为中国共产党在东北地区规模最大的集编辑、印刷、发行为一体的出版机构。随着农村土地改革运动的开展，东北书店出版了《中国土地法大纲》《受苦人翻身大联唱》《白毛女》等与之相关的政策文献、歌曲、小说、剧本等。最为著名的出版物是周立波以土改为题材的长篇小说《暴风骤雨》。东北解放区中小学课本的出版发行工作，亦由东北书店承担。随着东北解放区的扩大，教科书的发行量越来越大，1948 年课本总印数为 600 余万册，占书籍出版用纸的一半。

1948 年 5 月东北书店出版《毛泽东选集》，是中国共产党 出版史上的一件大事。该书 1 000 余页，6 卷合订本，选入毛泽东 1927 年 3 月至 1946 年 12 月的文章 49 篇，另加一篇新发表的《目前形势和我们的任务》，放在 6 卷之前另立页码。

---

① 黑龙江省志·出版志．哈尔滨：黑龙江人民出版社，1996．

这是当时历史条件下，收入篇章最全、印刷装帧最好的版本，也是东北书店出版图书中最突出的大型巨著。这部《毛泽东选集》共印行了 2 万套，随着解放战争形势的发展，陆续发往长春、沈阳、天津、北平、南京和上海等地，对于广大人民解放军指战员和干部群众系统学习毛泽东思想，起到了重大作用。

解放战争开始后，华中解放区一度成为敌后游击区，形势比抗战时更为严峻。原各分区的书店在当地党委的领导下各自为战，坚持原地斗争，出版了钱毅的《庄稼话》《怎样写小故事》，创办了《文汇》《人民画报》等期刊。1945 年底，华中新华书店总管理处成立，一年间出版了图书 159 种，杂志 42 种，大多是翻印延安和其他解放区的书籍。1946 年华中新华书店出版剧作《李闯王》，印了 40 万册，是当时华中文化界的一个盛举。同时为了纪念邹韬奋同志，将各区的书店改称“韬奋书店”，出版了《文综》（16 开本）、《戏剧与音乐》等文艺刊物和夏征农、吴天石、沈西蒙等合编的历史剧本《甲申记》等。1946 年 1 月，华中少年出版社成立，这是解放区的第一家少儿专业出版社，出版了《华中少年》（1946 年 6 月创刊，24 开，铅印，双月刊）、《华中少年画报》（1946 年 5 月创刊，铅印套色）等刊物。1947 年 2 月，华中新华书店北撤山东，并入山东新华书店总店。

随着解放战争从战略防御转为战略进攻，为统一和加强华中出版事业，1947 年 12 月，中共华中工委宣传部决定将苏中韬奋书店和苏北新华书店合并，重新成立华中新华书店总店，先后出版了《长征故事》《新四军故事》《粟裕将军》《毛泽东的故事》《朱总司令的故事》《日日夜夜》，连环画《白毛女》等书籍以及《江海画报》《大众文化》等杂志。

新华书店的合并，是解放战争时期出版界的一件大事。华东新华书店由山东新华书店和华中新华书店合并而成，华北新华书店总店由晋察冀新华书店和晋冀鲁豫新华书店合并而成，直属华北局领导。1949 年初，随着天津、南京、太原、武汉、西安、上海等全国各大中城市的纷纷解放，全国解放区逐渐连成一片。以往各大区新华书店出版工作的各自为政、独立发展的状况，已经不适应新形势的需要。1949 年 2 月 23 日，中共中央宣传部成立出版委员会，着手研究全国新华书店的集中统一问题。7 月，东北全区 203 个东北书店，统一改名为东北新华书店。同月，华北新华书店在北平召开华北区新华书店分店经理会议，统一华北区各地新华书店，省成立分店，县成立支店，统称新华书店。至新中国成立前夕，全国已建立新华书店分支店 735 处，职工 8 100 余人。

思考题

1．汉字字体的演变经历了哪些阶段？

2．我国古代境内原生的少数民族文字有哪些？

3．纸张发明推广以前，文献载体有哪些种类？

4．纸张的推广应用对社会文化有哪些影响？

5．造纸术是如何向域外传播的？

6．印刷术发明前，图书复制的主要方式是什么？

7．推动印刷术发明的有哪些先驱技术？

8．活字印刷有哪几种具体方式？

9．印刷术是如何向域外传播的？

10．我国古代图书的官刻、私刻和坊刻各有哪些特点？

11. 中国古代图书的流通方式有哪些？各有哪些特点？

12. 中国近代对西方印刷技术是如何引进和应用的？

13. 新技术对中国近代图书形态的影响表现在哪些方面？

14. 早期来华的外国传教士创办了哪些较为著名的出版机构？

15. 晚清政府创办了哪些较为著名的出版机构？

16. 中国的民营出版业是如何崛起的？中国近代有哪些较为著名的民营出版机构？

17. 中国近代出版了哪些有影响的报纸、期刊？

18. 中国近代出版物中重要的图书种类有哪些？

19. 中国近代颁布了哪些著作权法？分别有什么特点？实施情况如何？

20. 中国近代建立的出版行业协会组织有哪些？

21. 中国共产党成立的第一家出版机构是什么？出版过哪些书？

22. 1949 年前中国共产党领导的出版机构主要有哪些？

23. 1949 年前中国共产党领导下出版的进步出版物主要有哪些？

第四章　党和国家对出版的管理

重点提示： 出版管理的概念及主要工作，党和国家依法依规实施出版管理，实施出版管理所依据的主要法律规范，我国的出版管理体系及出版管理的基本制度。我国有关出版的准入制度。对出版业务活动的管理及相关管理制度。对出版物印刷复制和发行的管理。对出版活动的扶持政策和奖惩措施。

第一节　出版管理概述

一、出版管理的概念

我国出版管理是指党和政府有关部门依法依规对出版活动进行管理的行为。

出版管理的主要工作是：贯彻落实党的宣传工作方针，拟订出版业的管理政策并督促落实；依法管理出版行政事务，统筹规划和指导协调出版事业、出版产业发展；监督管理出版物内容和质量，监督管理印刷业，管理著作权，管理出版物进出口，保障和规范合法的出版活动，培育和规范出版物市场，惩处违法违规出版行为，促进中国特色社会主义出版业的健康发展和繁荣。具体包括对出版物内容导向的管理，对出版准入退出的管理，出版物制作环节管理，行业发展规划和产业布局，对网络出版内容和活动的监管，版权执法等。

二、依法依规实施出版管理

出版管理部门应当依据相关法律法规开展工作，不断提高出版管理的科学化、法制化、规范化水平。出版工作者也要学习、掌握相关法律法规，这不仅是依法进行出版活动的必要保证，也是维护自身合法权益的必备条件。

出版管理所依据的法律规范，包括宪法、法律、法规、规章及其他规范性文件。宪法是国家的根本法，具有最高的法律效力，是出版管理首要的法律依据；其他的法律如《中华人民共和国民法典》《中华人民共和国著作权法》《中华人民共和国保守国家秘密法》《中华人民共和国广告法》等，出版从业人员和出版行业应当严格遵守。我国刑法对与出版有关的各种刑事犯罪及处罚也有具体规定，对涉嫌违法犯罪者，出版管理部门发现后将依法移送司法部门追究其责任。目前，出版领域主要有《出版管理条例》《音像制品管理条例》《印刷业管理条例》《计算机软件保护条例》《著作权法实施条例》《著作权集体管理条例》《信息网络传播权保护条例》7部行政法规，28件部门规章，以及近300件规范性文件，内容涵盖出版、印刷复制、市场监管和行政执法等方面。其中，《出版管理条例》是有关出版工作最基本、最重要的行政法规，是我国出版活动和出版管理的制度基础。另外，我国参加的涉及出版活动的国际条约也是出版管理的依据，如《伯尔尼保护文学和艺术作品公约》（简称《伯尔尼公约》）、《世界版权公约》等。特别是中国加入世界贸易组织后，世界贸易组织的有关规则及中国加入世界贸易组织的承诺对出版管理也产生了越来越大的影响。

具体到各出版种类，图书、报纸、期刊方面的部门规章主要有《图书出版管理规定》《图书质量管理规定》《报纸出版管理规定》《期刊出版管理规定》《报纸期刊质量管理规定》等。同时，就书号管理、内容管理、重大选题等方面也制定了一系列规范性文件，如《图书、期刊、音像制品、电子出版物重大选题备案办法》等；音像电子出版物方面，主要有《音像制品出版管理规定》《电子出版物出版管理规定》《音像制品制作管理规定》等；对网络领域的出版管理，主要有《互联网信息服务管理办法》《网络出版服务管理规定》等，明确规定了网络出版管理职责和要求、网络出版服务准入条件等，还有《关于移动游戏出版服务管理的通知》《关于保护未成年人身心健康实施网络游戏防沉迷系统的通知》等；对内部资料出版有《内部资料性出版物管理办法》等规范性文件。此外，印刷发行、“扫黄打非”、出版物进出口等方面，都有一系列法律法规。

出版领域相关党内法规主要有《中国共产党宣传工作条例》《中国共产党纪律处分条例》《中国共产党问责条例》《党委（党组）意识形态工作责任制实施办法》等。

需要说明的是，随着形势的发展，为适应出版业改革开放和发展的需要，出版管理的相关法律法规会出现新增、废止或修订，出版管理应该以颁布的最新版本为准。

三、我国的出版管理体系

2018 年以前，我国出版管理实行党的领导与政府出版行政主管部门分设的体制。中央通过中央宣传部对出版工作进行领导。国务院出版行政主管部门多次变更，1949 年至 1954 年是出版总署，此后是文化部出版事业管理局。“文革”期间，出版管理机构又几次变化，直到 1973 年成立国家出版事业管理局。1982 年并入文化部，1986 年又恢复独立建制。1987 年至 2001 年为新闻出版署，2001 年至 2013 年 3 月为新闻出版总署，2013 年 3 月国务院机构调整时，与国家广播电影电视总局的职责整合，组建国家新闻出版广电总局。

2018 年 2 月，党的十九届三中全会审议通过了《中共中央关于深化党和国家机构改革的决定》和《深化党和国家机构改革方案》，规定“将国家新闻出版广电总局的新闻出版管理职责划入中央宣传部”，“由中央宣传部统一管理新闻出版工作，对外加挂国家新闻出版署（国家版权局）牌子”。党委宣传部门直接管理出版工作，这是为加强党对出版工作的全面领导，发展和繁荣中国特色社会主义出版事业所作出的重要改革。机构改革后，出版管理部门必须更加旗帜鲜明地承担起使命任务，举旗帜、聚民心、育新人、兴文化、展形象，统筹出版领域导向管理、行业监管、产业发展。

在机构改革中，各省、自治区、直辖市也相应将出版管理职能划入党委宣传部，省级党委宣传部加挂了省新闻出版局（省版权局）牌子。各级党委（党组）对本地区本部门出版工作承担全面领导责任，宣传部门在党委（党组）统一领导下，负责统筹协调本地区本部门本单位出版工作。

主管主办和属地管理制度是出版管理的基本制度，是加强出版阵地建设和管理的重要制度保证。出版单位在设立时，必须有确定的主办单位和主管单位。主管主办制度坚持“谁主管、谁负责”，“谁主办、谁负责”的原则，主管主办单位对所属出版单位负有领导和管理责任，担负着管导向、管干部、管大事、管资产的职责。各地出版管理部门负有对本行政区域内出版活动和出版物市场进行指导、协调和管理的重要职责，要坚持依法依规严格管理，统筹做好事前事中事后监管，不断优化出版业发展环境。

第二节　有关出版的准入制度

随着出版体制改革的推进，我国逐步建立健全了出版业“四大准入”制度，即探索建立和完善以法人、产品、职业、岗位准入为基础的出版业管理体系。出版业“四大准入”制度是国家准许公民和法人进入出版行业，从事出版物生产经营活动，或允许出版产品进入市场流通的条件和程序规则的各种制度和规范的总称。

一、法人准入

实行法人准入制度是对进入出版物市场的生产者、经营者进行管理，不仅包括出版物市场主体进入市场的条件和程序，还包括出版物市场主体变更和注销登记的条件和程序，从而完善出版物市场的进入退出机制，加强对出版业的宏观调控。

根据《出版管理条例》《音像制品管理条例》《印刷业管理条例》《出版物市场管理规定》《互联网信息服务管理办法》《网络出版服务管理规定》等有关行政法规和部门规章，出版物市场主体主要包括出版单位、印刷复制单位和发行单位。其中，出版单位包括报社、期刊社、图书出版社、音像出版社、电子出版物出版社和网络出版服务单位。法人出版报纸、期刊而不设立报社、期刊社的，其设立的报纸编辑部、期刊编辑部视为出版单位。印刷单位是从事出版物、包装装潢印刷品和其他印刷品的印刷经营活动的单位。发行单位是从事发行，包括批发、零售以及出租、展销等活动的单位。

（一）出版单位、印刷复制单位和发行单位的设立

对出版单位的设立，我国采取审批制，实行主管主办和属地管理制度，即由出版单位的主办单位向所在地省、自治区、直辖市出版主管部门提出申请；省、自治区、直辖市出版主管部门审核同意后，报国家出版主管部门审批。设立的出版单位为事业单位的，还应当办理机构编制审批手续。从事网络出版服务，必须依法经过出版主管部门批准，取得《网络出版服务许可证》。申请设立出版单位应当具备的条件、提交的材料以及相关程序需参照有关法律法规的具体规定（详见《出版专业基础·初级》）。对于未经批准，擅自设立出版单位，从事出版物的出版业务或提供网络出版服务，以及假冒出版单位名称或伪造、假冒报纸、期刊名称出版出版物等行为，需按照有关规定予以行政处罚，甚至承担民事责任或追究刑事责任。

对印刷复制单位的设立，我国实行印刷复制经营许可制度。未依照国家规定取得印刷复制经营许可证的任何单位和个人不得从事印刷复制经营活动。根据《印刷业管理条例》的规定，我国将印刷企业按照印刷业务范围分为出版物印刷企业、包装装潢印刷企业和其他印刷品印刷企业，设置不同的审批条件，实行分类管理。其中，出版物印刷企业的审批最为严格，在经营资金、印刷设备、经营场所等方面的条件均要求较高。

对发行单位的设立，我国对出版物批发、零售依法实行许可制度。未经许可，任何单位和个人不得从事出版物发行业务，出版单位也不得委托未取得出版物经营许可证的单位或个人发行出版物。

（二）出版单位、印刷复制单位和发行单位的变更和注销登记

国家对出版单位、印刷复制单位和发行单位的变更和注销登记作出不同规定。

1. 出版单位的变更和注销登记

出版单位的变更是指出版单位因实际情况有变化而确需变更某些事项、中止出版活动或提供网络出版服务、注销登记时，应该按照《出版管理条例》或《网络出版服务管理规定》等有关文件，办理相应的审批手续。

出版单位终止出版活动的，由主办单位提出申请并经主管机关同意后，由主办单位向所在地省级出版主管部门办理注销登记，并报国家出版主管部门备案。

2. 印刷复制单位的变更和注销登记

印刷复制经营者申请兼营或者变更印刷复制经营活动，或者兼并其他印刷复制经营者，或者因合并、分立而设立新的印刷复制经营者，应当依照新申请设立印刷复制单位的规定办理手续。印刷复制经营者变更名称、法定代表人或者负责人、住所或者经营场所等主要登记事项，或者终止印刷复制经营活动，应当报原批准设立的出版主管部门备案。

3. 发行单位的变更和注销登记

从事出版物发行业务的单位、个人变更出版物经营许可证登记事项，或者兼并、合并、分立的，应当依照《出版管理条例》的规定到原批准的出版主管部门办理审批手续，并依据《出版物市场管理规定》递交相应材料。

二、产品准入

出版物要进入市场流通，其内容、形式必须符合国家规定，出版物质量必须达到相关标准，还应有相应的书号和刊号。

根据《出版管理条例》的有关规定，我国出版单位实行编辑责任制度，以保证出版物刊载的内容符合规定。出版物必须按照国家的有关规定载明作者、出版者、印刷者或者复制者、发行者的名称、地址，书号、刊号，在版编目数据，出版日期、刊期以及其他有关事项；出版物的规格、开本、版式、装帧等必须符合国家标准和规范要求，保证出版物的质量。出版物使用语言文字必须符合国家法律规定和有关标准、规范。

书号、刊号都是出版物的标准化识别代码。国家对于书号、刊号的管理规定，《出版专业基础·初级》中已经讲述，这里不再赘述。从 2009 年 1 月起，我国开始实施书号实名申领制度。要求出版单位在按规定完成书稿“三审三校”程序后，通过基于互联网的“书号实名申领信息系统”提交完整、真实、准确的信息，按书稿实名申领书号。书稿出版后要及时报送有关出版物信息，并按规定送缴样本。国家对网络出版物实行标识管理，具体办法由国家出版主管部门另行制定。在网络上出版其他出版单位已在境内合法出版的作品且不改变原出版物内容的，须在网络出版物的相应页面显著标明原出版单位名称以及书号、刊号、网络出版物标识或者网址信息。

《出版物市场管理规定》第二十条、第二十一条明确规定了任何单位或个人不得发行的出版物，即哪些出版物不可在市场销售，这也从一个侧面规定了哪些出版物可以准入。其中第二十条规定：“任何单位和个人不得发行下列出版物：（1）含有《出版管理条例》禁止内容的违禁出版物；（2）各种非法出版物，包括：未经批准擅自出版、印刷或者复制的出版物，伪造、假冒出版单位或者报刊名称出版的出版物，非法进口的出版物；（3）侵犯他人著作权或者专有出版权的出版物；（4）出版行政主管部门明令禁止出版、印刷或者复制、发行的出版物。”第二十一条规定：“内部发行的出版物不得公开宣传、陈列、展示、征订、销售或面向社会公众发送。”

三、职业准入

我国实行出版专业技术人员职业资格制度。《出版管理条例》第五十三条明确规定：“国家对在出版单位从事出版专业技术工作的人员实行职业资格制度；出版专业技术人员通过国家专业技术人员资格考试取得专业技术资格。”出版专业技术人员职业资格简称“出版专业职业资格”，是国家对从业人员从事出版专业技术工作所必备的素质和能力的认定。根据2008年2月新闻出版总署发布的《出版专业技术人员职业资格管理规定》，出版专业技术人员包括在图书、非新闻性期刊、音像、电子、网络出版单位内承担内容加工整理、装帧和版式设计等工作的编辑人员和校对人员，以及在报纸、新闻性期刊出版单位从事校对工作的专业技术人员。

（一）出版专业职业资格制度的要求

出版专业职业资格制度的基本要求是：凡在出版单位从事出版专业技术工作的人员，必须在到岗2年内取得出版专业职业资格证书，并按《出版专业技术人员职业资格管理规定》办理登记手续；否则，不得继续从事出版专业技术工作。根据2001年8月新闻出版总署发布的《出版专业技术人员职业资格考试暂行规定》，出版专业职业资格实行一考多用原则，通过出版专业职业资格考试并获得该专业相应级别职业资格证书的专业技术人员，表明其已具备出版专业相应岗位职业资格和担任相应级别出版专业职务的水平和能力。用人单位可根据工作需要，从获得出版专业职业资格证书的人员中择优聘任。取得初级资格，作为从事出版专业岗位工作的上岗证，可以根据《出版专业人员职务试行条例》有关规定，聘任助理编辑（助理技术编辑或二级校对）职务。取得中级资格，作为出版专业某些关键岗位工作的必备条件，可以根据《出版专业人员职务试行条例》有关规定聘任编辑（技术编辑或一级校对）职务。高级资格（副编审、编审）实行考试与评审相结合的评价制度，具体办法另行规定。

（二）出版专业职业资格的取得

出版专业职业资格分为初级、中级和高级三个级别。

从 2002 年起，出版专业初级和中级职业资格通过全国出版专业技术人员职业资格考试取得。考试原则上每年举行一次，由国家统一组织、统一时间、统一大纲、统一试题、统一标准、统一证书。

出版专业高级职业资格通过考试、按规定评审取得。此外，已取得其他行业高级职业资格并在出版单位从事出版专业技术工作的人员，可以按照规定申请转评相应级别的出版专业高级职业资格。

（三）出版专业职业资格的报考条件

报名参加出版专业职业资格考试的人员，必须遵守《中华人民共和国宪法》和各项法律，认真贯彻执行党和国家有关宣传出版工作的方针、政策，热爱出版工作，恪守职业道德。

除了上述基本条件外，报考不同级别的人员还须在学历和工作资历方面符合一定的条件。

凡不具有完全民事行为能力者、违反出版法规受到严厉惩处者和有刑事犯罪记录者，均不得申请参加出版专业职业资格考试。

（四）对出版专业职业资格获得者的管理

国家对已经获得出版专业职业资格的人员所实施的管理，主要包括以下几方面：

1. 接受继续教育

已获得出版专业职业资格的人员还应不断更新知识，接受继续教育和业务培训，不断提高工作能力。根据国家出版主管部门的相关规定参加继续教育，是职业资格续展登记的必备条件之一。根据《出版专业技术人员继续教育暂行规定》，出版专业技术人员每年参加继续教育的时间累计不少于72学时。其中，接受国家出版主管部门当年规定内容的面授形式继续教育不少于24小时，其余48小时可自愿选择参加省级及以上出版主管部门认可的继续教育形式。

2. 职业资格登记

已取得出版专业技术人员职业资格证书的人员应当在取得证书后3个月内申请职业资格登记；未能及时登记的，在按规定参加继续教育的情况下，可以保留其5年内申请职业资格登记的资格。登记分为首次登记、续展登记和变更登记三种情况。已按规定办理注册手续并取得责任编辑证书的人员，无须办理续展登记。《出版专业基础·初级》已对这方面知识做了较详细介绍。

四、岗位准入

国家对出版单位重要岗位实行岗位准入制度。重要岗位包括出版单位的社长（总经理）和总编辑、主编、编辑室（部）主任（以上行政领导职务均包括副职，下同）和责任编辑。出版单位行政领导岗位实行持证上岗制度，责任编辑实行注册制度。

（一）行政领导的岗位准入

按照国家出版主管部门的规定，图书出版社、音像出版社、电子出版物出版社和网络出版服务单位的社长（总经理）和总编辑、编辑室（部）主任、期刊社主编或法定代表人，均须持有《岗位培训合格证书》。

上述出版单位行政领导岗位人员，无论是在职的还是拟任职的，都要在当年内或任职后半年内按规定参加由国家出版主管部门或各省、自治区、直辖市出版主管部门组织或指定培训机构举办的相应岗位的岗位培训班，学完规定的全部课程，并经考试、考核合格，方可获得《岗位培训合格证书》。各个岗位的规范内容和培训要求，由国家出版主管部门统一规定。

《岗位培训合格证书》由国家出版主管部门统一印制并用印，分别由国家出版主管部门和各省、自治区、直辖市出版主管部门指定的培训机构颁发，在全国出版行业有效。该证书的有效期为 5 年。持证人要在有效期满后的第一年内再参加培训，重新取得《岗位培训合格证书》。持证人调离原单位但不改变任职岗位性质的，其证书继续有效。脱离原岗位工作并改变岗位性质不超过 3 年的，回原岗位工作时其证书要经出版主管部门核验方可有效；改变岗位性质时间超过 3 年的，其证书自行失效。

出版单位重要岗位领导持证上岗率列入出版单位年度核验内容，达不到一定要求的，年度核验主管机关将视不同情况给予警告或暂缓年度核验。被警告或暂缓年度核验的出版单位，要在年度核验主管机关规定的时间内使持证上岗率达到要求。

国家对出版单位的其他岗位人员，也有持证上岗的要求，其具体要求由各省级出版主管部门参照社长、总编辑等领导岗位的持证上岗办法与国家出版主管部门关于各个岗位的规范内容和培训要求，作出具体规定。

（二）责任编辑岗位准入

按照国家出版主管部门的规定，对在出版单位担任责任编辑的人员实行注册管理。具体要求是：在出版单位担任责任编辑，即在出版单位为保证出版物的质量符合出版要求，专门负责对拟出版的作品内容进行全面审核和加工整理并在出版物上署名的编辑人员，必须在到岗前取得中级以上出版专业职业资格，并办理注册手续，领取责任编辑证书。

对在出版单位担任社长、总编辑、主编、编辑室主任职务的人员，除应具备国家规定的任职条件外，还必须具有中级以上出版专业职业资格并履行登记、注册手续。亦即按照责任编辑的要求在业务上进行管理。

1. 责任编辑注册

取得中级以上出版专业职业资格的专业技术人员，如拟担任责任编辑，应首先进行职业资格登记，然后申请责任编辑注册，取得责任编辑证书后，方可从事责任编辑工作。责任编辑注册申请可与职业资格登记申请同时提出。

（1）首次注册

对于已经进行中级以上出版专业职业资格登记的专业技术

人员，如所在出版单位经审核认为其已经具备与责任编辑岗位相适应的政治素质、业务能力和职业道德，且其本人又能提交继续教育证明材料，则出版单位可统一向出版主管部门办理申请责任编辑注册的手续。注册部门如果同意注册，则应颁发责任编辑证书。

（2）续展注册

责任编辑注册有效期 3 年，每 3 年续展注册一次。续展注册时，由申请人所在出版单位于有效期满前 30 日内申请办理续展注册手续；如有特殊情况，注册有效期可适当延长，但最长不超过 3 个月，逾期仍不办理续展注册手续的，原注册自动失效。

（3）变更注册

已经注册的责任编辑如果变更出版单位或者取得高一级职业资格，应当在 3 个月内按照首次注册的具体规定申请办理变更注册手续。

（4）申请续展注册的资格保留期

未能在规定期限内办理责任编辑续展注册以致注册失效的专业技术人员，如能按规定参加继续教育，可以保留其 5 年内申请责任编辑续展注册的资格。

2. 违规人员应承担的法律责任

专业技术人员如果在取得职业资格的过程中或进行职业资格登记后出现违反国家有关规定和出版法规的情况，必须承担被限制报考、被取消职业资格和被注销责任编辑证书的法律责任。《出版专业基础·初级》中已讲过前两种法律责任，这里主要讲最后一种。

责任编辑有下列情形之一的，由国家出版主管部门或者省、自治区、直辖市出版主管部门给予警告；情节严重的，注销其责任编辑证书：

参与买卖书号、刊号等违反出版法规行为，情节严重；

担任责任编辑的出版物出现内容质量、编校质量等违法问题，情节严重；

连续2次年度考核达不到岗位职责要求；

存在出版主管部门认定不予续展注册的其他情形。

被注销责任编辑证书的人员，3年内不得申请责任编辑注册。

第三节　对出版业务活动的管理

党和国家对出版单位业务活动的管理是多方面的，根据出版专业中级技术人员工作实践的特点，本节择要介绍其中五项制度。

一、出版单位年度核验制度

《出版管理条例》第四十九条规定：“出版行政主管部门应当加强对本行政区域内出版单位出版活动的日常监督管理；出版单位的主办单位及其主管机关对所属出版单位出版活动负有直接管理责任，并应当配合出版行政主管部门督促所属出版单位执行各项管理规定。”出版主管部门根据这一规定，对出版单位实行年度核验制度（在《音像制品出版管理规定》等文件中称“审核登记制度”），以加强对出版活动的日常监督管理。

《图书出版管理规定》《期刊出版管理规定》《音像制品出版管理规定》《电子出版物出版管理规定》等规章，明确了出版单位年度核验的具体要求。期刊出版单位、网络出版服务单位的年度核验每年进行一次，图书出版社、音像制品出版社、电子出版物出版社的年度核验每两年进行一次。出版单位应该按照国家有关规定将年度核验材料按时提交所在地省级出版主管部门。

对于期刊出版单位，省级出版主管部门进行全面审核后，做出予以通过年度核验、暂缓年度核验或不予通过年度核验的决定。暂缓年度核验的期限，由省级出版主管部门确定。省级出版主管部门完成年度核验工作后，应将年度核验审核情况和有关书面材料报国家出版主管部门备案。

对于音像制品出版社和电子出版物出版社，省级出版主管部门进行全面审核后，作出予以通过年度核验或暂缓年度核验的决定。音像制品出版社的暂缓年度核验期限为 3 个月；电子出版物出版社的暂缓年度核验期限，由省级出版主管部门确定，但最长不超过 3 个月。省级出版主管部门完成年度核验工作后，应将年度核验审核情况和有关书面材料报国家出版主管部门备案。

对于图书出版社，省级出版主管部门进行审核查验后，须出具审核意见报送国家出版主管部门，由国家出版主管部门作出是否予以通过年度核验的批复。图书出版社的暂缓年度核验期限为 6 个月。

凡是通过年度核验的出版单位，予以登记。

凡是不予通过年度核验的出版单位，撤销其出版许可证，注销登记。

凡是被暂缓年度核验的出版单位，应在暂缓期满时重新办理年度核验手续。如经过整改已经达到年度核验要求，予以登记；如仍未达到年度核验要求，撤销其出版许可证，注销登记。

二、年度出版计划备案制度

年度出版计划是出版社准备在某一年度安排出版的产品计划，有时也称“年度选题计划”。

年度出版计划备案制度属于保障图书质量的出版宏观调

控机制中预报机制的组成部分之一。根据《出版管理条例》第二十条的规定，出版社的年度出版计划应经所在地省级出版主管部门审核后报国家出版主管部门备案。

在实际操作中，国家出版主管部门要求：出版社应在上一年第四季度制定出版计划，先报主管部门审核和批准，再送所在地省级出版主管部门审核同意后报国家出版主管部门备案。出版社如在年度出版计划已经审核、备案后还要增补选题，须在发稿前一个月将选题计划报送省级出版主管部门审核。特殊急件须随时报送审核。

年度出版计划备案制度是出版管理宏观调控的重要手段之一。实施这一制度，可以及时了解、掌握出版活动的动向，及时发现问题，有的放矢地采取措施。根据规定，出版社未将年度出版计划上报备案将受到行政处罚。

三、出版物内容管理制度

作为出版活动的最终产品，出版物也是精神文化产品的物质载体，具有精神产品的特殊属性，因此，党和国家十分重视对出版物内容的管理。既通过违法内容禁载制度、重大选题备案制度对出版物内容进行事前管理，又通过违规内容追惩制度对出版物内容进行事后管理。

（一）违法内容禁载制度

违法内容禁载制度主要根据《出版管理条例》第二十五条和第二十六条的规定而制定。

出版单位不得刊载以下内容：①反对宪法确定的基本原则的；②危害国家统一、主权和领土完整的；③泄露国家秘密、危害国家安全或者损害国家荣誉和利益的；④煽动民族仇恨、民族歧视，破坏民族团结，或者侵害民族风俗、习惯的；⑤宣扬邪教、迷信的；⑥扰乱社会秩序，破坏社会稳定的；⑦宣扬淫秽、赌博、暴力或者教唆犯罪的；⑧侮辱或者诽谤他人，侵害他人合法权益的；⑨危害社会公德或者民族优秀文化传统的；⑩有法律、行政法规和国家规定禁止的其他内容的。

国家重视对以未成年人为对象的出版物内容的规定，以未成年人为对象的出版物不得含有诱发未成年人模仿违反社会公德的行为和违法犯罪的行为的内容，不得含有恐怖、残酷等妨害未成年人身心健康的内容。

（二）重大选题备案制度

重大选题备案制度根据《出版管理条例》第二十条的规定制定，属于保障出版物内容的出版宏观调控机制中预报机制的组成部分之一。重大选题是指内容涉及国家安全、社会稳定等方面的选题。重大选题未经备案批准，不得出版。

关于需备案的选题范围、违反制度者应承担的法律责任，《出版专业基础·初级》已有讲述。这里介绍重大选题备案的具体手续。

出版物的重大选题，应当经所在地省级出版主管部门审核后报国家出版主管部门备案。

国家出版主管部门对申报备案的重大选题进行审核，必要时转请有关部门或组织专家协助审核，自决定受理备案之日起20日内（不含有关部门或专家协助审核时间），对备案申请予以答复或者提出意见。

出版单位在办理重大选题申报备案手续时，应当填报并提交省级出版主管部门或主管单位的备案申请报告、重大选题备案申报表、书稿（或文章、图片、样片、样盘、样带等）、出版物“三审”意见复印件以及备案需要的其他材料。

（三）违规内容追惩制度

违规内容追惩制度主要针对违禁出版物和涉及重大选题未备案的出版物，国家既通过颁布《出版管理条例》规定出版违禁出版物的责任，也通过制定《图书、期刊、音像制品、电子出版物重大选题备案办法》来加强对重大选题的管理。

《出版管理条例》第二十五条、第二十六条对出版物禁止内容进行详细规定。如果出版、进口、印刷或复制、发行含有禁止内容的出版物，触犯刑律的，依照刑法有关规定，依法追究刑事责任；尚不够刑事处罚的，由出版主管部门责令限期停业整顿，没收出版物、违法所得，并处罚款；情节严重的，由原发证机关吊销许可证。《出版管理条例》第二十七条规定，出版物的内容不真实或者不公正，致使公民、法人或者其他组织的合法权益受到侵害的，其出版单位应当公开更正，消除影响，并依法承担其他民事责任。

国家出版主管部门对重大选题备案执行情况开展年度检查和考核评估，视情况予以奖惩。出版单位未经备案出版涉及重大选题范围出版物的，由国家出版主管部门或省级出版主管部门责成其主管单位对出版单位的主要负责人员给予行政处分；停止出版、发行该出版物；违反《出版管理条例》和有关规定的，依照有关规定处罚。

四、出版物质量管理制度

《图书质量管理规定》《图书质量保障体系》和《报纸期刊质量管理规定》，虽然主要针对图书、报纸和期刊出版工作，但对于其他出版物的质量管理也有指导意义。

根据相关规定，图书质量包括内容、编校、设计、印制四项，报纸、期刊质量包括内容、编校、出版形式、印制四项，分为合格、不合格两个等级。

内容、编校、设计（出版形式）、印制四项均合格的图书、报纸、期刊，其质量属合格。内容、编校、设计（出版形式）、印制四项中有一项不合格，其质量属不合格。

国家通过落实选题论证制度、选题报请审核备案制度、三级审稿制度等图书质量管理基本制度来保证出版物质量。

《出版专业基础·初级》已经介绍了部分出版物质量标准和检查质量的具体方法，这里主要介绍对图书、报刊质量的监督检查和相应的奖惩措施。

（一）图书质量监督检查及奖惩措施

1. 图书质量监督检查

各级出版主管部门实施的图书质量监督，采用抽样检查方法。抽样检查有两类：一是有重点、有目的、有针对性地组织有经验、有水平的审读人员，随机抽样审读所辖地区出版单位出版的和市场上销售的图书，对质量优秀的图书向读者大力推荐，对质量有问题的图书及时处理并向上级汇报；发现倾向性的问题，则向上级汇报，并向出版单位发通报。二是每年由出版单位和出版主管部门对图书进行质量抽样检查。这里主要讲后一类抽样检查。

抽查的方式主要有两种：

一是各出版单位每年对自己所出图书的质量至少分别进行两次自查，每年的自查结果和有关情况应于次年 1 月 31 日前上报出版主管部门。在出版单位自查的基础上，省级出版主管部门和出版单位的主管单位组织图书质量检查小组或聘请图书质量审读员，对所辖各出版单位的图书进行抽查。

二是国家出版主管部门根据全国图书质量实际情况及读者的反映，每年选取部分出版单位的图书，进行质量抽查。

出版主管部门进行图书质量检查后，须将审读记录和检查结果书面通知出版单位。出版单位如有异议，可以在接到通知后 15 日内提出申辩意见，请求复检。对复检结论仍有异议的，可以向上一级出版主管部门请求裁定。

2. 保障图书质量的奖惩措施

出版主管部门根据图书质量检查结果，对出版单位和个人进行奖励或处罚。

对在图书质量检查中被认定为成绩突出的出版单位和个人，出版主管部门将给予表扬和奖励。

对不能保证图书质量者，出版主管部门将予以处罚，具体处罚措施如下：

（1）对内容不合格图书的处罚措施

对出版了内容不合格图书的行为人，予以行政处罚或刑事处罚。

行政处罚由出版主管部门衡量违法行为的情节严重程度后依法实施，主要包括：责令限期停业整顿，没收出版物及违法所得，并处以罚款，由原发证机关吊销许可证。

刑事处罚是由人民法院对行为人依法定罪量刑。这主要适用于违法行为情节严重而触犯刑法者。

（2）对编校质量、印制质量不合格图书的处罚措施

编校质量不合格的图书，若差错率在万分之一以上、万分之五以下，出版单位必须自检查结果公布之日起 30 天内全部收回，改正重印后方可继续发行；若差错率在万分之五以上，出版单位必须自检查结果公布之日起 30 天内全部收回，自行

处理或予以销毁。

印制质量不合格的图书，出版单位必须及时予以收回、调换。

自检查结果公布之日起 30 天后，如果已定为不合格的图书仍在市场上销售，由省级及以上出版主管部门按照《中华人民共和国产品质量法》对出版单位进行处罚。

对于出版编校质量不合格图书的出版单位，由省级及以上出版主管部门给予警告，并可以根据情节处 3 万元以下罚款。年新版图书品种有 10% 以上质量不合格的出版单位，必须进行停业整顿。

（3）对不合格图书直接责任者的处罚措施

1 年内造成 3 种及以上图书不合格的直接责任者，或者连续 2 年造成图书不合格的直接责任者，取消其出版专业职业资格并注销登记，且其 3 年之内不得从事出版编辑工作。

（二）报纸、期刊质量监督检查及奖惩措施

国家《报纸期刊质量管理规定》明确新闻出版主管部门负责全国报纸、期刊质量管理工作，各省级新闻出版主管部门负责本行政区域内的报刊质量管理工作。要求各级新闻出版主管部门切实履行监管职责，实施报刊质量检查，并及时向社会公布检查结果。

报纸、期刊质量检查采取抽样方式进行。

报纸、期刊内容质量、编校质量、出版形式质量不合格，由省级以上新闻出版主管部门责令改正，给予警告；情节严重的，责令限期停业整顿，或由原发证机关吊销出版许可证。报刊出现严重质量问题的，出版单位应当采取收回、销毁等措施，消除负面影响。报刊印制质量不合格，出版单位应当及时收回、调换。出版单位违反规定继续发行印制质量不合格报刊的，按照《中华人民共和国产品质量法》《出版管理条例》等相关规定处理。

省级以上新闻出版主管部门对报纸、期刊质量管理工作中成绩突出的单位和个人予以表扬或者奖励。

五、出版物样本送缴制度

国家规定，出版单位应当向国家图书馆、中国版本图书馆和国家出版主管部门免费送缴出版物样本。因此，出版单位应由专人负责按规定的时间、数量和方式送缴样本。逾期不按规定送缴样本的出版单位，由出版主管部门根据不同情况给予行政处罚。

出版单位向国家图书馆、中国版本图书馆送缴出版物样本，主要是支持国家保存、收藏出版物以便进行文化积累和开展信息服务。出版单位向出版主管部门送缴出版物样本，实际上是向出版主管部门报送样本备案。出版主管部门通过审读样本，可以及时发现出版物内容有无问题，把握出版动向，采取相应的对策。要求出版单位送缴出版物样本，也是出版管理的重要手段之一。

第四节　对出版物印刷复制和发行的管理

本节主要根据国务院颁布的《出版管理条例》《印刷业管理条例》《音像制品管理条例》和出版主管部门的有关部门规章，概要介绍有关内容。

一、关于书刊委托印刷的规定

书刊委托印刷的当事人是书刊出版单位和印刷企业，因而国家相应地对双方的行为都有规定。

（一）对书刊出版单位的规定

书刊出版单位在委托印刷书刊时，必须审核拟委托其承印书刊的企业是否属于出版主管部门审定许可的书刊印刷企业。不得委托非书刊印刷企业承印书刊，也不能委托因违反《出版管理条例》《印刷业管理条例》等法规的规定而正处于受处罚期间的书刊印刷企业承印书刊。

书刊出版单位委托书刊印刷企业印刷书刊，必须提供符合国家规定的委托印刷书刊的有关证明，并依法与印刷企业签订合同。

书刊出版单位必须按照国家有关规定，在委托印刷的书刊上标明出版单位的名称、地址，书号或者刊号，出版日期或者刊期，书刊印刷企业的真实名称和地址，以及其他有关事项。

（二）对印刷企业的规定

印刷企业接受书刊出版单位委托印刷书刊，必须验证并收存出版单位盖章的印刷委托书，并在印刷前报出版单位所在地省级出版主管部门备案；印刷企业接受所在省（自治区、直辖市）以外的书刊出版单位委托印刷书刊，印刷委托书还必须事先报印刷企业所在地省级出版主管部门备案。印刷委托书由国家出版主管部门规定统一格式，由省级出版主管部门统一印刷。

印刷单位应当自完成书刊印刷之日起 2 年内，留存一份承接的书刊样本备查。

印刷单位不得印刷有下列情形之一的书刊：含有《出版管理条例》第二十五条、第二十六条禁止内容的；非法进口的；伪造、假冒出版单位名称或者报纸、期刊名称的；未署出版单位名称的；中小学教科书未经依法审定的；侵犯他人著作权的。

二、关于音像制品、电子出版物复制的规定

国家实行复制经营许可制度。未依照国家规定取得复制经营许可证，任何单位和个人不得从事复制经营活动。复制经营活动涉及光盘、磁带、磁盘和国家出版主管部门认定的其他存储介质，除音像制品、电子出版物外，还包括音像非卖品、电子出版物非卖品和计算机软件等。为表述简练，下文把这些复制对象统称为“产品”。

（一）对出版单位的规定

出版单位应当委托经省级出版主管部门批准设立的复制单位复制产品，并依法签订合同。

出版单位委托复制产品，必须遵守国家关于复制委托书的管理规定，使用由国家出版主管部门统一印制、由所在地省级

出版主管部门核发的复制委托书。

出版单位应保证开具的复制委托书内容真实、准确、完整，并须将其直接交送复制单位。

复制委托书的第二联，应由出版单位和复制单位盖章后，在产品完成复制之日起的 30 日内，连同相应的样品一起上交所在地省级出版主管部门。

复制委托书的第四联由出版单位留存 2 年备查。

（二）对复制单位的规定

复制单位接受委托复制产品，应当验证委托的出版单位盖章的复制委托书及其他法定文书。复制单位接受委托复制境外产品的，应当事先将样品及有关证明文件报所在地省级出版主管部门审核同意；复制的产品除样品外应当全部出境，不得在境内发行。

复制单位不得接受非音像制品出版单位、非电子出版物出版单位或者个人的委托复制经营性的音像制品、电子出版物；不得擅自复制音像制品、电子出版物、计算机软件等。

复制单位应该建立和保存完整清晰的复制业务档案，包括委托方按有关规定所提交的复制委托书和其他法定文书，以及复制样品、生产单据、发货记录等。保存期为 2 年，以备查验。

复制单位复制光盘，必须使用蚀刻有国家出版主管部门核发的 SID 码（激光数码储存片来源识别码）的注塑模具，在每张光盘的内圈刻压上 SID 码。SID 码是一组全国统一编制、由英文字母和阿拉伯数字组成的编码。如某个复制单位的 SID 码为 IFPI R200，其中第一段的 IFPI 是国际唱片业协会英文名称 International Federation of the Phonographic Industry 的缩写，第二段的前两位 R2 为复制单位代码，末两位 00 为模具顺序编号。

如果一个复制单位的生产线不止一条，则各条生产线的模具顺序编号依次递增，如某复制单位有七条生产线、七套模具，其光盘复制生产线的 SID 码应为 IFPI R200、IFPI R201……IFPI R206。

三、关于出版物批发和零售的规定

从事出版物批发业务，须经省级出版主管部门审核许可，持有出版物经营许可证。从事出版物零售业务，须经县级人民政府出版主管部门审核许可，持有出版物经营许可证。

通过互联网等信息网络从事出版物发行业务的单位或者个体工商户，应当依照上述规定经出版主管部门审核许可，持有出版物经营许可证。提供网络交易平台服务的经营者，应当对申请通过网络交易平台从事出版物发行业务的单位或者个体工商户的经营主体身份进行审查，验证其出版物经营许可证。

出版单位可以发行本单位出版的出版物。发行非本单位出版的出版物的，须按照从事出版物发行业务的有关规定办理审批手续。无出版物经营许可证，或虽持有出版物经营许可证但没有获得出版物批发许可的单位，出版单位不得委托其批发出版物或代理出版物批发业务。

国家允许外商投资企业从事出版物发行业务。根据《出版物市场管理规定》《外商投资法》等有关规定，外商投资企业从事出版物发行业务，应按照与内资一致的条件和程序，到所在地出版主管部门履行审批或备案手续。

批发、零售中小学教科书，应当经国家出版主管部门批准。任何单位和个人未经批准不得从事中小学教科书发行业务。

批发、零售进口出版物，必须从依法设立的出版物进口经营单位进货。

从事出版物批发、零售业务的单位或者个人，须将出版物进销货清单等有关非财务票据保存 2 年以上，以备查验。

任何出版物批发商、零售商都不得销售有下列情形之一的出版物：

含有《出版管理条例》第二十五条、第二十六条禁止内容的；

非法进口的；

伪造、假冒出版单位名称或者报刊名称出版的；

未经批准擅自出版、印刷或者复制的；

中小学教科书未经依法审定的；

侵犯他人著作权或专有出版权的；

出版主管部门明令禁止出版、印刷或者复制、发行的。

四、关于出版物进口的规定

出版物进口业务由依照《出版管理条例》设立的出版物进口经营单位经营；其他单位和个人不得从事出版物进口业务。

进口的出版物不得含有《出版管理条例》第二十五条、第二十六条禁止的内容。出版物进口经营单位负责对其进口的出版物进行内容审查，若无法判断其进口的出版物是否含有《出版管理条例》第二十五条、第二十六条禁止内容的，可以请求省级及以上出版主管部门进行内容审查。省级及以上出版主管部门也可以直接对进口的出版物进行内容审查。

国家出版主管部门可以禁止特定出版物的进口。

出版物进口经营单位在境内举办境外出版物展览，必须报经国家出版主管部门批准。未经批准，任何单位和个人不得举办境外出版物展览。

第五节　对出版活动的扶持政策

国家除了依据法律法规的规定保障各种合法出版活动外，还特别在下列各个方面提供保障条件。

一、实行优惠的税收政策

《出版管理条例》第五十四条规定："国家制定有关政策，保障、促进出版产业和出版事业的发展与繁荣。"国家针对出版业而制定、实行的经济政策，主要包括投资政策、税收政策、价格政策、分配政策等，基本内容是对出版业的支持和优惠。这里主要介绍税收上的优惠政策。

2006 年 12 月，财政部、国家税务总局发布《关于宣传文化增值税和营业税优惠政策的通知》，明确了对出版活动在增值税和营业税征收方面的支持政策。2009 年 12 月发布《关于继续实行宣传文化增值税和营业税优惠政策的通知》，2013 年 12 月发布《关于延续宣传文化增值税和营业税优惠政策的通知》。2018 年 6 月发布《关于延续宣传文化增值税优惠政策的通知》，延续并进一步加大对出版活动的支持。

（一）增值税先征后退

自 2018 年 1 月 1 日起至 2020 年 12 月 31 日，按出版物类别、业务类别分别实行增值税 100% 先征后退或增值税先征后退 50% 的政策。但是，已按软件产品享受增值税退税政策的电子出版物，不再享受该出版物的出版环节增值税优惠政策。

1. 增值税100%先征后退

适用增值税100%先征后退政策的，包括出版环节的业务和制作、印刷环节的业务。

（1）出版环节增值税优惠的范围

出版环节增值税100%先征后退的政策，适用于下列出版物：

一是各级组织（不含其所属部门）的机关报纸和机关期刊。这些组织包括中国共产党、各民主党派的各级组织，各级人大、政协、政府、工会、共青团、妇联、残联、科协，军事部门和新华社。每个单位可以各有一份机关报纸和一份机关期刊适用该税收优惠政策。

二是专为少年儿童、老年人出版发行的报纸和期刊。

三是中小学的学生课本。

四是少数民族文字出版物，盲文图书和盲文期刊。

五是经批准在内蒙古、广西、西藏、宁夏、新疆五个自治区内注册的出版单位所出版的出版物。

六是《法制日报》《半月谈》等24种特定的报纸、期刊，以及国务院侨办组织编写的背面印有“本书国务院侨办推展海外华文教育免费赠送”字样的华文教材（含多媒体教材）。

（2）制作、印刷环节增值税优惠的范围

增值税100%先征后退的政策，适用于制作、印刷单位的下列业务：

一是少数民族文字出版物的制作或印刷业务。

二是新疆新华印刷厂、新疆新华印刷二厂等62家新疆维吾尔自治区印刷企业的印刷业务。

2. 增值税先征后退 50%

出版环节增值税先征后退 50% 的政策，适用于下列出版物：

一是除了增值税已 100% 先征后退的出版物之外的各类图书、期刊、音像制品、电子出版物。

二是国际时政类等三类综合类报纸和经济类、工业产业类等十类行业专业类报纸。

（二）免征图书发行增值税

自 2018 年 1 月 1 日起至 2020 年 12 月 31 日，国家免征图书批发、零售环节的增值税。

二、扶持教科书的出版发行

《出版管理条例》第五十六条规定："国家对教科书的出版发行，予以保障。"这条规定，是为了保证教科书"课前到书，人手一册"，以便教学活动能正常进行。此处的教科书主要指列入教育部审定目录的中小学教科书。国家对教科书出版发行的保障主要体现在两个方面。

（一）从制度上确保教科书出版发行秩序

为了确保教科书出版发行的秩序，国家规定了教科书出版发行的制度：

中小学教科书由国务院教育行政主管部门审定；其出版、发行单位应当具有适应教科书出版、发行业务需要的资金、组织机构和人员等条件，并取得国家出版主管部门批准的教科书出版、发行资质。纳入政府采购范围的中小学教科书，其发行单位按照《中华人民共和国政府采购法》的有关规定确定。其他任何单位或者个人不得从事中小学教科书的出版、发行业务。

（二）在政策和物质上支持教科书的出版发行

国家一直十分重视教科书的出版发行，从价格、信贷、税收等多方面给予支持。对出版发行教科书的储备资金季节性贷款给予保证。

三、扶持少数民族语言文字出版与盲文出版

《出版管理条例》第五十六条把“国家扶持少数民族语言文字出版物和盲文出版物的出版发行”用行政法规形式确定下来，对少数民族语言文字出版物和盲文出版物的出版发行有很大的推进作用。

（一）对少数民族语言文字出版活动的扶持

国家历来重视少数民族语言文字出版物的出版发行。我国少数民族语言文字出版发行单位的数量及其经费投入、出版物的品种和数量都是世界上最多的。

现有的扶持措施主要有：设立用于资助少数民族语言文字图书出版的出版基金，适当调剂少数民族语言文字出版社的专业分工，加强少数民族语言文字出版发行队伍的培训，建立全国民族文字出版重点选题规划审定委员会，等等。

（二）对盲文出版活动的扶持

盲文出版物是专供盲人使用的特殊出版物。这种出版物制作成本高，发行难度大，亏损严重，国家必须给予支持，以使盲人有书可读，提高文化水平，丰富精神生活。国家不但以法律规定“将已经发表的作品改成盲文出版”可以不向著作权人支付报酬，而且还对盲文出版社在投资、补贴、资助等方面给予优惠。

四、扶持实体书店

国家重视实体书店的发展，通过规划、引导、扶持，营造良好的市场环境。2011 年 7 月中宣部、新闻出版总署与住房和城乡建设部共同出台《关于加强城乡出版物发行网点建设的通知》。2016 年 6 月，中宣部、国家新闻出版广电总局等 11 部门联合印发《关于支持实体书店发展的指导意见》，重点提出 5 项政策措施鼓励实体书店改革创新：完善规划和土地政策、加强财税和金融扶持、提供创业和培训服务、简化行政审批管理、规范出版物市场秩序。《指导意见》要求将实体书店建设纳入国民经济和社会发展规划，纳入基层宣传思想文化工作考核评价体系，纳入文明城市、文明村镇、文明校园考核评价体系。

五、扶持在农村和特殊地区发行出版物

《出版管理条例》第五十六条规定："国家对在少数民族地区、边疆地区、经济不发达地区和在农村发行出版物，实行优惠政策。"

少数民族地区、边疆地区、经济不发达地区和农村的人均收入较低，购买力较弱，出版物发行网点较少，发行困难较多。为缩小这些地区与其他地区的差距，促进这些地区出版物的发行，国家对这些地区的出版物发行实行了许多优惠政策：

中国人民银行确定，全国少数民族县的新华书店贷款年利率可享受一定的优惠；凡发往少数民族省（区）的一般图书，其发行折扣率应稍低；建立一般图书发行专项基金，主要用于农村图书的发行；等等。

2016 年 6 月，中宣部、国家新闻出版广电总局等 11 部门联合印发的《关于支持实体书店发展的指导意见》，强调加大

对农村出版物发行网点建设的财政支持力度，通过中央和地方文化产业专项资金，对长期坚持立足农村、服务农村的优秀实体书店给予奖励。

六、组织和扶持重大出版工程

国家积极扶持出版事业的发展，大力构建出版公共服务体系，组织实施了全民阅读工程、农家书屋工程、国家重大出版工程、少数民族新闻出版东风工程等重大出版工程。

科学技术是第一生产力，科学技术特别是数字出版技术在推动出版产业转型发展中具有重大作用。国家为推动出版产业的转型发展，组织实施了重大科技工程项目，如国家数字复合出版系统工程、数字版权保护技术研发工程、中华字库工程、中国原创游戏精品出版工程等。

为提升国际传播能力和水平，国家大力推动出版“走出去”，组织实施了丝路书香出版工程、经典中国国际出版工程、中国当代作品翻译工程等。

七、设立专项资金

为支持文化事业、文化产业发展，国家设立了一系列资金、基金，如中央和地方分别设立了“宣传文化发展专项资金”，重点用于包括出版在内的宣传文化工作的宏观调控。在这里，重点介绍国家出版基金和中央文化产业发展专项资金。

（一）国家出版基金

为支持和鼓励优秀出版物的出版，繁荣发展我国出版事业，国家设立了国家出版基金、国家古籍整理出版专项经费、少数民族文字出版专项资金、国家科学技术学术著作出版基金等专项出版资金项目。

国家出版基金于 2007 年经国务院批准在财政部的指导下设立，主要用于对不能通过市场资源完全解决出版资金的优秀公益性出版物的直接成本补助。主要资助范围包括：

① 深入研究阐释党中央治国理政新理念新思想新战略，推进中国特色社会主义理论创新、实践创新、制度创新，培育和践行社会主义核心价值观等弘扬主旋律的优秀出版项目。

② 具有重要创新价值、思想价值、科学价值、文学艺术价值，反映我国现阶段哲学社会科学、文学艺术、自然科学和工程技术领域最新成果的优秀出版项目。

③ 具有重要历史文化价值，对传承和弘扬中华优秀传统文化，传播当代中国价值观念，体现中华文化精神具有重要作用的出版项目。

④ 对加快构建现代公共文化服务体系具有积极作用的优秀出版项目。

⑤ 国家重大年度主题出版项目。

⑥ 国家委托的重点出版项目。

⑦ 其他优秀公益性出版项目。

国家出版基金自 2007 年设立至 2018 年年底，共遴选资助了 3 400 多个优秀项目。其中，国家重点出版物出版规划项目近 800 个；已有 1 700 多个项目推出成果，280 多项成果荣获“五个一工程”奖、中国出版政府奖、中华优秀出版物奖等国家级重大奖项。经过 10 多年的发展，国家出版基金资助项目的国家水准，已经成为出版行业发展的一个重要风向标。

（二）中央文化产业发展专项资金

2010 年 4 月，财政部发布《文化产业发展专项资金管理暂行办法》，设立中央文化产业发展专项资金，用于提高文化产业整体实力，促进经济发展方式转变和结构战略性调整，推动文化产业发展。2012 年 4 月重新修订印发《文化产业发展专项资金管理暂行办法》。截至 2014 年，文化产业专项资金已安排 5 期，共计 192 亿元。为改革完善专项资金使用管理方式，促进财政政策与文化政策有机衔接，2015 年以后，文化产业发展专项资金逐渐减少项目直接补助，重点采用市场化方式运作。

1. 专项资金的支持方向

文化产业发展专项资金的支持方向有下列几种。

（1）推进文化体制改革

对中央级经营性文化事业单位改革过程中有关费用予以补助，并对其重点文化产业项目予以支持。

（2）培育骨干文化企业

对中央确定组建的大型文化企业集团公司重点发展项目予以支持，对文化企业跨地区、跨行业、跨所有制联合兼并重组和股改等经济活动予以支持。

（3）构建现代文化产业体系

对国家文化改革发展规划所确定的重点工程和项目、国家级文化产业园区和示范基地建设、文化内容创意生产、人才培养等予以支持，并向中西部地区、特色文化产业和新兴文化业态倾斜。

（4）促进金融资本和文化资源对接

对文化企业利用银行、非银行金融机构等渠道融资发展予以支持；对文化企业上市融资、发行企业债券等活动予以支持。

（5）推进文化科技创新和文化传播体系建设

对文化企业开展高新技术研发与应用、技术装备升级改造、数字化建设、传播渠道建设、公共技术服务平台建设等予以支持。

（6）推动文化企业“走出去”

对文化企业扩大出口、开拓国际市场、境外投资等予以支持。

（7）财政部确定的其他文化产业发展领域

2. 专项资金的支持方式

文化产业发展专项资金支持文化产业发展的方式有下列几种。

（1）项目补助

对符合支持条件的重点发展项目所需资金给予补助。

（2）贷款贴息

对符合支持条件的申报单位通过银行贷款实施重点发展项目所实际发生的利息，给予补贴。

（3）保费补贴

对符合支持条件的申报单位通过保险公司实施重点发展项目所实际发生的保费，给予补贴。

（4）绩效奖励

对符合支持条件的申报单位按照规定标准给予奖励。

（5）财政部确定的其他方式

第六节　国家对出版活动的奖惩措施

国家对合法的出版活动依法给予保障，对优秀的出版物、单位和个人予以褒奖，而对实施非法、违规出版活动的单位或个人则依法作出处罚。

一、对优秀者的褒奖

予以褒奖的对象，包括优秀出版物、优秀单位和优秀个人；褒奖的形式，或是给予支持、鼓励，或是进行奖励。

（一）对优秀出版物的鼓励

《出版管理条例》第五十五条规定，国家支持并鼓励出版下列优秀的、重点的出版物：

① 对阐述、传播宪法确定的基本原则有重大作用的出版物。

② 对弘扬社会主义核心价值体系，在人民中进行爱国主义、集体主义、社会主义和民族团结教育与弘扬社会公德、职业道德、家庭美德有重要意义的出版物。

③ 对弘扬民族优秀文化，促进国际文化交流有重大作用的出版物。

④ 对推进文化创新，及时反映国内外新的科学文化成果有重大贡献的出版物。

⑤ 对服务农业、农村和农民，促进公共文化服务有重大作用的出版物。

⑥ 具有重要思想价值、科学价值或者文化艺术价值的出版物。

这一规定从内容上明确了优秀的、重点的出版物的范围，体现了出版管理的导向。出版单位要把具有上述内容的优秀出版物作为出版重点，优先予以安排；出版主管部门应对这些出版物的出版给予支持，包括利用各种有关资金给予资助、补贴，在出版物评奖中予以倾斜，等等。

（二）对优秀者的奖励

党和政府及行业协会对优秀出版物和为发展、繁荣出版业作出重要贡献的单位、个人，给予奖励。

除“全国新闻出版系统先进集体、劳动模范和先进工作者”奖外，2005 年前评选的全国性奖项，主要有国家图书奖、精神文明建设“五个一工程”的一本好书奖、中国图书奖，出版系统先进集体、优秀出版单位和良好出版单位，百佳出版工作者、韬奋出版奖等。

2005 年，出版业的全国性评奖统一整合为四项。

1. 中国出版政府奖

中国出版政府奖每三年评选一次。包括七个子项奖：图书奖，期刊奖，音像制品、电子出版物和网络出版物奖，印刷复制奖，装帧设计奖，先进出版单位奖和优秀出版人物奖（含优秀编辑奖）。

2. “五个一工程”奖

中共中央宣传部主办的精神文明建设“五个一工程”奖每两年或三年评选一次。其中的子项有一本好书奖。

3. 中华优秀出版物奖

中华优秀出版物奖由中国出版协会设立，每两年评选一次。

包括三个子项奖——图书奖，音像、电子和游戏出版物奖，优秀出版科研论文奖。

4. 韬奋出版奖

韬奋出版奖授予先进事迹在全国特别突出的出版工作者，获奖人数十分有限。该奖项最初由韬奋基金会委托中国出版协会主持评选，现为中国出版协会、韬奋基金会联合举办，每三年评选一次。

5. 其他奖励及表彰活动

在重要节日、纪念日，政府部门会对作出重要贡献的出版人物进行奖励和表彰。如为庆祝新中国建立60周年，新闻出版总署表彰了新中国60年百名优秀出版人物、百名优秀出版企业家和百名有突出贡献的新闻出版专业技术人员。

为鼓励原创出版，扶持优秀民族文化，实施精品战略，国家出版主管部门开展了“三个一百”原创图书工程评选活动。参选图书分为三大类——人文社科类，科学技术类（含科普读物），文艺少儿类。

为引领推动全民阅读、活跃大众读书生活、促进文化繁荣发展，中央电视台科教频道与中国图书评论学会合作推出年度“中国好书”推介活动。自2014年开始，每年举办一次。每年的4月23日世界读书日，年度“中国好书”获奖书目通过央视的颁奖盛典向社会公布。

二、对违法者的惩戒

国家有关出版活动的各种法律法规，是每个公民和各种组织机构都应该严格遵守的。任何个人和组织机构，如果实施了违反这些法律法规的行为，国家就必须予以惩戒，责令其依法承担一定的法律责任。

（一）对擅自从事出版物经营活动者的惩戒

任何个人和组织未经出版主管部门、市场监督管理部门批准，不得从事经营出版物的业务。这种审批制度是出版管理的一项基本内容，任何个人和组织都必须遵守。如果个人或单位未经批准而擅自设立出版物的出版、印刷复制、进口、发行单位，或者擅自从事出版物的出版、印刷复制、进口、发行业务，假冒出版单位名称或者伪造、假冒报刊名称出版出版物，就违反了法律法规的规定。

对于这类违法行为的惩戒，包括：

由出版主管部门、市场监督管理部门依照法定职权予以取缔。

由人民法院依照刑法中关于非法经营罪的规定，依法追究刑事责任。尚不够刑事处罚的，没收出版物、违法所得和从事违法活动的专用工具、设备；违法经营额 1 万元以上的，并处违法经营额 5 倍以上 10 倍以下的罚款；违法经营额不足 1 万元的，可以处 5 万元以下的罚款。

侵犯他人合法权益的，依法承担民事责任。

（二）对违反关于出版物禁载内容规定的违法者的惩戒

《出版管理条例》第二十五条、第二十六条明确规定了禁止出版物刊载的内容。如果出版、印刷复制、进口、发行含有禁载内容的出版物，如果明知或者应知他人出版含有禁载内容的出版物而向其出售、转让、出租本出版单位的名称、书号、刊号、版面，就要受到惩戒。

对于这类违法行为的惩戒，主要包括：

尚不够刑事处罚的，由出版主管部门责令限期停业整顿，没收出版物、违法所得，违法经营额1万元以上的，并处违法经营额5倍以上10倍以下的罚款；违法经营额不足1万元的，可以处5万元以下的罚款。情节严重的，由原发证机关吊销许可证。

情节严重而触犯刑律者，由人民法院对行为人依法定罪量刑。

（三）对非法出版、发行中小学教科书者的惩戒

出版、印刷、发行未经依法审定的中小学教科书，或者未依法取得相应资质的单位从事中小学教科书的出版、发行业务，由出版主管部门给予行政处罚。处罚的内容包括：

没收出版物及违法所得，违法经营额1万元以上的，并处违法经营额5倍以上10倍以下的罚款；违法经营额不足1万元的，并处1万元以上5万元以下的罚款。情节严重的，责令限期停业整顿或者由原发证机关吊销许可证。

（四）对买卖书号、刊号者的惩戒

出版单位出售或者以其他形式转让本出版单位的名称、书号、刊号、版面，或者出租本单位的名称、刊号的，由出版主管部门给予行政处罚。处罚的内容包括：

责令停止违法行为，给予警告，没收违法经营的出版物及违法所得，违法经营额1万元以上的，并处违法经营额5倍以上10倍以下的罚款；违法经营额不足1万元的， 可以处5万元以下的罚款。情节严重的，责令限期停业整顿或者由原发证机关吊销许可证。

（五）对违规委托印刷（或复制）行为的惩戒

出版单位委托未取得出版物印刷（或复制）许可的单位印

刷（或复制）出版物的，由出版主管部门予以行政处罚。处罚的内容包括：

没收违法经营的出版物及违法所得，违法经营额 1 万元以上的，并处违法经营额 5 倍以上 10 倍以下的罚款；违法经营额不足 1 万元的，可以处 5 万元以下的罚款。情节严重的，责令限期停业整顿或者由原发证机关吊销许可证。

（六）对实施其他违法行为者的惩戒

有下列违法行为之一的，由出版主管部门责令改正，给予警告；情节严重的，责令限期停业整顿或者由原发证机关吊销许可证：

出版单位、出版物发行单位、出版物进口经营单位变更原登记事项，未依照国家规定到出版主管部门办理审批、变更登记手续。

出版单位未将其年度出版计划和重大选题上报备案。

出版单位未依照国家规定送缴出版物样本。

印刷或者复制单位未留存备查的材料。

出版进口经营单位未将其进口的出版物目录报送备案。

出版单位擅自中止出版活动超过 180 日。

出版物质量不符合有关规定和标准。

（七）对出版管理部门工作人员违法行为的惩戒

各级出版主管部门的工作人员在履行职权、开展管理活动中，应严格依法办事，认真负责，公正无私，不得滥用职权，玩忽职守，徇私舞弊，否则将受到行政处分或刑事处罚。

《出版管理条例》第六十条明确规定："出版行政主管部门或者其他有关部门的工作人员，利用职务上的便利收受他人财物或者其他好处，批准不符合法定条件的申请人取得许可证、批准文件，或者不履行监督职责，或者发现违法行为不予查处，造成严重后果的，依法给予降级直至开除的处分；构成犯罪的，依照刑法关于受贿罪、滥用职权罪、玩忽职守罪或者其他罪的规定，依法追究刑事责任。”

思考题

1．什么是出版管理？实施出版管理依据的法律规范有哪几类？

2．我国出版管理的基本制度是什么？

3．我国对出版、印刷、发行单位的设立实行什么制度？出版、印刷、发行单位的变更和注销应办理什么手续？

4．出版专业职业资格制度的基本要求有哪些？国家对已经获得出版专业职业资格的人员有哪些管理措施？

5．责任编辑岗位准入制度包括哪些内容？

6．出版单位年度核验制度包括哪些内容？

7．什么是年度出版计划备案制度？其要点有哪些？

8．出版物内容管理制度的具体要求是什么？

9．出版物质量管理制度包括哪些内容？

10．出版物质量监督检查的内容和方式是什么？对出版物质量的奖惩措施有哪些？

11．出版物样本送缴制度的主要内容是什么？

12．委托印刷或复制出版物应该注意哪些问题？

13．对出版物发行的管理主要有哪些规定？

14．对出版活动有哪些保障、扶持措施？这些措施各有哪些具体内容?

15. 党和政府及行业协会对优秀出版物、出版单位和个人各有哪些褒奖措施?

16. 违反国家有关出版活动的规定应受到哪些惩戒?

第五章　出版社经营管理

重点提示：出版社经营管理的含义，出版社经营的目标和决策，出版社管理的职能、种类，出版社管理信息化。出版社计划的作用，出版社计划管理的内容。质量是出版社的生命线，出版社的图书质量管理制度，对图书质量社会监督机制的重视。出版社以全员劳动合同制为基础的用人制度，出版社的专业技术职务岗位聘用制度，出版社的岗位培训和人力资源开发，出版社的分配激励机制。出版社财务管理的目标和内容，出版社的成本管理，出版社的纳税管理。出版社的发行渠道建设和客户管理。

第一节　出版社经营管理概述

经营和管理是维系出版社生存和发展的重要活动，二者紧密联系，不可分离。实践中出版社经营管理的内容十分丰富。本章仅从出版专业技术人员实际工作的需要出发，简要讲述其中的一些主要内容，并且为了表述简练凸显主题，大多是就图书出版社而言，但其中的基本原则和方法等，对其他出版物的出版单位也大致适用。

一、出版社经营管理的含义

出版社的经营管理是出版社根据党和国家的出版方针，适应消费者的需求和出版物市场的变化，采取相应对策，以取得良好社会效益和经济效益为目的，筹划、配置资源，组织出版物生产与销售等一系列活动的总称。它由经营和管理两个部分组成。

经营，是指出版社依据外部环境和自身条件，确定发展目标、工作方针，进行资源配置、市场开发、营销推广，确立运行的体制和机制以取得效益的活动。

管理，是指为完成经营目标，保证经营活动正常进行并取得良好效益所进行的领导、组织、计划、协调和控制活动。

我国出版社的经营管理，既有一般企业的共同性，又有意识形态方面的特殊性；既要在党和国家出版方针的指导下，符合社会主义精神文明建设的要求，又必须遵循市场经济规律，在市场竞争中生存与发展；既要富有经营活力，又必须保证导向正确，坚持为人民服务、为社会主义服务的方向，把社会效益放在首位，社会效益和经济效益相统一，实现经济效益的最大化。

二、出版社经营的目标和决策

出版社经营要有正确的目标和为达到此目标而施行的科学决策。

（一）出版社经营目标

经营目标是指企业在一定时期内根据主、客观条件制定的生产经营活动希望达到的预期效果。一个正确目标的确立，有利于统一全体员工的思想，激励他们充分发挥自己的积极性和创造性，从而成为企业前进的推动力；有利于有效配置企业的各种资源，合理协调各部门高效率地工作，按照共同目标的要求发挥作用。

多出优质图书，形成特色、创出品牌，不断提高社会效益和增强经济实力，是出版社经营的基本目标。按照这个基本目标，每个出版社都应该按照自己的实际情况和市场的需求，制订阶段性的经营目标体系。

出版社经营的目标体系主要包括下列几个方面。

1. 社会效益

出版社社会效益是指通过以图书为主的出版物和与出版相关的活动，对社会产生的正向价值和影响。出版社领导和员工要在社会效益方面有明确的追求，自觉承担“举旗帜、聚民心、育新人、兴文化、展形象”的使命任务，建立健全确保把社会效益放在首位、社会效益和经济效益相统一的体制机制，传承优秀文化，建设和发展先进文化，保持出版社健康持久发展。

2. 出书定位

出版社要准确确定自己的目标市场，也就是说，要确定谁是自己所出版图书的主要读者，明确自己所出版图书的主要市场领域在哪里。

3. 出书规模和结构

出版社要确定合理的出书规模和结构。出书规模体现为目标期内的出书总品种数、总字数和总印量。出书规模的合理，是指出书规模要与出版社的出版能力，尤其是编校能力相适应。出书规模过小，会导致出版能力闲置，市场占有率低，管理成本相对偏大；出书规模过大，出版能力跟不上，要么达不到计划目标，要么被迫缩减工序、粗制滥造，以牺牲质量来维持数量上的虚假繁荣。两者都不可取。

出书结构包括出书门类比例和门类中各个层次的比例，初版书、再版书和重印书各占的比例，重点图书与一般图书的比例，各类书的赢利能力及其占出版社总销售收入的比例，等等。合理的出书结构，是出版社保证图书整体质量的关键，是出版社进行渠道建设和市场推广的保障，也是出版社实现社会效益、经济效益的基础，还关系到出版社的品牌形象。

4. 市场占有率与品牌形象

出版物在市场中所占份额的提高，意味着市场占有率和品牌地位的提升，这是出版社经营目标的重要方面，是出版社核心竞争力的反映。

市场占有率指标包含发行总码洋、销售总收入、在售品种数、目标市场占有率等各方面。

品牌形象指出书的总体特色及其品位，市场竞争的优势领域，标志性、代表性的名家名作和相关品牌活动等在消费者中的形象地位，以及出书质量等级、出版社评估等级等。

5. 赢利能力

作为企业的出版社，其经营目标是把社会效益放在首位，同时还必须获得经济效益，实现社会效益和经济效益相统一，争取经济效益的最大化。企业经济效益的状况通常体现在规模与赢利能力上，以销售收入、利润、利润率、资产保值增值率等指标来衡量。

6. 发展速度

根据市场的机会、风险与自身的优势，确定目标期内出版社的发展速度，是出版社经营目标的又一重要方面。

发展速度指标有年出版品种增长速度、经济效益增长速度、出版规模扩大的水平、产品开发和创新的水平、管理和技术能力优化的程度、员工工资和福利待遇提高的程度等。

7. 人力资源开发

出版社发展的最重要因素是其自身的人力资源。因此，人力资源的开发、提升和有效使用，也是出版社经营管理目标的一个重要方面。

人力资源开发的指标有各类人员的合理结构比例、高水平专业人员的比例、员工队伍整体素质的提高、员工培训费用的投入、人员流动比例，等等。

（二）出版社经营决策及其步骤

经营决策是企业为了实现经营目标对资源进行优化配置的战略选择。决策就是要在众多方案中选择最优的方案。出版社的经营决策就是对关于出版资源配置的数种可选择方案进行比较、分析和研究，从中找出最能实现综合经营目标的合理方案，即最优方案。

经营决策受外部环境和内部条件的制约。外部环境有政治环境、经济环境、文化环境，以及受其影响的图书市场环境；内部条件主要是自身的资源状况、阶段特征、发展方向等。

为保证决策的科学性，出版社的经营决策活动必须按照出版业自身的规律有序进行。

决策过程一般包括确定目标、明确问题、找出原因、收集分析数据、提出方案、方案评价与选优、方案实施与监控七个步骤。无论是出版社发展战略的宏观决策，还是每个出版项目的微观决策，无论是简单的决策，还是复杂的决策，这七个步骤都是适用的。

三、出版社管理的职能和种类

出版社要实现有效的管理，必须建立恰当的组织形式，明确管理的职能和种类。

（一）出版社管理的基本职能

出版社管理的基本职能有领导职能、组织职能、计划职能、控制职能等。它们的作用在于协调组织活动以实现出版社经营目标。

领导职能主要表现为通过指导、激励和沟通，统一思想、协调步伐、化解矛盾，引导员工朝着经营目标的方向努力。

组织职能主要表现为界定各部门职权，组织编辑部门、设计部门、校对部门、出版部门、发行营销部门与其他相关部门的人员，既分工又协作地去完成为实现经营目标而必须完成的各项任务。

计划职能主要表现为对未来活动进行筹划，以引导出版社各项工作和谐、有序地进行。

控制职能主要表现为通过监控经营活动的过程，将实际绩效与预先设定的目标进行比较，以便及时采取措施，纠正各种偏差，保证为实现目标而进行的各项工作能够正常进行。

（二）出版社管理的种类

对于图书出版社来说，围绕图书生产和销售的所有活动都是出版社管理的内容。

1. 按管理范围划分的管理种类

按管理的范围划分，出版社管理的种类有整体管理、具体环节管理和项目管理。

整体管理是对全社性经营活动的管理，包括制订全社的选题、发稿、印制、出书、营销等计划，以及为实现这些计划应该采取的经济、组织、行政、人事、思想工作等方面的措施。它着眼于全社的整体利益，对有关的事项作通盘的安排。

具体环节管理是对具体经营活动的管理，包括对社内生产部门、销售部门和其他职能部门的具体管理，以及对图书生产全过程中各个环节的管理。

项目管理是对在规模、出版周期、重要性、组织管理创新等某方面有别于常规出版物生产全过程的专项管理，一般单独考核其效益。

整体管理以具体环节管理为基础并指导具体环节管理。如果离开了对具体图书品种、具体部门的管理，全社性的整体管理也就会成为一句空话；而对具体图书品种和具体部门的管理，必须服从全社性的整体管理。如从一个出版社的总目标来说，必须把社会效益放在首位，实现社会效益与经济效益相统一；

而对于具体的各个编辑室来说，由于所编辑图书的性质不同、服务对象不一，能从图书市场取得的经济效益也不可能相同，就要区别对待。对个别图书、个别编辑室，经济上允许保本微利甚至亏损；而对大部分图书和编辑室，则要求在保证社会效益的前提下尽量争取最大的经济效益。

2. 按管理对象划分的管理种类

按管理的对象划分，出版社管理的种类有计划管理、财务管理、生产管理、营销管理、质量管理、人力资源管理、信息管理、固定资产管理、知识产权事务管理、行政管理等。它们以经营活动的某一个方面或某一个阶段、某一个环节为对象进行管理，目的是从不同的侧面保证总体经营活动的业绩和效益达到最优化的结果。

四、出版社管理信息化

出版社管理信息化，是指利用现代信息技术建立信息网络系统，充分汇集与出版社经营管理活动相关的各种信息（既包括出版社内部、外部已经可以利用的信息，也包括出版社可能得到和利用的信息），在出版社管理的各个工作环节中予以开发和利用。

（一）出版社管理信息化的目的

出版社管理信息化是一个动态的、循序渐进的过程，其不仅仅是信息技术与出版经营管理活动的简单结合，而是信息技术与出版经营管理活动的相互融合与创新。出版社管理信息化的核心是数据平台的建设和数据资源的深度挖掘。通过信息管理系统可以把图书出版各个环节的综合信息与财务、营销、经营管理等各个环节的综合信息集成起来，形成信息和资源的共享，使出版社的信息流、资金流、物流、工作流充分并合理地集成和整合；同时利用现代的技术手段来分析寻找潜在客户，从而有效地支撑出版社的决策系统，不断提高出版社管理的效率和水平，实现资源的优化配置，达到降低成本、减少库存、提高出版效能和出版质量，进而提高出版社的社会效益、经济效益和市场竞争力。

（二）出版社管理信息化的作用

出版社管理信息化的作用主要有如下几个方面。

第一，提高出版社经营管理信息的准确性和及时性，有助于提高决策的科学化水平。

第二，促使出版社各业务流程的优化，使工作程序和管理程序更加合理，从而有助于提高出版社的快速应变能力。

第三，进一步促进出版社各类资源的合理组合与利用，在现有条件下达到最佳利用效果，从而大大提高出版社的生产经营效率和管理效率。

第四，为出版社提供一个强大、快捷的信息交流平台，共享业务信息，从而有助于出版社的创新、发展。

第五，可以大大减轻专业技术人员和管理人员的工作强度，提高出版社管理工作效率。

（三）出版社的 ERP 系统

ERP（enterprise resource planning）即企业资源计划。它是以信息技术为基础，遵循系统化的管理思想，为优化出版社的各项业务而提供的管理平台。利用 ERP 系统可以整合出版社内部、外部的各种信息资源，并将其进行合理规划，为决策者提供翔实、可靠的决策支持，从而使出版社的经营管理达到最大效益和最高效率。ERP 系统集信息技术与先进管理思想于一身，反映了时代对出版社合理调配资源、最大化地创造社会财富的要求，成为出版社在信息时代生存、发展的有效管理手段。

以往出版社多使用单一的、具有专门用途的管理软件，如财务管理软件、发行管理软件、出版管理软件等。这些软件主要用于对相应部门的原始数据进行基础管理，着重解决数据的统计、汇总和日常表单的编制。虽然这在一定程度上提高了使用部门的工作效率和数据的可用性，但由于不同部门使用不同的管理软件，缺乏统一的规划和相互的衔接，难免出现各自为政、造成信息“孤岛”的现象。其结果是数据缺乏可比性、一致性，甚至造成数据混乱，使决策无所适从。

出版社的 ERP 系统是在同一个信息管理平台上，将财务管理子系统、编辑（编务）管理子系统、出版管理子系统、发行管理子系统衔接在一起，统一、规范各子系统的品种名称、客户信息、版次、印次、出库入库数量、人财物等重要数据的选取口径，为数据共享与分析提供了可能，改变了过去那种由于信息不对称造成的盲目决策、相互闹矛盾的现象。在实际工作中，由于财务与各项业务数据的共享，形成了出版社信息化建设中的一条完整信息链，为解决部门核算、单品种核算与实施出版社生产经营全过程的业务和财务管理，提供了最终的解决方案。因此，出版社实施 ERP，既是自身发展的需要，也是适应市场竞争对其提升管理水平的要求。

第二节　出版社计划管理

出版社计划主要是指出版物的生产与经营计划。就图书出版社而言，便是图书的生产与经营计划。这是图书出版社根据既定的经营目标要求，从各个方面对整个图书生产与经营所作的全面安排。

一、出版社计划的作用

出版社通过制订计划，可以统筹安排全社的图书生产和市场销售，确保实现预定目标。如通过分析各项计划数据，合理确定结存选题与年出书品种的比例关系，重点选题与一般选题的比例，引进版图书与原创图书的比例，图书各类别和各产品线之间的比例，图书销售周期与印数、库存的关系，纸张的品种、库存与购置节点，营销宣传的方式、手段与费用的比例，等等，并相应地做好全局的协调平衡与人力、物力、财力等方面的保障。

出版社计划的具体作用体现在以下几方面。

（一）优化出书结构

出书结构反映出版社所生产图书的各种比例关系，包括品种结构比例，门类结构比例，重点书与一般书、大型书与中小型书的比例，初版书、再版书和重印书的比例等。

这些比例关系应该体现在出书的品种数量、印数、印张数量、总定价、利润、利润率等指标中。出版社要根据确定的经济目标和追求的方向，分清主次、轻重、缓急，使自己的产品结构符合自身的实际情况，达到最优。

（二）确定出书规模

出书规模的大小不仅取决于市场的需求，更取决于出版社自身的能力；而出版社的能力又不仅受到作者队伍和出版专业技术人员队伍的制约，还受到出版社的品牌、出书方向、销售渠道、资金等各方面条件的制约。

计划的制订就是要使出版社在保证出书质量的前提下合理安排出书规模、出书时间、出书周期，合理调整各类图书的比例关系。建立在正确估量人、财、物等资源基础上的计划，可使出书规模和发展速度更切合实际。

（三）保证时序进度

随着市场竞争的日益加剧，出版社的出书进度成为影响图书出版后市场表现的重要因素之一。

计划的制订，可以使出版社出书进度提前得到规划和安排，阶段、步骤清楚而紧凑，从而使图书的三审三校、下厂印制、入库发货及后续的营销推广等得到基本保障。

（四）全面整合营销

营销的核心是提高读者和市场的满意度，扩大市场份额。因此，市场营销必须依靠出版社内部各个部门的彼此协调，才能达到理想的目标。

计划的制订，可使出版社的编辑、校对、技术编辑、发行营销人员在从选题策划、读者定位、作者选择、整体设计、用纸备料、定价策略、广告宣传到销售地区和销售方式的选择等环节中，都能确立明确的营销意识和阶段性目标，从而使每个环节都成为整个营销链条中的有机组成部分。

（五）协调全社行动

计划是出版社管理的依据和前提。它可使出版社的员工了解一定时期内出版社经营的目标和实现目标的措施，共同按既定的程序要求、质量标准和时间进度进行工作，以保证经营目标的实现。同时，也便于出版社领导根据外部环境的变化及时协调内部各环节的工作。

二、出版社计划管理的内容

根据所订计划涉及时期的长短，出版社的计划可以分为中长期的（三年、五年、十年甚至更长）、年度的、季度的或月度的，而年度计划是重点。根据计划的类型，则可以分为编（选题、发稿）、印（印制、出书）、发（销售）、财务（投入、产出）等专项计划。

（一）选题计划

选题计划是出版社一切计划的基础。

选题质量的高低直接影响出版社形象的优劣和经营效益的好坏。从经营管理的角度来审视列入计划的选题，就要在考虑选题本身的重要性和学术价值的同时，再对选题作投入产出的论证。论证的内容包括投入的直接费用、间接费用和期间费用，生产数量，赢利水平等。

选题计划有年度计划和中长期计划两种。

1. 年度选题计划

年度选题计划包括出版社打算在某一年度正式实施的选题品种。它的可操作性强，要列出选题名称、作（译）者、字数、估计印数、责任编辑、交稿时间、发稿时间、出书时间等。

年度选题计划同出书计划、发稿计划、印制计划一起，成为出版社一年的生产计划。一般情况下，年度出书计划应完成70%以上（其中重点书计划完成比例应更高些），再加上补充选题计划，才能确保年度总体目标的实现。

2. 中长期选题计划

中长期选题计划又称为“选题规划”，一般有三年规划、五年规划，而出版大型工具书或丛书的出版社需要制定十年乃至更为长远的规划。

中长期选题计划中的选题，可以是正在撰稿的，也可以是准备组稿的，一般为大中型的、比较稳定的、需要用比较长的时间来准备的项目。由于期限比较长，就要随着形势和条件的变化而不断调整、不断补充。

中长期选题计划要综合考虑出版社现有选题的方向及其增补，拓展的方向与规模，重点图书的修订再版，等等。这是今后各年度选题计划制订的基础，也是编辑策划选题的目标与审批选题的重要参考。中长期选题计划的项目，有选题名称、作（译）者、主要内容、实施部门、预计出版时间等。它一般分类排列，也可以按出版时间排列。中长期计划中的重点项目和规模项目应当有相应的附件，详细说明该项目的学术价值、社会影响、作者队伍、经费需求等，必要时还可以附专家的评估意见。中长期选题计划应根据市场的情况、作（译）者的调整、专业编辑的储备等情况，适时作出调整。

（二）年度出书计划

出书计划是出版社为某一个年度制订的全年所准备出版图书的计划，包括初版、再版图书（再版书在生产程序上与初版书是相同的）和重印图书两个部分。出书计划除了列出初版书、再版书与重印书的总品种数，新出（初版、再版）字数，计划总印数、总印张、总定价等统计数字之外，还要有总的说明，着重阐述制订计划的依据和宗旨，分析出书结构，预测两个效益，特别是通过重点书预测社会效益。

对初版、再版图书和重印图书这两个部分，编制出书计划的方法也有所不同。

1. 初版、再版书出书计划

初版、再版书的出书计划编制，一般先由总编室将有可能在计划年度内出版的在制品（即已经发稿并进入印制加工过程的图书）和各份“图书出版合同”中规定必须在计划年度内出版的图书，以及有可能在计划年度内出版的已来稿（或即将来稿）的书稿目录进行汇总，加以合并、梳理、调整后形成年度出书计划草案，提交由社长、总编辑主持，各相关部门参加的计划论证会讨论通过后，最终确定该年度出书计划。

2. 重印书出书计划

重印书的出书计划编制，主要根据库存和市场的需求来考虑。除安排长销图书外，应着重考虑近年新出的图书和多年来未重印、市场售缺而有保留价值的图书。

3. 两部分图书比例的把握

掌握好初版书、再版书与重印书的数量比例很重要。

一般来说，重印书的比例是对出版社以往选题工作的审核。在印数合理的情况下，重印书所占比例越高，说明选题工作越好。重印书的成本低、出书周期短、市场认可度高，重印书越多，经济效益就越好。然而，重印书也是由初版书、再版书而来的，在安排初版书、再版书的时候，就要考虑其是否有重印的潜力。初版书、再版书太少，会在图书市场上使读者对本出版社产生

“品种陈旧”的印象，也会使出版社缺乏活力和后劲。

（三）发稿计划

发稿计划是出版社为某一个年度制定的列有全年准备发交印制加工的全部书稿的计划。

1. 发稿计划的编制

编制发稿计划时一般先由各编辑室根据来稿和组稿情况，将有可能在计划年度内完成编辑工作的书稿目录报给总编室，再由总编室汇总、梳理，编制成整个出版社的发稿计划。

发稿计划偏重于介绍图书主要内容、说明发稿时间和估计字数，不需要填写印张等项目。

2. 发稿计划与出书计划、选题计划的关系

就同一年的出书计划和发稿计划来说，当年发稿、当年出书的书稿在两个计划中是重合的；上一计划年度发稿而本计划年度出书的书稿，或本计划年度发稿而下一计划年度出书的书稿，在两个计划中都是不重合的。

从出书计划中，可以看出出版社在本计划年度中的生产经营大体情况。从发稿计划中，可以看到出版社在下一计划年度中的部分生产经营情况。从选题计划中，则可以看到出版社长远的生产经营大体情况。这样，就形成了出书计划、发稿计划与选题计划的“梯队”结构。

（四）印制计划

印制计划是根据出书计划、发稿计划制订的生产计划。

印制计划要计算每一种书的字数、印张数和印数，大体确定装帧形式和用纸类别，估算全年的排版总量，印制材料用量和印刷色令数等，并要提出保证印制质量、缩短印制周期、控制印制成本的要求。

印制计划一般按时间顺序编制，并分阶段实施。

印制计划中应当有装帧设计和图版制作、排校、印订、印制材料备料等分计划。在设计、制作分计划确定以后，可以结合出书计划编制全年的印制材料备料分计划并提出招标采购方案。印制材料的规格和质地原则上要服从于图书的设计要求，但出版部门也可以根据市场情况和印制工艺提出调整建议。印制材料备料的适当、适时和节约，对于保证开印时间、出书时间、出书质量和获得效益都具有重要影响。

（五）营销计划

营销计划是关于如何将营销对象推向市场并占有更多市场份额的计划。

年度出书计划制定以后，出版社的营销对象也就明确了，即计划中的全部初版书、再版书与重印书，再加上库存的其他图书。紧接着就应制订营销计划。

营销计划应包括全年宣传推广活动安排、全年广告投放安排、全年图书销售计划等。其中图书销售计划又应包含图书发货指标，退货率控制的指标，初版书、再版书和重印书的发货比例，上架率的提高，销售网点的拓展，发行折扣率策略等内容。

（六）财务计划

出版社在年度或其他计划期间的经济效益，最终要通过以货币反映的有关财务计划来加以体现。

出版社确定年度生产计划时必须要考虑有相应的财务计划与之相配合。财务计划包含两方面内容：一方面是保证全年生产计划的财务计划；另一方面是就针对每个具体项目的专门财务计划。在预测和实现经济效益时，要从财务上设计投入产出计划、现金流转计划、融资计划等，以供决策或确定实施方案时参考。还要从市场经营现状做好年度、季度、月度回款计划，保证日常生产经营活动的稳定性和科学性。

（七）发展计划

发展计划是出版社根据选题、出书、营销及相关计划制定的年度增长计划及中长期发展计划。

年度增长计划主要包括年度出书规模、发货码洋、年度回款目标、效益增长指标等。中长期发展计划是对出版社在较长时期内的经营规模及水平、人才建设及品牌影响力等方面的计划，明确出版社的战略目标，同时也为编制年度增长计划提供依据。

第三节　出版物质量管理

各类出版物的质量管理，虽然在具体方式上可能有所不同，但是在总的原则、要求、任务等方面则是一致的。因此，本节所述内容，虽然以图书质量管理为中心，也基本上适用于其他出版物的质量管理。

图书质量包括两个方面。一个方面与图书所载内容和编校质量有关，涉及图书在政治性、思想性、科学性、知识性、艺术性、结构合理性、语言文字规范性等方面的表现；另一个方面与图书的形式有关，涉及图书在整体设计、印制、材料等方面的表现。

对图书质量的全面管理，应该同时包括上述两个方面。同时，由于图书的社会影响主要是通过所载内容和编校质量来体现的，对图书质量的管理应该以前一个方面为重点。本节主要介绍对图书内容和编校质量的管理，有关图书在整体设计、印制、材料等方面的质量管理，在《出版专业实务·中级》的有关部分介绍。

一、质量是出版社的生命线

任何产品都有质量要求。图书兼有精神产品和物质产品属性，不同于一般物质产品，对质量有更高要求。

高质量的图书能够净化人的灵魂，提高人的品位，鼓舞人奋发向上；能满足人学习科学知识和技术的需求；能给人学习和工作提供有益的帮助；能美化和充实人的生活，给人带来愉悦和满足。政治导向错误、思想品位低劣的图书，则会对读者造成伤害，甚至诱发犯罪。有一种形象的说法：“一颗子弹只能打死一个人，而一本坏书可以毒害一批人。”即便图书中存在一般的知识性错误、科学性错误或者语言文字差错等，也同样会误人子弟、遗患无穷。

高质量的图书能够传之久远。从古到今，出版的图书不知有多少，但是真正能够传之于世、经久不衰的，只是那些经得起历史考验的高质量图书。质量平庸、低劣的图书会被时间无情地淘汰。

高质量的图书能够体现出精神产品的丰富价值。一本高质量的图书，就是一份营养价值很高的精神食粮，有很高的使用价值和文化积累价值，同时还可具有观赏价值和收藏价值，能哺育一代又一代人茁壮成长。

高质量的图书能够获得“双效益”，有利于树立出版社的良好形象。一个出版社能否在社会上和读者心目中树立起良好的形象，并不仅仅在于出了多少书和赚了多少钱，主要还在于出了多少高质量的图书。一个出版社如果大量出版格调不高的图书，即使在一段时间内赚了钱，但同时也给出版社抹了黑，导致声名狼藉，甚至被社会摈弃。所以说，图书质量是出版社的生命线。

为保证出版物质量，出版主管部门发布《图书出版单位社会效益评价考核试行办法》《网络文学出版服务单位社会效益评估试行办法》《新华书店社会效益考核评价办法》《图书质量保障体系》《图书质量管理规定》《报纸期刊质量管理规定》等规章。《试行办法》明确规定了出版单位社会效益考核的出版质量、文化和社会影响等评价指标和评分标准。特别是在《图书质量保障体系》《图书质量管理规定》和《报纸期刊质量管理规定》中，对如何保证图书、报纸和期刊质量作出了许多明确、具体的规定。这些规范性文件反映了出版工作的客观规律，体现了国家和广大消费者的利益和要求。实践证明，只有坚决贯彻这些规范性文件，出版物质量才能得到有效保证。因此，出版社应该牢固树立“质量是出版社的生命线”的办社理念，遵循国家规定，建立并健全有关出版物的质量保障机制和体系，建立并认真执行一系列相关制度，充分重视社会对出版物质量问题的反映并作出改进，为社会不断提供高质量的出版物。

二、出版物质量管理措施

建设和落实各项相关管理制度，是出版社图书质量管理的主要措施，对图书质量起着关键性作用。各出版社都必须坚持执行的图书质量管理基本制度主要有八项，另外还有几项适用于某些特殊情况的制度。

（一）选题集体论证制度

图书质量首先取决于选题质量。选题质量把关要靠建立并坚持执行选题集体论证制度。

个人的知识范围和判断能力总是有限的，建立选题集体论证制度对各种选题进行论证，能集思广益、群策群力，围绕出版社的长期规划与现有选题方向、拟拓展方向、既有品牌特色和发行渠道，以民主和集中相结合的论证方法共同把好选题关。

（二）选题报请审核备案制度

每年拟实施的选题，要列入年度出版计划，并经出版社主管部门、省级宣传部门审核后，报中宣部备案。年度选题计划备案后的任何新增选题，都必须补报备案。

列入备案范围内的重大选题，图书、期刊、音像制品、电子出版物出版单位在出版之前，应当报中宣部备案。未经备案批准的，不得出版发行。此处的重大选题，指涉及国家安全、社会稳定等方面内容的选题。

（三）三级审稿责任制度

三级审稿责任制度，是我国出版业长期以来行之有效的审稿制度，必须始终坚持。初审、复审和终审，三个环节缺一不可。三审环节中，任何两个环节的审稿工作不能同时由一人承担。不同审稿者的意见可以互相补充，从而使审稿意见更加全面深刻，更加符合原稿的客观价值。在三审过程中，始终要严把政治关和政策关，同时切实检查稿件的科学性、艺术性和知识性问题。

只有三审之后，才能对稿件正式作出处理。

（四）责任编辑制度和编辑持证上岗制度

图书的责任编辑由出版社指定，必须由具备出版专业中级及以上职业资格并已持有责任编辑证书的技术人员担任。

责任编辑除负责稿件的初审工作外，还要负责稿件的加工整理（包括督察助理编辑或其他编辑的加工质量）和校样的通读工作，负责对整体设计、排版、校对、印制等环节的质量进行监督。

责任编辑的职责是：使稿件的内容更完善，不仅做到不留原则性错误，而且还要在原有基础上有所提高；使体例更严谨、材料更准确，没有一般技术性差错；使语言文字更通达，逻辑更严密。

为保证图书质量，也可以根据稿件情况，适当增加一种图书的责任编辑人数。

因为编辑工作是出版工作的中心环节，而责任编辑在保证图书质量上尤其具有关键的作用，所以，拟担任责任编辑的技术人员，必须具备出版专业中级及以上职业资格，并按国家有关规定履行责任编辑注册手续，才可持责任编辑证书上岗，担任某种图书的责任编辑。

未持有责任编辑证书的人员，不能担任任何图书的责任编辑。

（五）责任校对制度和“三校一读”制度

校对是出版流程中不可缺少的环节，直接影响图书的出版质量。出版社要配备足够的具有出版专业职业资格的专职校对人员，认真执行这两个制度的具体规定。这样才能做好校对工作，保证图书成品的质量。

（六）出书后的评审制度

出版社要设立专门的图书质量评审部门或人员。

评审部门应由具有出版专业高级职业资格的编辑人员和技术编辑人员组成，定期对本社新出版图书的质量进行认真的审读、评议。

出版社应根据评议结果，对相关责任人员奖优罚劣。

（七）其他几项制度

上述各种制度是各出版社在任何时候都应执行的，具有普遍性。此外，还有一些个别性的、在某些较特殊情况下执行的制度。

1. 重要选题图书外审制度

外审是指将书稿送请本出版社以外的有关部门或专家审读。按照这项制度的要求，需申报备案的重大选题稿件，出版社应该送请有关主管部门审定其中的重大政策问题、涉外问题等；学术性、专业性特别强的选题，若本出版社的编辑觉得单凭自己的水平难以把握稿件内容的正确性，出版社也需要送请社外的有关专家审阅。

2. 各学科交叉审读制度

各学科交叉审读制度是指由各学科的编辑互相交换审读稿件。它多适用于大型工具书选题。因为大型工具书往往会有各学科的交叉问题（如百科性辞书中的某些条目就可能涉及知识跨度极大的诸多学科），通过各学科编辑的交叉审读并各有侧重地把好专业知识关，可以避免或大大减少稿件中重复、遗漏或相互矛盾等问题。

3. 专家通读制度与专项检查制度

专家通读制度是指聘请各方面专家对按学科分别进行编辑加工整理的稿件合编在一起后作全面的或跨学科的专门检查。这一制度对确保大型工具书的编校质量尤其必要。因为原来分学科处理的稿件，相互间肯定有许多不统一、不平衡、欠呼应的地方，其他方面也难免有遗漏，这些都需要专家在通读合编在一起的书稿时发现和解决。

此外，还需对一些涉及全书各学科的内容进行专项检查，如《辞海》的专项检查内容就有字形、注音、中国古今地名、外国古今地名、外文、译名、图片、图名、图注、参见系统等项目。

三、高度重视社会监督机制的作用

图书是为适应社会的文化需求而生产的，并在社会生活中实现自己的功能。图书质量的好坏、高低，可通过社会的检验得到及时、准确的评估。所以，社会监督机制是保障图书质量的重要组成部分，也是图书质量管理十分有效的途径，出版社应该高度重视社会监督机制的作用。

社会监督机制通常包括出版行业协会监督、其他社会团体监督、读者监督和社会舆论监督等方面。

中国出版协会、中国编辑学会、中国期刊协会、中国音像与数字出版协会、中国版权协会、中国书刊发行业协会、中国图书评论学会、中国印刷技术协会，以及其他专业协会和各地相应的团体，能根据自身特点建立和完善行规行约，从保护会员合法权益和督促其履行应尽义务的角度，在图书质量保障方面做好调研、咨询、协调、监督、检测、反馈等工作。如由各出版行业协会协助出版主管部门进行各种优秀出版物奖的评选；中国出版协会承担对图书出版社等级评估的工作；各省市印刷技术协会的图书印装质量检测中心，每年以抽查方式对印刷厂的印装质量作出评价，等等。

其他各种群众团体、学术组织集中了社会各方面的人才，代表着社会上广大群众的利益，能反映各阶层群众的呼声。紧紧依靠这些群众团体、学术组织，与之建立固定的联系渠道并主动征求、随时听取对提高图书质量的意见、建议，对图书质量管理大有裨益。

广大读者是对出版物进行社会监督的主要力量和社会基础。充分重视和发挥读者的监督作用，认真对待读者对图书质量问题的投诉。本着实事求是、真诚负责的态度解决读者投诉提出的问题并予以回复，是出版社应尽的义务。对不合格的图书，要坚决按有关规定处理。

社会各界人士通过各种媒介对图书质量发表的意见，出版社要予以高度重视，认真研究，尽可能采纳其中的合理意见。

第四节　出版社人力资源管理

出版社的人力资源由专业技术人员、管理人员和工勤人员等构成，而以专业技术人员（包括出版专业技术人员和财会、图书情报、档案管理、经济等其他专业技术人员）为主体。编辑、校对、技术编辑、发行等直接从事出版物生产经营的人员，一般占出版社总人数的大多数。

出版社的人力资源管理要符合出版单位的特点，符合专业技术人员、管理人员和工勤人员的各种岗位要求，实现制度化、科学化，从而形成人员能进能出、职务能上能下、待遇能升能降、优秀人才能脱颖而出、充满生机与活力的用人机制。

一、以全员劳动合同制为基础的用人制度

全员劳动合同制的基本特征是科学设岗、平等竞争、全员聘用、严格考核、合同管理。其中的全员聘用制是基本的用人制度，通常包括以下几项具体制度。

（一）劳动聘用制度

劳动聘用制度的要点，是企业与员工按照平等自愿、双向选择、协商一致的原则，订立劳动合同来确定出版社与劳动者的人事关系。

出版社与劳动者之间建立聘用与被聘用劳动关系应该按照国家有关法律法规订立劳动聘用合同，明确双方的义务和权利。

依法订立的劳动合同具有法律约束力，用人单位与劳动者都应当履行劳动合同约定的义务。

劳动聘用合同的主要内容有：双方建立聘用和被聘用劳动关系的意愿，聘用期限（分固定期限、无固定期限和以完成一定工作任务为期限），工作内容（即聘用从事哪类工作），劳动报酬（包括工资、奖金、福利待遇的分配形式），劳动保护和工作条件，工作纪律，合同终止条件，违约责任等。

推行劳动聘用制度，可以公开、公平、公正用人，既促进出版社自主用人，也保障劳动者自主择业，维护双方的合法权益。

（二）岗位聘用制度

岗位聘用制度根据公开、平等、竞争、择优的原则，强调竞争上岗、双向选择、因岗用人、择优聘用。

岗位聘用制度的要点是明确员工的具体工作岗位和相应的责、权、利。为此，应该科学、合理地设置岗位，明确不同岗位的职责、权利和任职条件，并以出版社与员工签订岗位聘用合同的形式予以确定。

岗位聘用合同的内容一般有岗位名称，聘任期限，对文化程度和专业技能的要求，工作的质量和数量要求，劳动报酬，工作纪律，工作条件，变更合同的条件，违约责任等。

实施岗位聘用制度，要对聘用人员进行定期考核，并依据考核结果决定具体人员的上岗、续聘、晋升或下岗。

（三）选人用人公开招聘和考试制度

出版社由于发展的需要，或员工自然减员和人员流动，经常需要引进新的人才。实行选人用人公开招聘和考试制度，有利于规范选人用人的程序和做法，把优秀人才吸引进来。

选人用人的公开招聘，可以委托人才市场中介机构进行，也可以通过各种人才交流活动（如人才招聘会、人才交流洽谈会、人才竞聘会、高校毕业生“供需见面会”等）进行，还可以在各类媒体上发布相关信息来进行。

在经过一定形式的考试后，出版社应向符合要求的应聘人员如实说明工作内容、工作条件、工作地点、职业危害、安全生产状况、劳动报酬，以及劳动者要求了解的其他情况；出版社有权了解应聘人员与劳动合同直接相关的基本情况，应聘人员应当如实说明。如双方能就各自的权利和义务达成一致，建立劳动关系，应当订立书面劳动合同。

二、专业技术职务岗位聘用制度

专业技术职务岗位聘用制度的特点是将任职资格与用人单位的具体聘用分离。以出版专业初、中级专业技术职务的聘任为例：专业技术人员通过了全国统一的出版专业职业资格考试并获得了资格证书，就表明其已具备出版专业相应岗位的任职资格；用人单位可根据相应岗位的空缺与否、具体岗位工作要求、应聘者实际能力等，通过竞争上岗方式聘任相应的专业技术职务岗位。

专业技术职务岗位的聘用取消终身制，用人单位聘用时需规定聘用时间。聘用期满，根据工作实绩的考核结果再决定是否续聘。

实施专业技术职务岗位聘用，要注意两个问题。

（一）坚持科学的结构比例

专业技术人员的高级、中级和初级技术职务岗位的设置，应该有科学的比例。

（二）有明确的专业技术岗位职责要求

在一定结构比例范围内设置各级专业技术职务岗位，要以承担任务的实际需要为依据，对每个岗位的职责作出明确规定。这样才能充分发挥各个岗位的作用，使整个出版社的人力资源形成一股合力，努力实现出版社的经营目标。

三、岗位培训和人力资源开发

出版社需要采取各种措施，不断提高从业人员的整体素质，其中主要是对从业人员进行岗位培训和继续教育。岗位培训主要是对员工按岗位需要进行定向培训，目的是为了提高员工的政治素质和履行岗位职责所必备的工作能力、业务知识。培训要坚持学以致用、按需施教、注重实效的原则，注重实务能力的培养和提高，注重应用性知识的充实。根据国家规定，出版专业技术人员每年应参加 72 学时的继续教育学习。出版社人力资源部门要认真组织、安排。

出版单位要做好人力资源开发。在科学技术飞速发展的今天，传统的出版理念和手段都受到巨大的冲击。出版社原有的经营管理模式发生了很大的变化。出版社要在市场竞争中取胜，要走融合发展之路，要实现经营管理的现代化，就必须充分重视人力资源的再开发，将人力资源放在非常重要的位置，要有专门的人才培养教育资金预算，要有明确的人才培养计划，千方百计提高员工的素质，激发员工的积极性，增强员工的凝聚力，培养员工的献身精神。这是出版社获取竞争优势，提高核心竞争力的关键所在。

四、形式多样、自主灵活的分配激励机制

出版社的工作效率和工作质量虽然与多种因素有关，但最终还是取决于员工的素质。在社会主义市场经济条件下，市场的竞争归根结底是人才的竞争。因此，出版社特别需要建立一个开放型、创新型、竞争型、复合型的高素质人才群体，才能有效地适应市场，在激烈的市场竞争中立于不败之地。

要留住人才，用好人才，应该实行有效的分配激励机制。要贯彻按劳分配与按生产要素分配相结合，效率优先、兼顾公平，重实绩、重贡献，向优秀人才和关键岗位倾斜的精神，建立以考核结果为依据的分配制度。

出版社的分配制度有多种形式，如实行岗位工资制；采取固定工资与效益工资相结合的分配方式，其中效益工资按照完成工作任务的数量和质量，创造社会效益和经济效益的实绩进行考核分配；实行年薪制，按照确定的目标进行考核分配；重奖突出贡献者；等等。

此外，还要用好各种激励办法。人尽其才，才尽其用，及时发现和选拔合适的人才到合适的岗位上，让优秀的人才有施展才能的空间，是一种激励；通过评选，给予各种荣誉称号和奖励，也是一种激励；图书出版单位负责人薪酬与包括社会效益考核在内的综合绩效考核结果挂钩，职工工资总额的确定同时考虑社会效益与经济效益考核情况，同样也是一种激励。分配和激励的有效结合，有利于调动方方面面的积极性。出版社要根据自身的情况和特点，采取灵活多样的分配机制和激励办法，充分体现分配杠杆的调节作用，为出版社的快速健康发展注入活力。

第五节　出版社财务管理

在社会主义市场经济条件下，出版社要依法自主经营，自负盈亏；要通过市场竞争来降低成本、扩大销售，以提高效益；还要对国有资产承担保值增值责任。因此，出版社必须建立符合市场经济特点、富有活力的财务管理模式，提高市场竞争能力，增强自我发展能力。

一、出版社财务管理的目标和内容

财务管理是出版社管理的重要组成部分。财务管理的目标离不开出版社的总目标，财务管理的内容则体现于出版社为达到财务管理目标而进行的各项经营管理活动中。

现代企业制度要求企业的经营者在经营管理中保证资本得到保值增值，因此，出版社经营管理的总目标是企业效益的最大化。在坚持把社会效益放在首位，社会效益和经济效益相统一的前提下，出版社财务管理的目标应是经济价值最大化。基于出版社财务管理的目标，财务管理的内容主要包括筹资、投资和剩余分配三个方面。

筹资是指资金的筹集活动。出版社的资金来源一般有权益资本和借入资本两种。目前，作为国有单位的出版社，其权益资本是国家投入或增拨的资本，借入资本是债权人提供的信用和贷款。后者是出版社现在筹资的主要对象。

投资是指以收回资金并取得收益为目的的资金流出。企业投资一般分为长期投资和短期投资。对于图书出版的投资，一般属于短期投资，按出书计划掌握和控制，并由财务部门考核其资金回收期。卷帙浩繁、出版周期特长的大型辞书、成套书、丛书等，由于投资涉及的时间长，风险大，决策时必须考虑货币的时间价值和投资的机会成本，以提高投资效益和降低投资风险。

剩余分配是指出版社对经营活动纯利润的分配。使用这部分资金需要做出预算分配方案，一般用于弥补以前年度的亏损与提取法定公积金、法定公益金和其他公积金等。

二、出版社的成本管理

企业的基本经济活动是策划、生产和销售产品。生产产品的过程，同时也是耗费过程。生产中的耗费包括劳动对象（如原材料等）的耗费，劳动手段（如机器、设备）的耗费（折旧）和劳动力（如人工）的耗费。这些耗费就是生产经营过程中的各项支出费用。它们归集到产品中就成为直接材料费用、直接人工费用和制造费用，构成产品的成本。

出版社以图书为其主要产品，在图书的编辑、印制、发行过程中，同样要发生各种各样的耗费，如纸张材料费、排版费、印刷费、装订费、编辑费、设计费、校对费、稿费、审稿费、储运费、差旅费，等等。这些费用归集到图书中，就成为图书的成本。

对图书出版的资金耗费（投入）和图书出售后的资金回收（产出）进行比较，其差额即为图书出版的经济效益。当资金回收（产出）大于资金耗费（投入）时，经济效益为正，表现为赢利；反之，经济效益为负，即亏损。由此可见，按照出版社财务管理的目标，对图书成本加以有效管理和控制，就必然成为财务管理的中心任务。

三、出版社的纳税管理

纳税管理是出版社财务管理的一项重要内容。一方面，依法纳税是出版社的法律义务。另一方面，税金支出也是出版社的重要开支之一，在出版社的财务预算、成本核算乃至财务分析中都是不可忽略的。

出版社不仅自己须以纳税人身份依法缴纳各种税金，而且往往还要依法履行对某些税金的代扣代缴义务。

与出版社有关的税种很多，这里主要介绍与出版专业技术人员日常工作有较直接关系的增值税、所得税和附加税费等。

（一）增值税

增值税是对在中华人民共和国境内从事销售货物，提供加工、修理、修配劳务，从事进口货物的单位和个人所取得的增值额为课税对象而征收的一种流转税。我国以纳税人年销售额的大小为依据将增值税纳税人划分为一般纳税人和小规模纳税人。这两类纳税人在税款缴纳方法、适用税率和管理方法上都有所不同：对一般纳税人实行纳税抵扣法（或发票扣税法），对小规模纳税人实行简便易行的计税征收管理方法。

这里仅对作为一般纳税人的出版社缴纳增值税的情况作些介绍。

1. 增值税税率

对出版社的出版物销售收入，实行增值税优惠政策，除挂历的销售收入适用 13% 的税率外，其他出版物的销售收入采用 9% 的低税率。

2. 增值税计算中的相关项目

具体计算某个月须缴纳的增值税款时，要考虑以下几个相关项目。

（1）当期含税销售额

这是指某个月出版社销售出版物所获得的总收入。

由于增值税具有“价外税”的特点，销售时向购买方收取的价款中已经包含了国家应获取的增值税款和出版单位应取得的收入，所以这部分销售额中实际上已经包含增值税税款在内。

（2）当期不含税销售额

这是指将某个月含税销售额中所包含的增值税税款分离出去后所剩下的出版社应获取的销售收入部分。它是计算当期销项增值税税额的依据。

（3）当期销项增值税额

这是指按照当期不含税销售额和规定的增值税率计算的增值税额。

（4）当期进项增值税额

这是指出版社购进货物或者接受应税劳务时所负担（即购进）的增值税额。如同消费者为购买出版物所支付的价款中已经包含了增值税税款一样，出版社在为购买某些货物（如纸张、装帧材料等）或接受应税劳务（如书刊的印刷、装订，货物托运等）而支付费用的同时，也购进了增值税，所以，凭相应的进项增值税发票可以抵扣销项增值税额。

（5）当期累计进项增值税额

这是指当期进项增值税额与此前未抵扣完而剩余的进项增值税额之和。如某出版社在 3 月份购进的增值税额为 8 万元，而此前还有 3.5 万元进项增值税额未抵扣完，当期累计进项增值税额便为 11.5 万元。

（6）当期应纳增值税额

这是指某个月实际应该缴纳的增值税税款，即当期销项增值税额扣除当期累计进项增值税额后的差额。

3. 增值税计算步骤

出版社实际缴纳的增值税数额不能直接按销售收入计算，而是采用抵扣法计算。

计算增值税的步骤如下：

第一，计算当期不含税销售额。将当期含税销售额中所含有的增值税款分离出去，便可得出当期不含税销售额，其计算公式为：

$$当期不含税销售额=\frac{当期含税销售额}{1+增值税率} \quad (5.1)$$

第二，计算当期销项增值税额。得出当期不含税销售额后，就可利用以下公式计算当期增值税销项税额：

$$当期销项增值税额=当期不含税销售额\times增值税率 \quad (5.2)$$

第三，计算当期应纳增值税额。将按公式（5.2）计算出的当期销项增值税额与当期累计进项增值税额相抵，就可计算出当期应纳增值税额，其计算公式是：

$$当期应纳增值税额=当期销项增值税额-当期累计进项增值税额 \quad (5.3)$$

如果销项税额大于进项税额，计算结果应该是正数，该数额即为纳税单位当期实际应缴纳的税款。如果销项税额小于进项税额，计算结果应该是负数，则当期不必再缴纳税款，多余的进项税额还可以留待以后各期抵扣。

例如，某出版社2019年10月图书销售实洋（即含税销售额）为163.5万元，当月累计进项增值税额共12万元，则：

$$当期不含税销售额=\frac{163.5}{1+9\%}=150（万元）$$

当期销项增值税额＝150×9%＝13.5（万元）

当期应纳增值税额＝13.5－12＝1.5（万元）

（二）所得税

所得税是国家对法人、自然人和其他经济组织的所得课征的一类税收。又可分为企业所得税和个人所得税两种。

1. 企业所得税

企业所得税的税率为25%，以应纳税所得额为纳税基数计征，计算公式为：

应纳税额＝应纳税所得额 × 税率　　（5.4）

为了支持出版业的发展，国家目前一般将出版社上缴的企业所得税用于宣传文化发展专项资金，以一定方式返还给出版社主管部门。

2. 个人所得税

出版社除对职工的工资薪金等所得需要依法履行扣缴个人所得税（适用3%—45%的七级超额累进税率）的义务之外，还要对本社支出的各种稿酬、劳务费和其他所得依法履行代扣代缴个人所得税的义务。这里主要介绍对稿酬（包括基本稿酬、印数稿酬、一次性稿酬和版税，下同）的个人所得税扣缴要求。

（1）稿酬的个人所得税纳税基数

根据国家税务总局的规定，稿酬的个人所得税，按每个人从每个品种图书（或报刊发表的每篇文章）所取得的稿酬总收入为纳税基数计算征收。就是说，某人因某一种图书出版（或某篇文章发表）而取得的稿酬，无论是一次性获得的还是分几次获得的，都要合并累计在一起计征个人所得税。如作者甲的一部著作出版后重印 2 次，他除了获得 30 000 元基本稿酬外，还先后获得印数稿酬 1 800 元、900 元和 600 元。那么，甲从该品种图书所获得的稿酬总收入就是 33 300 元，应按这个数额计征个人所得税。

出版单位所属的非独立法人报刊编辑部的专业记者、专业编辑在本报刊上发表文章所取得的稿酬收入，应视同工薪收入，与同月份个人工薪收入合并后计算缴纳工薪的个人所得税。

（2）稿酬的个人所得税计算方式

国家规定，稿酬收入适用比例税率，以每种作品（指每个品种图书或报刊发表的每篇文章）的稿酬总收入为纳税基数，税率为 20%，并按应纳税额暂减征 30% 的税款。具体计算方式有两种。

① 若个人稿酬总收入不超过 4 000 元，扣除 800 元的免税额后，按 20% 的税率计征，并减征税款 30%，计算公式为：

$$\text{应纳个人所得税额} = (\text{稿酬总收入额} - 800) \times 20\% \times (1 - 30\%) \qquad (5.5)$$

例如，某作者在一部辞书中撰写了部分条目，可得到 3 000 元一次性稿酬，出版社在实际支付时须代为扣缴的个人所得税额为：

$$\text{应纳个人所得税额} = (3000 - 800) \times 20\% \times (1 - 30\%) = 308\,(\text{元})$$

② 若个人稿酬总收入为 4 000 元及以上，则扣除 20% 的免税额后，按 20% 的税率计征，并减征税款 30%，计算公式为：

应纳个人所得税额＝稿酬总收入额 ×（1 － 20%）× 20%×（1 － 30%）（5.6）

例如，某作者因一部小说出版而可得到 10 000 元一次性稿酬，出版社在实际支付时须代为扣缴的个人所得税额为：

应纳个人所得税额＝ 10000×（1 － 20%）× 20%×（1 － 30%）＝ 1120（元）

（三）附加税费

出版社在缴纳增值税的同时，还必须缴纳相关的城市维护建设税和教育费附加。

城市维护建设税适用差别比例税率。其中，纳税人所在地是城市市区的税率为 7%。教育费附加适用比例税率，税率为 3%；地方教育费附加适用比例税率，税率为 2%。

这两种附加税费均以当期实际缴纳的增值税额作为纳税基数计征，计算公式均为：

应纳税额＝当期应纳增值税额 × 税率（5.7）

例如，某出版社 11 月份的当期应纳增值税额为 75 000 元，该社适用的城市维护建设税率为 7%，教育费附加率为 3%，地方教育费附加率为 2%，那么其该月需缴纳的城市维护建设税和教育费附加分别为：

城市维护建设税额＝ 75000×7% ＝ 5250（元）

教育费附加额＝ 75000×3% ＝ 2250（元）

地方教育费附加额＝ 75000×2% ＝ 1500（元）

（四）其他税收

出版社在日常经营中，对主营业务以外的一些收入（如固定资产租赁收入、出售废旧包装物的收入、出售残存材料的收入，等等）也要按规定缴纳相应的税金。

此外，出版社还需要按照国家规定缴纳房产税、土地使用税、车船使用税、印花税等。由于它们与出版专业技术人员的日常工作内容关系不大，不再详述。

第六节　出版社的发行管理

出版社发行管理是指出版社对发行活动采取的一系列领导、组织、计划和控制的机制措施。这是出版社管理的重要内容之一。

发行直接面对市场，是出版社参与市场竞争的前沿阵地。出版物的社会效益和经济效益最终要通过出版物发行来实现。如何使商流、物流、信息流和资金流四个环节科学高效运转起来，是发行管理的重要使命。

出版社发行管理对外主要体现在渠道建设和客户管理方面，这是相辅相成的两个方面，也是出版社发行管理的中心。

一、发行渠道建设

出版社发行渠道建设要注意如下几个方面。

（一）渠道建设要积极主动，体现出版社自身的特点

发行渠道是出版物交易的通道，是实现出版物销售的桥梁，因此渠道建设是发行管理的首要内容。出版社要根据自己的需要和实际情况，合理设计自己的渠道架构，构建具有自己特点的渠道网络。

每个出版社都有自己的特点，发行渠道建设要以此作为出发点。要根据出版物的特点，选择不同的渠道，如是综合书店还是专业书店，是网上书店还是实体书店，等等。要分析渠道

对于出版物的发行能力，从而给予不同的关注，投入不同的精力。优秀的渠道管理可以带动渠道本身发行能力的提高，形成良性互动。

（二）深入挖掘各种渠道的价值

不同的发行渠道，其价值也有所区别，要合理构建渠道结构。要组织力量全力打通大型渠道，迅速提高销售能力；与此同时不放弃小渠道、小网点的开发建设；更要关注中型渠道和网点，它们往往容易被忽略，努力一下，就有可能变成自己的大客户。

（三）布局合理，逐步完善，长线短线相结合

渠道建设一开始就要有全局观，由浅入深，由易到难，逐步完善，循序渐进。既不能急于求成，基础不牢；又不能故步自封，只看眼前。应根据自己预定的发行规划和目标，把阶段性任务和长远规划结合起来。

（四）有重点地开发渠道

要用发展的眼光，并根据地域经济发展水平和市场销售能力，选择区域或市场，有重点地开发发行渠道。我国目前经济发达的沿海地区对出版物有着强劲的需求，是发行渠道建设的重点，应该投入更多的力量，做更细致的工作。同时，要注意开拓中西部地区的发行渠道，使发行力量合理布局。

（五）构建系统全面的渠道网络

建立一个系统、全面、立体、有充足发行能力的渠道网络，是渠道建设的重要内容。任何一个或者几个大型书店，虽然它们可能对某种出版物具有很强的发行能力，但都不能取代立体系统的网络。对出版社发行管理来讲，需要构建的是涵盖国有与民营、专业与综合、网上与实体、进口与出口、间接销售与

直接销售等的渠道网络。有了这样的渠道网络，出版社的出版物才能第一时间走进市场，第一时间面向消费者，第一时间实现销售。

二、客户管理

渠道要开辟建设，客户更要管理。只有做好客户管理，才能使渠道建设落到实处，才能形成可持续的发行链。管理跟不上，往往容易给出版社造成很大的损失，有时这种损失是隐形的。

在市场竞争日益加剧的情况下，客户管理具有特殊的意义。出版社客户管理要注意如下几个方面。

（一）强化服务意识

加强客户管理必须强化服务意识和服务精神，把这种精神贯穿在管理工作实践中。必须从细节上着眼，倾听客户的声音，尽量满足客户的需求。

（二）不断创新，与时俱进

管理无止境，客户管理要面对的是复杂多变、形形色色的客户，更需要在管理模式和管理手段上不断提升、创新。不能按照既定的模式惯性操作，几年一贯制。要创新管理模式，积极探索与不断变化的市场环境相适应的客户管理机制。客户管理的不断完善必须体现在日常工作的方方面面，包括有效的管理手段，业务人员的学习、工作能力的提升，对客户不断变化的需求的关注，等等。

（三）加强客户管理的信息化

客户管理要充分利用好信息化的管理手段，通过对海量数据的分析和辨识，从中总结规律，掌握趋势，预防风险。

对客户信息的智能分析和总结，能够很好地了解客户、指导客户、化解风险，对客户进行分级管理，还可以利用客户的有效反馈信息，促进出版社选题的开发，提高整个出版社的管理水平。

（四）要充分调动客户的积极性

管理是规划、控制，更是指导。成功的管理，应该是由管理者和被管理者一同来完成。主客双方固然有上下游的矛盾，更重要的却是合作，在一定程度上讲，处于一个利益共同体。调动客户的积极性是客户管理的核心，只有主客双方共同努力，才能做好发行工作。

思考题

1．出版社经营管理的基本内容是什么？

2．出版社经营目标包括哪些方面的指标？

3．出版社管理有哪些基本职能？有哪些种类？

4．出版社管理信息化的目的与作用是什么？

5．出版社 ERP 系统一般包括哪些子系统？该系统有什么特点？

6．出版社计划的作用是什么？

7．出版社一般有哪些计划？每种计划包含哪些内容？

8．为什么说“质量是出版社的生命线”？体现在哪些方面？

9．出版社图书质量管理的基本制度有哪些？它们各有什么要求？

10．适用于某些较特殊情况的出版社图书质量管理制度有哪些？它们各有什么要求？

11．对图书质量的社会监督体现在哪些方面？出版社对这些监督应该持什么态度？

12．以全员劳动合同制为基础的用人制度包括哪些具体制度？各有哪些要点？

13．专业技术职务岗位聘用制度的特点是什么？要注意什么问题？

14．出版社在员工岗位培训和人力资源开发方面应该做好哪些工作？

15．出版社财务管理的目标和内容是什么？

16．出版社纳税管理的基本内容有哪些？相应各税种的税额应该如何计算？

17．出版社的发行渠道建设和客户管理要注意哪些方面的问题？

第六章　出版物市场

重点提示：出版物市场的概念、构成要素和类型。出版物市场需求的特征、类型及其影响因素。出版物市场细分的概念、作用和程序，出版单位对目标市场的选择和进入策略，出版单位的目标市场定位策略。出版物市场调查的内容和程序，出版物市场预测的内容和方法。出版物市场营销的产品策略、价格策略、渠道策略和促销策略，重要的国际书展。

第一节　出版物市场概述

出版物属于商品，其生产经营活动应遵循市场经济的一般规律。出版专业技术人员应该认识市场，研究市场，适应市场，引导市场，驾驭市场，使出版活动与消费者和社会的需要协调起来。

一、出版物市场的概念

出版物市场有狭义和广义之分。

狭义的“出版物市场”，是指具有一定的场地和设施的出版物交易场所。如出版单位发行部门、图书批销中心、书店、音像店、书亭、报刊摊、网站等，定期或不定期举办的各种图书博览会、图书订货会、书市等，都是出版物市场的组成部分。出版物商品最终都借助这些场所到达消费者手中。

广义的“出版物市场”，是指出版物商品交换关系的总和，包括出版物商品的供给者和需求者在实现出版物商品交换过程中相互作用而形成的各种关系。出版物商品的供给者，包括出版物的出版者与发行商。出版物商品的需求者即消费者。

本章所称“出版物市场”，一般是就广义而言的。

关于出版物市场的概念，需要把握如下几点。

第一，出版物市场是出版物商品交换的场所。出版物市场首先是指出版物的买方和卖方进行商品交换的地点或区域。人们习惯将出版物市场看作出版物买卖的场所，如书市、书店、图书批发市场等。任何一个出版单位都要考虑本单位的出版物销往哪些地区，在何种场所销售。

第二，出版物市场表现为消费者对某种、某类或全部出版物的现实需求和潜在需求。对于出版单位而言，所谓市场，首先是指消费者对出版物的需求。在日常出版活动中，人们说某出版物有没有市场，实际上就是指消费者对该出版物需求程度的大小。

第三，出版物市场是出版物的商品交换关系的总和。所谓出版物的商品交换关系的总和，就是指与出版物的商品交换相关联的出版物商品流通的整体，反映了出版物商品流通的全局。任何一个出版单位、发行商的出版物买卖活动必然与其他出版单位、发行商的出版物买卖活动发生关系。因而，每一个出版单位或发行商都需通观出版物商品流通的全局，明确自己的社会分工、市场定位，把握市场的走势，在与市场整体的协调中，实现自己的经营目标。

二、出版物市场的构成要素

出版物市场的基本关系是出版物商品供求关系，基本活动则是出版物商品交换活动。因而，出版物市场的构成要素主要有出版物商品供给者、出版物商品、出版物商品需求者和出版物市场信息。

出版物市场的构成要素，同时也是出版物市场发展的条件，因而也是制约出版物发行活动的最基本的因素。出版单位和发行商要认真研究出版物市场的要素，特别是要充分认识出版物生产、发行活动对于目标市场的形成和发展所具有的能动作用，开拓和培育目标市场，努力实现出版物营销目标。

（一）出版物商品供给者

只有存在一定数量的专业的出版物商品供给者，才有可能大量地、规模化地为市场提供出版物商品，才有可能形成出版物市场。出版物市场的供给者包括出版单位和发行商，他们各自以不同的方式参与出版物市场的商品交换活动。出版物商品的供给者决定着市场上供应什么样的出版物，何时、以多大数量、以何种价格供应，还决定着市场供应能在何种程度上适应需求。

要形成一定规模的出版物市场，不仅要求拥有足够数量的供给者，而且要求具有合理的供给者结构。出版单位与发行商之间、各类出版单位之间、各类发行商之间要保持合理的比例，并要根据出版生产力的发展及出版物市场需求的变化不断进行调整。

（二）出版物商品

出版物市场首先是出版物商品交换的市场，因而存在一定数量可供交换的出版物商品，是出版物市场得以形成的基本条件。这里有两层含义：第一，出版物必须是商品而不是产品；第二，出版物商品的数量已经足够多，足以形成相应规模的商品交换关系。

缺少出版物，市场供求关系就无法形成。出版物的种类、质量、数量、价格与面市时间等，对出版物市场供求关系有着重要的影响。出版物商品供给者要不断丰富出版物品种，优化结构，提高质量，稳定价格，向市场提供其所需要的、丰富的出版物商品，这样才能促进出版物市场的繁荣。

（三）出版物商品需求者

出版物商品的需求者包括出版物商品供应链上的发行商和出版物商品的最终消费者——读者，从本质上说，发行商是出版单位与读者之间的桥梁与纽带，而读者是出版物市场的第一构成要素。哪里有读者，哪里就有对出版物的需求；有什么样的读者，就形成什么样的市场需求结构。

出版物商品供应者要深入了解读者，把握他们的消费水平和消费倾向，最大限度地满足他们的需要。

读者需求的形成需要具备购买动机和购买能力这两个条件。

1. 购买动机

购买行为的产生取决于一定的购买动机。读者有了一定的购买动机，才能产生购买行为，从而形成市场。否则，即使出版物供应得再多，但读者因种种原因而不打算购买，出版物就不能实现销售。这对于出版物商品供给者来说，仍意味着不能形成市场。

购买动机是指促使读者选择、购买某种出版物商品的种种心理因素。动机是行为发生的先导和条件，购买动机支配着购买行为。购买动机回答的是为什么要消费的问题。一个消费者即使有极强的购买力，但是，如果他对出版物没有兴趣，也就不会购买出版物。读者必须具备一定的购买动机，具有明确的购买目的，才有可能形成现实的消费需求。

读者购买动机的产生是一系列复杂因素相互作用的结果。一般来讲，由于个人的需求、兴趣、爱好和秉性各不相同，各自的心理活动也就不完全相同，选择、购买出版物的动机也不尽相同。

2. 购买能力

读者要将购买动机变成现实的购买行为，必须具备足够的货币支付能力。否则，购买行为就不会实现，对出版物的需求就仍然停留在潜在阶段。因此，没有一定的购买能力作保证，出版物市场就无法形成。

购买能力即读者购买出版物的货币支付能力。消费者观念上的需求要变成现实的消费行为，必须以相应的货币支付能力为前提。缺少货币支付能力的主观愿望与要求，不能形成消费行为。对出版物市场而言，读者的购买能力与其可任意支配收入直接相关。读者可任意支配收入的升降将直接影响其出版物市场消费水平的变化。

（四）出版物市场信息

出版物商品交换主要涉及出版物商品供需双方，一方是持有出版物商品的供给方，另一方是具有购买动机和购买能力的读者。出版物市场信息则是沟通和匹配这两者的中介或桥梁。出版单位或发行商如果能够充分、精准地了解读者的需求信息，读者如果能够准确知晓出版物商品或服务的供给信息，双方达成交易的概率就越高。缺乏必要的、足够的市场信息，出版物商品的交换就不可能持久和繁荣。

出版物市场信息包括出版物的生产信息、发行信息、需求信息和价格信息等。

三、出版物市场的类型

根据出版物发行对象的不同，可以将出版物市场分为个人消费市场、机构或团体市场以及转卖者市场三大类型。它们购买出版物商品或服务的目的和方式各不相同。

（一）个人消费市场

出版物的个人消费市场，是指以社会公众个人为销售服务对象的出版物市场。它以满足个人消费者对出版物产品或服务的需求为目的。出版物的个人消费市场，具有购买者人数多且分布广、需求复杂且多变、购买数量小但频次高等特征。出版单位和发行商分别以各自不同的方式为出版物的个人消费市场提供出版物产品或服务，其中，零售商是服务出版物个人消费市场的主体。

（二）机构或团体市场

出版物的机构或团体市场，是指以机构或团体为销售服务对象的出版物市场，学校、图书馆等机构或团体是构成这一市场的基本主体。学校、图书馆等机构或团体是出版物产品或服务的重要购买者，通常被称作出版市场的机构或团体读者。出版物的机构或团体市场，具有购买者集中度高、购买量大、需求及购买规律性强等显著特征。出版单位和大型发行商是这一市场的主要供应商。

（三）转卖者市场

出版物的转卖者市场，是指那些通过购买出版物商品以转售或出租给他人获取利润为目的的个人和组织。出版物的转卖者市场主要由出版物批发商、零售商和出版物出租者构成，是以个人消费市场和机构或团体市场为服务对象的。建立结构合理、功能完备的转卖者市场是更好服务个人消费市场和机构或团体市场的基础。

第二节　出版物市场需求

出版物市场需求，是指消费者想在市场上获得自己所需要的出版物商品且有现实购买能力作保证的愿望与要求。分析研究出版物市场需求的特征、类型及其影响因素，是有效满足这种需求的前提条件。

一、出版物市场需求的特征

从本质上讲，出版物市场需求是一种精神文化需求，它具有不同于一般物质商品市场需求的诸多特征，如多样性、层次性、专指性、可诱导性、伸缩性、隐蔽性、区域性和时效性等。

（一）多样性

出版物市场的需求受人们的年龄、性别、文化程度、职业、经济收入、家庭条件与所处环境等诸多因素影响，消费者只要在这几个方面中有一个方面不同，对出版物的需求就会不同。

需求的多样性使出版物的经营具有很多特殊性。

（二）层次性

消费者文化知识水平的不同，形成了他们价值观的差异及精神追求目标的不同。即使对于同一种知识内容，消费者的需求也有不同：如有的需要有一定的学术探讨深度，有的只需要一般的普及性介绍；有的需要系统性的阐述，有的只需要提要性的简介等。在出版物的形式方面，也有不同的需求：如对于图书，有的需要平装本，有的需要精装本，有的需要珍藏本；有的需要图文本，有的需要纯文字本等。这些差异表现在出版物市场需求上，就呈现明显的层次性特征。

（三）专指性

出版物的使用价值具有非通用性。如每一种图书都有自己特定的知识内容与读者对象，很难互相替代。甚至是同一本书的不同版本，相互替代性也很差，如对教科书及教学参考书的需求，往往专指到某某人编的某某书第几版。这就使出版物市场需求具有专指性的特征。

（四）可诱导性

出版物市场需求可以进行引导和调节。通过市场活动或者改变影响消费者需求的某些社会因素，可以使需求发生变化和转移。这就是出版物市场需求的可诱导性。

可诱导性受两个因素影响：一是诱导购买出版物的吸引力大小；二是消费者购买愿望的强弱。

（五）伸缩性

人们对出版物的需求是一种精神需求，不像生理需求那样既具有必然性，又有一个相对固定的满足量。从总体上说，出版物市场有着较大的需求弹性，即人们对出版物的需求会因某些因素的影响而发生变化，实际购买、消费出版物的数量多少也变化较大。

（六）隐蔽性

隐蔽性是指在某些条件下消费者意识不到其实际存在的阅读消费需求。消费者对出版物的需求是一种精神文化需求，不像一般的物质需求那样容易为需求主体及时察觉到。如当人们在生活中遇到某些难题的时候，往往习惯于求助他人，而不是去书店买本相关的图书来寻找答案。出版单位和发行商可以通过宣传促销活动以激发这种隐蔽性，促使消费者觉醒进而实施其购买行为。

（七）区域性

由于地理环境、社会文化与其他因素的影响，一定地域中的消费者在历史发展中形成了一些有别于其他地域消费者的文化传统、价值观念、生活习惯、风俗民情等特征。这种特征反映在出版物市场需求上，就表现为区域性，即不同区域的消费者会对出版物的品种、形式、内容有一些特殊要求。

（八）时效性

时效性既有与出版物内容相关的，也有与出版物品种相关的。

1. 与出版物内容有关的时效性

消费者对出版物的需求，本质上是对出版物中所含知识信息的需求。由于社会在不断发展进步，相关的知识信息也随之不断更新，消费者对出版物内容的需求当然也会随时间的变化而变化。原本适合消费者需求的某种出版物，过一段时间后，其所含知识信息有可能陈旧过时，便无法满足消费者的需要。这就是与出版物内容有关的时效性。

2. 与出版物品种有关的时效性

不同品种的出版物有不同的社会功能，而社会的风俗、人们的文化消费习惯会导致出版物市场在一年中的某一时段产生对某一品种出版物的需求高潮。如对儿童读物的需求高峰是在儿童节前后，而开学前后则有对教辅读物的集中需求。这就是与出版物品种有关的时效性。

二、出版物市场需求的类型

区分市场需求的类型，有利于根据不同类型采取相应的营销策略提供更有针对性的服务。根据市场需求的动态，可将出版物市场需求分为八种不同类型。

（一）否定需求

否定需求，也称“负需求”，是指出版物商品或服务不为市场所接受，甚至为广大消费者所厌恶、反感。如低级、庸俗的少儿读物，为广大少儿家长所唾弃。在面临否定需求状态时，出版发行企业可转变营销策略，在保证产品质量的前提下，分析市场不欢迎其产品或服务的原因，重新制定营销方案，对营销组合的各个方面进行重新设计，使其产品以新的形象进入市场，以求改变广大消费者的不良看法，求得新的发展机遇。

（二）无需求

无需求，也称“零需求”，是指消费者对出版物商品既无正向需求，也无负向需求。即消费者似乎感觉不到产品的存在。造成无需求的原因大致有：消费者对出版物商品缺乏认识或不了解；现有商品不符合消费者需要；消费者认为不值得购买等。面对无需求状态，出版发行企业应采取刺激营销战略，即大量传播与推广有关出版物商品的信息，加大促销力度，进行广泛分销，以激发消费者需求。

（三）潜伏需求

潜伏需求，是指相当数量的消费者对某些出版物商品虽然有着强烈的需求，但却不能从现有商品中得到满足，而期盼更理想的新品问世，处于持币待购状态。在面临潜伏需求时，出版发行企业应采取开发性营销策略，即深入研究潜伏需求的特征，进行有针对性的产品开发，以便开发出符合消费者现实需要的出版物产品。

（四）衰退需求

衰退需求，也称“需求萎缩”，是指市场需求呈下降态势。造成需求衰退的原因是多方面的，如出版物商品内容陈旧过时、替代品出现、消费者兴趣转移等。面对衰退需求，出版发行企业可采取重振性或再生性营销策略，如根据消费者需求兴趣的转移更新出版物商品内容、开发新的出版物产品等，以期抑制需求的衰退，促进需求的提升。

（五）不规则需求

不规则需求，也称“波动需求”，是指出版物市场需求随时间变化呈现出季节性、周期性的波动变化或不规则变化，时而供不应求，时而供过于求。如教材、教辅、年画挂历等出版物的需求都有这种特征。面对这种需求状态，出版发行企业应采取同步营销策略，即通过调整营销组合，或实行多项目、多产品、多市场、多价格等举措，做到供给与需求的同步化。

（六）饱和需求

饱和需求，也称“充分需求”，即出版物市场需求较充分或饱满，产品畅销，完全达到企业预期目标。为保持需求的饱和状态，防止需求衰退，出版发行企业可采用维持性营销策略，如不断调整营销组合，发展销售业务；利用市场变化不断开发新的选题等。

（七）过饱和需求

过饱和需求，也称“需求超负荷”“需求过度”，是指出版物市场需求超过企业产品的供给量，使企业供给超负荷，即产品紧缺、竞相抢购，供不应求。如“文革”时期，直至20世纪80年代初期，消费者对科技类图书、文艺图书等的需求增长迅速，而当时我国的出版产能相对低下，出版物市场处于需求超负荷状态。面对这种状态，出版发行企业可采取低营销策略或增长性营销策略，以期抑制需求或进一步扩大生产。

（八）病态需求

病态需求，也称“有害需求”“无益需求”，是指出版物商品的内容具有反常或不合法性质，致使对该类出版物的需求有悖正常状态。在出版物市场上，黄色淫秽出版物、反动出版物、宣扬封建迷信与犯罪的出版物及其他违法出版物之所以有销路，根本原因就在于有人对这类出版物具有强烈的病态需求。对于出版物市场上的这种病态需求，出版发行企业不应予以盲目满足，而应采取抵制营销策略，即大力宣传病态需求的危害，力求以科学健康有益的出版物赢得消费者。

三、出版物市场需求的影响因素

影响出版物市场需求的因素，有些是可由出版单位决定与调控的，即主观因素，又称“可控因素”；有些是由市场环境造成的，即客观因素，又称“不可控因素”。主观因素常因具体出版单位的不同而有所不同，带有较强的个性色彩；而客观因素则具有较强的共性，是各个出版单位都无法改变的，但又是各个出版单位应该了解并加以利用的。这里主要介绍政治、经济、人口、社会文化、科学技术、教育等影响出版物市场需求的客观因素。

（一）政治因素

政治对出版物市场需求有着重要影响，出版单位要充分利用它的积极影响来扩大出版物流通量，满足消费者需求。

政治因素的影响主要表现在以下几个方面。

第一，国家关于出版的规定能间接地影响出版物市场的需求。如对某些种类的图书实行减免税政策，能相对降低这些图书的定价，使消费者对这些图书的购买能力增加。

第二，社会政治气氛的变化会引起出版物市场需求的变化。我国改革开放以后，社会安定，教育发展，消费者对文化知识读物的需求猛增，使出版物市场出现空前繁荣。

第三，各项政治活动或文化宣传活动的开展，能直接刺激相关出版物的市场需求。如围绕 2018 年庆祝改革开放 40 年，出版界策划出版了大批图书，从不同领域回顾改革开放伟大成就。《改革开放 40 年》《巨变：改革开放 40 年中国记忆》《中国农村改革 40 年》《中国对外开放 40 年》《改革开放 40 年的中国生态文明建设》《中国时刻：40 年 400 个难忘的瞬间》等图书出版，掀起 2018 年主题出版高潮。

（二）经济因素

经济因素对出版物市场需求的影响主要表现在以下几个方面。

第一，社会经济的发展水平制约着全社会出版物需求总量的增长。只有社会经济发展了，国家与个人都富裕了，才有可能拿出更多的货币用于购买出版物。

第二，企业、事业单位和其他社会组织等各类单位的经济状况决定着出版物的机构和团体市场的需求量大小。这些单位的经济状况好、有充裕的经费，出版物的机构和团体市场的购买需求就旺盛。

第三，个人实际收入状况直接影响出版物个人消费市场的需求量。只有个人实际收入达到一定水平，可任意支配的部分有了增长，市场需求才有增长的可能。

第四，出版物市场价格的变化能引起需求倾向的变化。一般来说，价格越低，市场需求越大；价格越高，市场需求就越小。

（三）人口因素

人口是影响出版物市场需求的最基本、最活跃的因素。一般来说，人口越多，对出版物的总体需求量就越大。

此外，人口的结构、素质和地理分布等特点，也影响到出版物市场需求。

（四）社会文化因素

社会文化主要指社会风尚、文化传统，以及社会成员的文化水平、思想素质、道德水准等。一定的社会风尚和文化传统的形成，会影响消费者群体的需求倾向；社会成员文化水平的提高，更是促进出版物市场需求增加的主要原因。

（五）科学技术因素

科学技术因素对出版物市场的影响主要有以下几个方面。

第一，促进出版物市场需求增长。随着日新月异的新技术、新成果不断涌现，知识日益成为社会生产的重要元素。劳动者为了不断提高素质，亟需增长知识，出版物市场因此而迅速扩大。同时，新技术在出版物生产上的应用，使得出版物的形式更加多样、美观，使用更加便利。这也从一个侧面有助于出版物市场需求的增加。

第二，引起出版物市场结构变化。新技术引起经济结构的变化，与新兴行业和新兴产业相关的知识往往是人们最希望了解的热点。因此，有关新技术及其应用的出版物在出版物市场中所占比例会有所增加，市场地位随之凸显，引起出版物市场结构的变化。

第三，推动出版融合发展。科技新成果特别是互联网技术在出版业中的广泛应用，推动传统出版与新兴媒体不断融合，出版业态正在发生深刻的变化，读者的阅读习惯和阅读需求也发生了很大变化。

（六）教育因素

教育从两个方面影响出版物市场。

第一，教育规模的发展，导致学生和教师用书的市场需求量上升。教育模式与教学方式的改革与创新，导致对新教材编写与出版的需求增加。这是直接的影响。

第二，教育的发展提高了受教育者的科学文化素质，他们会对出版物产生新的需求，从而在数量和结构上影响出版物市场。这是间接的影响。

第三节　市场细分与目标市场定位

正确地选择目标市场，明确特定的消费者对象，是出版单位经营活动的首要内容和基本出发点。目标市场的选择及最终确定市场定位的基础和前提是市场细分。

一、出版物市场细分

市场细分是目标市场选择的基础和前提。充分认识市场细分的概念和作用，把握其细分程序是做好出版物市场细分工作的基础。

（一）出版物市场细分的概念

出版物市场细分，是指出版单位根据出版物市场需求的层次性、多样性等特征和消费者购买行为的差异性，把整个出版物市场划分为若干个具有某种相同或相似特征的子市场。或者说，出版物市场细分就是把全部消费者根据不同的标准分别归类，划分为若干个具有相同或相似特征的消费者群体。

出版物市场细分已成为现代出版单位发展战略的重要内容，成为决定出版单位经营成败的关键之一。

（二）出版物市场细分的作用

在制定发展战略时，出版单位的基本任务是发现、了解并抓住市场机会。市场细分是出版单位发现、了解市场机会的关键。

出版物市场细分的作用主要有下列几点。

1. 有利于确立目标市场

通过市场细分，出版单位可以有效地了解各个消费者群体的需求满足程度和市场上的竞争状况，发现相应群体消费者的哪些需求已经满足，哪些尚未满足；发现哪些细分市场竞争激烈，哪些较少竞争。

一般来讲，消费者需求满足水平较低的细分市场，通常存在着较好的市场机会，不仅市场潜力大，竞争程度也低。出版单位从而可以抓住机会，及时确立自己的目标市场。

2. 有利于提高竞争能力

市场细分可使出版单位集中精力在相对较小的目标市场范围内开展营销活动，从而加强市场调查的针对性，提高市场信息的反馈速度和信息质量，增强对市场的适应能力和应变能力。

市场细分也有利于出版单位及时、正确地规划和调整出版物的产品结构、价格、发行渠道和促销活动，保持适销对路，并迅速把出版物送达目标市场，有针对性地满足消费者需要。

3. 有利于满足消费者需要

出版单位通过市场细分，能不断发现哪些消费者有哪些需求尚未满足，从而不断发现新的市场机会，并适时进行市场开拓。这样，满足市场需求的新的出版物品种就会不断面市，消费者也就有可能在市场上购买到适合自己需求的出版物商品。

4. 有利于提高经济效益

消费者的需求越来越具体化或个性化，面向整个市场（或所有消费者）的出版物品种难以满足消费者的个性化需求，销售状况往往并不理想。通过市场细分，出版单位会找到存在良好机会的细分市场，可以在这一细分市场上获得较多的机会利益，从而提高出版物生产的经济效益。

（三）出版物市场细分的程序

为了保证细分出来的子市场是有效的，出版单位的市场细分活动要按科学的程序进行。

1. 选定出版物的市场范围

任何出版单位对市场的细分都不可能是对整个市场的细分，一般只是对某一局部市场的细分。这个需要细分的局部市场，应是与出版单位的总体任务和经营目标相联系的市场。实际上，市场细分常常是在一个已经从整体市场中划分出来的局部市场上进行的，是在出版单位现在已经进入的或准备进入的某局部市场上进行的。

因此，出版单位必须根据自己的条件，在许多局部市场中进行选择，确定与自己最有关系的一个或若干个局部市场，并在此基础上再进行市场细分。

2. 选定市场细分的基本杠杆

市场细分的杠杆，是指用于市场细分的消费者需求类别与发行商条件，如消费者的收入、职业、购买行为，以及发行商的规模与地理位置等。

市场细分的杠杆可以是一种，也可以是两种以上杠杆的组合。

杠杆的确定主要依据以往营销活动的结果与经验，以及出版单位进行市场细分的目的。

3. 确定细分变量

每一个市场细分的杠杆都包含若干市场细分变量，常见的有年龄、受教育程度、职业、性别、经济收入等。利用这些市场细分变量，可以把出版物市场具体地细分出来。因而，在选定了市场细分的杠杆后，就要确定具体的市场细分变量。如选定了“职业”作为市场细分杠杆，就需要确定具体以哪几种职业作为市场细分变量。

4. 组织市场调查

市场调查是市场细分的重要手段，目的是取得与细分变量有关的数据和相关资料。出版单位应该按照既定的市场细分目的，根据具体的细分变量组织对市场进行调查。

5. 数据整理和分析

出版单位要对市场调查所获得的各种数据和相关资料进行整理、组合，然后对它们作分析研究，从而把具体的市场细分开来。

6. 对初步结果进行评估

出版单位要对分析研究后细分出来的子市场进行初步的评估，以确定市场细分是否继续进行。

如果初步评估的结果符合市场细分的目标，就可进入下一个环节。

假如细分出来的各个子市场都不符合市场细分的目标，市场细分还需继续进行，甚至要对原有的细分变量进行调整，重新进行市场调查后再作分析，细分出新的子市场。

7. 测算、评估细分市场

初步评估的结果符合市场细分的目标后，还要对细分出来的各个子市场进行科学分析，测算和评估各个细分市场的规模、性质，估量各细分市场的大小、竞争状况和变化趋势等。

二、出版物目标市场

目标市场是出版单位所选择的打算进入并为之服务的一个

或几个细分市场。它是市场细分的结果和目的。

出版单位要根据自己的经营目标和资源条件，选择适当的目标市场，并确定自己在目标市场上的发展策略。

（一）目标市场选择

选择目标市场的过程，也就是对各个细分市场进行分析、评估的过程。在选择过程中，主要应该考虑五个方面的问题。

1. 细分市场的规模

细分市场有适度的规模，才能满足出版单位生存和发展的需要。适度是相对于出版单位的规模与经营目标而言的。出版单位规模越大，发展目标定得越高，就要求目标市场的规模越大。

就大型出版单位而言，其目标市场的规模必须足够大，实际上应由若干个相关的细分市场构成。

就中、小型出版单位而言，其目标市场的规模相对要小，必须以极少的几个或某一个细分市场为目标市场，集中力量满足目标市场消费者的需要，从而形成本出版单位的经营特色。

2. 细分市场的发展潜力

如果细分市场的规模很大，但缺乏长期发展的潜力，就不宜作为目标市场。只有具有长期发展潜力的细分市场，才可以作为出版单位的目标市场。

3. 细分市场的吸引力

所谓“细分市场的吸引力”，是指某一细分市场可以长期提供的赢利率大小。

市场吸引力取决于以下五种因素。

（1）现实竞争者

在某一细分市场上，同行越多，竞争越激烈，该市场的吸引力也就越小。

（2）潜在竞争者

竞争者进入市场的难易程度，影响着细分市场的吸引力。

如果潜在的竞争者能够很容易地进入市场，并迅速发展，那么这个市场将缺乏吸引力；反之，市场吸引力较大。

（3）替代品

如果某个细分市场上已经出现替代品，或有潜在的替代品，则该市场吸引力小。

（4）消费者

细分市场上的消费者人数多，购买力强，市场吸引力就大；反之，则市场吸引力小。

（5）发行商

发行商数量少，内部竞争减弱，对出版单位议价能力高，市场吸引力就小；反之，则市场吸引力大。

4. 市场占有率

要根据对细分市场竞争状况的分析，预测本出版单位可能获得的市场占有率。若预测的市场占有率较低，则该细分市场不宜作为目标市场。

5. 出版单位自身的目标和资源

目标市场的选择，从根本上说，应符合出版单位长远发展的目标。有些市场虽然规模适中，也有发展潜力，市场吸引力也很大，但不符合出版单位发展的长远目标，就不能作为目标市场。

目标市场的选择还应与出版单位自身的资源状况相一致。目标市场必须是最宜于出版单位所掌握的资源充分发挥作用的市场。

（二）目标市场进入策略

目标市场确定之后，出版单位要考虑通过什么样的方式进入目标市场，并要重点考虑利用什么样的出版物产品组合来进入市场。通过出版物与市场的不同组合，可以形成不同的目标市场进入策略。

1. 无差异策略

无差异策略是指出版单位面对整个目标市场，为该市场上所有的消费者服务，满足所有消费者的共同需要。

这种策略要求出版单位具备强大的促销能力和通畅的发行渠道，能以最快的速度把出版物引入市场。广告宣传的强弱和渠道速度的快慢是实施无差异策略的关键。谁能掌握时机，掀起宣传热潮，谁就能最先把出版物推入市场，占有市场，获得较高利润。

2. 差异策略

差异策略是指出版单位虽也面对整个目标市场，为该市场上所有的消费者服务，但要全面满足的只是消费者的个别需求，而不是共同需求。

这是一种以市场细分为基础的策略，它要求减少为消费者共同需求服务的出版物品种，增加服务于消费者个别需求的出版物品种。当然，并非所有消费者的个别需求都要予以充分满足，而是只对最大的几类消费者群体的个别需求予以充分满足；对于那些较小的消费者群体，则仍以满足其共同需求为主。

3. 集中性策略

集中性策略是指出版单位选择一个或少数几个细分市场作为目标市场，集中力量为之服务，争取在这些市场上占有较大的份额。

这种策略的重点是：尽可能地扩大某一个或相关的某几个出版物类别的品种，满足目标消费者的各种个别需求，形成经营特色，并不断强化出版单位的专业形象，以增强竞争力。

需要注意的是，经营三心二意，随意调整出版方向，没有一定特色，都会损害出版单位形象，降低竞争力。

三、出版物市场定位

确定了目标市场之后，出版单位就要在目标市场上进行产品的市场定位，为自己的产品确定一个位置，树立一个形象，塑造一种特色，以有别于竞争者并吸引消费者。

从竞争的角度讲，目标市场定位策略主要有以下五种。

1. 强化定位

强化定位是在消费者心目中加强出版单位形象的定位策略。

一个出版单位的某种或某类出版物已在同类产品中占有相当高的地位，但也面对着众多竞争者。为持续保持优势，该出版单位就要利用各种方法，进一步提高自己出版物的质量、销量和市场占有率，加强本单位的出版物在消费者心目中的形象和地位。

2. 补缺定位

补缺定位是进入尚未被占领或瓜分的目标市场的定位策略。

一个出版单位要进入某个容量较大的细分市场，可以用开拓新品种、突出新创意、增加产品新功能的办法挤进去。即使某个细分市场已被竞争者大量占领，由于市场总会产生新的需求，因而仍会有新的空缺，其他出版单位也就可采用补缺定位策略挤进去。关键在于出版单位要充分考虑自己有什么新产品，是否具备竞争的实力，进入这个市场要冒什么风险，能够得到多大效益等问题。

3. 比较定位

比较定位是通过与同类出版物的比较来确定自己市场地位的定位策略。

当一个出版单位的出版物在同类出版物中并不占有重要地位时，可以通过突出自己出版物的特点并大力宣传这种特点的办法，来巩固这些出版物的市场地位，并使其市场占有率上升。

4. 首席定位

首席定位是力图保持自己的品牌出版物在同类出版物中稳居领导地位的定位策略。

在出版物市场里，名列榜首的品牌出版物，销量要远远超过其他同类出版物。如果一个出版单位的某种品牌出版物在目标市场中信誉很好，销路很广，市场占有率很高，就可采取首席定位策略。这时，需要继续努力，不断提高该出版物的质量，并通过大力宣传来提高其知名度，以保持市场第一的地位。如商务印书馆的《现代汉语词典》一直坚持“质量第一”的原则，始终保持良好的声誉，尽管受到许多类似品种的挑战，仍占有不可动摇的市场首席地位。

5. 避强定位

避强定位是一种避开强有力的竞争者而在其侧旁开辟新市场的定位策略。

这种定位策略主要适用于实力相对不足、以自我特色发展为主要目标的出版单位。避强定位策略的关键，是分析强者的相对不足之处，迅速开发具有相对优势的产品投放市场，依靠自己在某方面的相对优势和特色，在强者侧旁站稳脚跟，并在消费者心目中迅速树立起自己的形象。

这种策略的缺点，是进行市场调研和新产品开发的投入相对较大，要完成艰巨的市场开拓和消费者培育任务，并且面临市场开拓失败的风险。

第四节　市场调查与市场预测

出版物市场调查是指运用科学的方法，对出版物市场信息进行系统的、有目的的、有计划的收集，并对所得到的信息进行整理、分析、解释的活动，旨在为出版单位的经营管理活动提供有价值的信息，有助于出版单位管理层作出正确的决策。

市场调查在出版单位的各项经营管理活动中占有十分重要的地位。

一、市场调查的内容

市场调查的内容十分广泛，凡是可以引起市场变化的因素，可以影响市场营销活动的因素，都属于市场调查的范围。这里仅介绍一些最基本的方面。

（一）消费者调查

消费者调查即通过各种方式和途径，了解消费者对出版物和服务的需求情况。

消费者调查的主要内容包括：

第一，消费者需求状况；

第二，消费者数量与结构；

第三，消费者消费状况；

第四，消费者对某个或某类出版单位的看法和评价等。

（二）市场环境调查

市场环境调查的内容主要包括：

第一，对社会的政治、经济、科学、文化等宏观环境因素的调查；

第二，对有关出版业的法规与政策、出版产业发展状况、出版技术进步等中观环境因素的调查；

第三，对直接影响出版单位的微观环境因素的调查，即调查与出版单位经营活动联系更为密切的外部因素，如目标消费者、原材料供应商、出版物发行商、竞争者等的状况。

（三）出版物调查

出版物调查就是通过各种途径和方法，对市场上某类出版物的有关情况进行调查研究。

出版物调查的内容主要包括：

第一，出版物的结构、内容、形式、价格、产品生命周期等；

第二，生产该类出版物的出版单位的数量、规模、特色、市场竞争力排名等。

（四）市场竞争调查

市场竞争调查的内容主要包括：

第一，市场竞争的一般情况。如市场竞争的程度属于自由竞争还是垄断竞争，市场竞争的范围是仅限于国内市场还是波及海外市场，市场竞争的内容有哪些，竞争手段有哪些，竞争已经产生什么样的后果等；

第二，出版单位竞争对手的构成状况。出版单位应了解竞争对手的数量及构成情况，了解竞争对手的地域分布，了解每一个竞争对手的规模、经营范围、市场占有率、经济实力、经营策略，了解消费者对竞争对手的看法与评价等。

二、市场调查的程序

出版物市场调查是一项科学性很强的工作。为了保证调查的准确性，保证调查过程中各阶段工作的目标一致性，促使调查工作始终围绕调查主题进行，市场调查工作必须遵循严格、科学的程序，并根据调查活动的具体目的、时间、范围、物质技术条件和人力条件确定具体的调查步骤。

出版物市场调查过程是一个系统、完整、有计划的过程，一般包括下列程序。

（一）市场调查目标的确定

调查目标也称“调查主题”，是指市场调查的基本方向，即市场调查所要了解的主要问题。调查目标对整个调查过程自始至终都有影响。

一般而言，出版物市场调查目标的提出缘于出版单位在经营过程中遇到的某个症结或契机。如某出版单位的产品在一段时期内销售量持续下降，为遏制这种下降趋势需要调查原因。但是类似的问题及契机通常只是促成开展市场调查的初始原因，就此提出的问题由于范围过于宽泛、过于模糊，尚不能成为市场调查的主题。

市场调查目标的确定要建立在对所提问题严密分析的基础上，一般要经过提炼调查主题、确定调查项目和形成假设三个步骤。

（二）市场调查设计

市场调查设计是对市场调查活动进行整体规划，需在明确调查目标和调查项目的基础上进行。

调查设计实际上是对市场调查的目的和任务的具体化，一般包括六方面内容。

1. 确定所需资料及其收集方法

根据调查目的决定调查资料的收集范围，比如是仅仅需要第二手资料，还是既要第二手资料又要原始资料；是仅仅需要出版单位以外的外部资料，还是出版单位内部资料和外部资料都需要。

在确定所需资料类型后，即可确定相应的资料收集方法。

所需资料范围及其收集方法确定得合理与否，会直接影响调查工作的质量。

2. 选择调查工作的执行者

通常由出版单位内部相关人员组成调查小组，但在某些情况下，也可借助外部力量。总的来讲，当调查内容复杂、涉及面广，需要调查人员有较高的专业素质并需要相当的物质技术条件支持时，可聘请专门的市场调查组织或专家学者来协助完成调查工作。

3. 确定调查样本

大多数的市场调查，只能从与调查主题相关的总体样本中抽取一部分样本来获取资料。因此，市场调查还要确定调查样本。调查样本的确定直接影响调查结果的可信度与可参考价值。

确定样本的方法一般有两种：一是概率抽样，当每个样本被抽中的机会相同时采用；二是非概率抽样。

4. 估计调查费用

对整个调查活动所需费用应作出恰当估计，并对调查的价值进行成本和效益分析，以决定该项调查活动是否设计得合理，是否有必要进行。

调查费用因调查内容不同会有较大差异，因此费用预算应保持一定的弹性。

5. 作出时间安排

调查设计还要考虑时间因素，对调查工作作出精密的时间安排，规定各个阶段的目标和任务，以保证调查计划按时完成。

需要注意的是，费用与时间安排一定要以保证调查质量为前提，既要保证调查费用与时间的充足，又要避免无谓的浪费和拖延。适当的费用预算和精准的时间安排，是调查活动顺利进行的保证。

6. 制订调查计划

调查计划必须严谨、规范、科学，制订计划必须周密、详细。

调查计划的内容通常包括概要、背景、调查目标、调查方法、时间与费用估计、调查组织管理，以及其他相关资料。

考虑到市场总是发展变化的，在计划执行过程中，有必要进行阶段性评估并作出修正。

（三）市场调查计划的执行

调查计划的执行包括收集信息资料、处理信息资料、分析与综合信息资料、提交调研报告四个步骤。

1. 收集信息资料

信息资料的收集始于调查提纲的拟订。调查人员在进行调查之前，可将调查内容先具体化为调查提纲，以明确应调查的具体问题和应收集的基本数据，然后开始进行全面的信息资料收集工作。

信息资料收集工作一般分为两部分。

（1）原始信息资料的收集

收集原始信息资料成本较高，但取得的资料数据常常更适合正在处理的问题。在实际调查中，原始信息资料可以通过观察、问卷调查、面谈、小组访问、抽样调查、实验等多种方法进行收集。

（2）第二手信息资料的收集

收集第二手信息资料花时间较少、费用较低，在出版物市场调查中必须予以充分利用。但是，仅靠第二手信息资料是无法完全实现调查目标的，绝大多数市场调查计划应包括收集原始信息资料。

2. 处理信息资料

对收集到的大量信息资料需进行审核、分类、整理等一系列的技术处理。

（1）审核

对收集到的信息资料应从真实性和可靠性两个方面进行审查、核对，剔除其中不准确或错误的部分，以确保资料的准确性。

（2）分类

要根据调查目标和项目的需要，将所获得的信息资料从内容和形式两方面按性质、特征、重要性等分为不同类别。

（3）整理

要将审核过的所有资料分门别类整理汇编或将其制成各种形式的统计表。

无论以何种方式反映信息资料，都要注意确保信息资料的准确性、完整性、一致性，并使其清楚易读。

3. 分析与综合信息资料

信息资料经过处理之后，便可进行分析与综合工作。

分析是指解剖所获得的信息资料，综合是对已分析过的信息资料进行提炼、归纳。

分析和综合工作要针对调查目的，以达到调查目标为准。根据分析和综合的结果，调查者可针对调查目的提出一些备选的行动方案或建议。

4. 提交调研报告

调研报告又称“调查报告”，是对市场调查工作的简明总结，是调查工作成果的最终表现形式。

调研报告主要包括三部分内容。

一是导言部分，说明调查的目的、过程和方法，阐述调查经过与其他需要说明的问题。

二是正文部分，即针对调查目的和计划，统计、梳理数据，进行详尽分析。

三是结论部分，要在对具体情况进行详尽分析的基础上，揭示问题的症结，提出解决的办法，预示发展的前途。这是调研报告中最为重要的部分。有时也可不单独设“结论”部分，而在正文中针对所分析的问题，相应地作出结论。

有的调研报告还有附件，主要补充说明正文部分所引用过的重要数据或资料等。

调研报告的撰写要简明扼要，重点突出，针对性强，能集中反映与调查目标相关的重要结论和数据，语言力求简洁、准确、易读易懂。

三、市场预测的内容

市场预测是在市场调查的基础上，运用科学的方法，对未来出版物供应和需求的发展趋势与有关因素的变化，进行分析、估计和判断。

预测应该最大限度地减少不确定性对预测对象的影响，为出版单位制定发展战略和安排出版经营活动提供科学依据。

市场预测的内容主要包括市场需求预测、出版物产品预测、价格预测和销售预测等。

（一）市场需求预测

市场需求预测是运用一定的方法，对出版物市场在一定时间内的需求量进行估计和推测。

市场需求预测的内容，主要包括以下三个方面。

1. 市场需求总量预测

市场需求总量预测是对一定时间内整个出版物市场需求总量的预测。它反映未来一个时期内，全社会对出版物的总体货币支付能力。

2. 子市场需求量预测

子市场需求量预测是对一定时间内各子市场需求量的预测。它反映未来一个时期内，全社会或不同的消费者群体对某类或某几类出版物的货币支付能力。

3. 消费者购买行为预测

消费者购买行为预测是对一定时间内消费者的购买动机、购买方式和购买心理等的预测。它的重点是消费者购买决策预测，即预测由谁来买，买什么，为什么买，如何买，何时买，多长时间买一次，家庭和社会对消费者的购买心理有什么影响等。

（二）出版物产品预测

出版物产品预测主要是对一定时间内出版物内容、形式等的变化趋势作出推断和估计。

在关注出版物内容变化趋势的同时，出版单位还应重视对出版物形式的预测，要对有关技术（如印刷技术、装帧工艺技术、信息网络传播技术等）和新型载体材料的发展，给予充分关注。

（三）价格预测

价格预测包括对出版物整体价格水平的预测和对某类出版物价格水平的预测。

价格预测的重点是：

第一，了解竞争对手或竞争产品的价格。

第二，了解不同价格水平对需求量的影响。

（四）销售预测

销售预测是对一定时间内出版物的销售量进行预测，主要包括行业销售预测和市场占有率预测。

1. 行业销售预测

行业销售预测是对一定时间内，在一定的市场环境下，所有出版单位可能达到的最大销售量的估计、测算。它可反映全行业的销售能力和销售规模。

2. 市场占有率预测

市场占有率即某一出版单位的出版物销售量占整个行业销售总量的比例。

市场占有率预测包括对本出版单位的市场占有率预测和对竞争对手的市场占有率预测。

四、市场预测方法

选择科学的预测方法对于市场预测至关重要。没有科学的预测方法，预测结果就缺乏科学性，甚至可能是错误的。

市场预测方法有定性预测和定量预测两大类。

（一）定性预测方法

定性预测是指预测者在充分利用已知信息的基础上，依靠知识和经验来分析判断出版物市场未来发展的趋势。

定性预测方法简便易行，但是主观因素在其中起的作用较大，预测的准确度难免受到影响。因此，在采用定性预测方法时，应尽可能结合定量分析方法，使预测过程更科学、预测结果更准确。

定性预测方法种类较多，这里主要介绍三种。

1. 消费者意向判断法

预测人员通过对消费者作直接或间接的调查访问，了解消费者的购买倾向，并以此判断预测目标变化趋势。

这种方法主要用于对出版物市场长期发展趋势的预测。

2. 销售人员意见综合法

预测人员通过对出版物销售人员的意见进行汇总分析，从而判断预测目标变化趋势。

这种方法主要用于对出版单位某一类出版物销售量的预测。具体做法是：

第一，由销售人员给出预测项目的结果。预测项目分为最高销售量、最低销售量和最可能销售量，并分别说明其出现概率。预测销售量与其出现概率的乘积，即为预测项目的结果。即：

$$\text{预测结果} = \text{预测销售量} \times \text{出现概率} \tag{6.1}$$

第二，对预测项目的结果进行计算，求出每个销售人员的期望值。销售人员的期望值为三种预测项目的结果之和。即：

$$\text{期望值} = \text{最高销售量预测结果} + \text{最可能销售量预测结果} + \text{最低销售量预测结果}$$

将公式（6.1）代入，则：

$$\text{期望值} = \text{最高销售量} \times \text{出现概率} + \text{最可能销售量} \times \text{出现概率} + \text{最低销售量} \times \text{出现概率} \tag{6.2}$$

第三，对各个销售人员的期望值进行计算，求出平均预测值。平均预测值为各个销售人员期望值之和除以销售人员数量的商。即：

$$平均预测值=\frac{期望值_1+期望值_2+\cdots\cdots+期望值_n}{销售人员数量(n)} \qquad (6.3)$$

例如：销售人员甲、乙、丙在 3 月分别对某图书 5 月份的销售量及其出现概率进行了预测，结果如表 6–1 所示。

表 6–1　某图书销售量预测

人员	预测项目	销售量（册）	出现概率（%）
甲	最高销售量	2 000	30
	最可能销售量	1 700	50
	最低销售量	1 400	20
乙	最高销售量	1 900	20
	最可能销售量	1 600	60
	最低销售量	1 400	20
丙	最高销售量	2 000	20
	最可能销售量	1 800	50
	最低销售量	1 500	30

如以期望值 1、期望值 2 和期望值 3 分别代表甲、乙、丙的期望值，则根据公式（6.2）有：

$$期望值_1=2000\times30\%+1700\times50\%+1400\times20\%$$
$$=600+850+280=1730（册）$$

$$期望值_2=1900\times20\%+1600\times60\%+1400\times20\%$$
$$=380+960+280=1620（册）$$

$$期望值_3=2000\times20\%+1800\times50\%+1\ 500\times30\%$$
$$=400+900+450=1750（册）$$

那么，平均预测值就为 1 700 册，即：

$$平均预测值=\frac{期望值_1+期望值_2+期望值_3}{3}$$

$$=\frac{1730+1620+1750}{3}=1700（册）$$

根据计算结果，可以认为，该图书5月份的销售量在1 700册左右。

3. 德尔菲法

德尔菲法又称“专家意见法”，是通过对专家的意见进行反复征集，直到各位专家对预测目标取得比较一致的意见为止。

具体做法是，约请若干专家，让他们对预测目标独立地提出自己的估计和判断，然后将各位专家的意见汇总整理，返还给各位专家，由各位专家根据汇总结果独立地修改自己原先的预测，提出新的意见。如此反复多次，直到各位专家取得比较一致的意见。

德尔菲法多用于制定长期规划和重大经营决策。在使用时，要注意必须让各位专家独立地作出判断，不相互沟通。只有这样，才能保证预测结果的科学性。

（二）定量预测方法

定量预测是在充分占有数据资料的基础上，运用数学方法，对出版物市场未来的发展趋势进行估计与推测。

定量预测方法有两个显著特点：一是以数据资料为基础；二是建立数学模型作为定量预测的工具。

定量预测以大量的数据为基础，并利用数学方法进行，因而预测结果比较准确可靠。但是，影响出版物市场的因素错综复杂，不可能把所有变动因素都纳入数学模型。同时，有些数据难以取得或取得数据的成本过高。因此，定量预测方法的运用也存在一定的局限性。

定量预测方法很多，这里仅简要介绍三种。

1. 需求弹性预测法

出版物需求弹性是指某一相关因素的变化所引起的出版物商品需求量发生变化的幅度。

需求弹性主要有价格弹性和收入弹性。

需求的价格弹性，是指出版物价格的每一单位的变动所带来的出版物需求量的变动率。一般情况下，需求量变化与价格水平变化的方向是相反的，即价格上升，需求量下降；价格下降，需求量上升。因而，需求的价格弹性系数为负值。

需求的收入弹性，是指消费者收入的每一单位的变动所带来的出版物需求量的变动率。需求量的变化与消费者收入水平变化的方向是相同的，即收入上升，需求量上升；收入下降，需求量也下降。因而，需求的收入弹性系数为正值。

由于市场状况不同和消费者对象不同，不同出版物的需求弹性不尽相同。当价格或收入呈相同幅度的变化时，富有弹性的出版物，其需求量会明显下降或上升；缺乏弹性的出版物，其需求量的下降或上升较小、不太明显；无弹性的出版物，其需求量不随价格或收入的变化而变化。

根据出版物市场需求量与收入、价格的变化规律，通过数学计算，求得出版物的需求弹性，借此进行市场预测。

2. 时间序列预测法

时间序列预测法，是利用出版物市场或出版单位一定时期的实际数据，按数据发生的时间先后依次排列后，应用一定的数学方法分析其变化规律。

这一方法假设未来出版物市场的变化继续按照过去的规律运动。它对于短期的预测较为有效，如预测月、季度、半年的市场情况。

序列预测法分成几种。这里仅仅介绍移动平均法。

移动平均法是利用最近几期数据的简单平均值来预测下一期的情况。以出版物销售量为例，其公式为：

$$预测期销售量=\frac{各期实际销售量之和}{观察期单位数量} \tag{6.4}$$

例如，某期刊6月、7月、8月这3个月的销售量分别为30万册、25万册和32万册，则其9月份的预测销售量为：

$$9月份预测销售量=\frac{30+25+32}{3}=29（万册）$$

3. 回归分析法

回归分析法从定量的角度寻找变量的因果关系，从而判断某些因素的变化对其他因素的影响，多用于处理市场变量之间的相关关系。如通过建立销售量与价格、渠道、广告等的相关性数学模型，可以判断价格、渠道、广告等的变化对销售量的影响程度。

回归分析法根据相关因素的多少可分为一元线性回归法、多元线性回归法与非线性回归法等。

第五节　市场营销策略

出版物市场营销，就是在变化的市场环境中，为满足消费者需要并实现出版单位经营目标的商务活动过程。它包括出版物市场调研、目标市场定位、选题开发、出版物定价、渠道选择、促销等一系列与市场有关的出版物经营活动。

市场营销的策略主要有产品策略、价格策略、渠道策略、促销策略等。

一、产品策略

产品策略在出版物市场营销战略中占有十分重要的地位，因为出版物市场营销活动是以满足消费者需求为中心的，而消费者需求的满足最终要通过出版物和与其相关的各种服务来实现。出版单位在制定营销战略时，首先要回答的问题是“用什么样的出版物品种来满足目标消费者的需要”或者“该出版物品种能在多大程度上满足消费者的需要”。

（一）产品整体概念策略

从出版物市场营销的角度讲，出版物的产品整体概念是指与出版物相关的，包括内容、形式、交易方式与相应服务等多种含义的概念体系。它有三层含义：一是核心产品，二是有形产品，三是附加产品。产品整体概念策略，就是要在这三个层次上满足消费者的需求，吸引消费者购买相应的出版物产品。

1. 核心产品

核心产品是指出版物的核心效用，涉及出版物产品能给消费者提供的基本效用和利益。

核心产品是出版物产品整体概念中最基本和最实质的层次，是消费者需求的核心内容。消费者购买出版物首先就在于看中出版物的基本效用，能够从对出版物的消费中获得精神文化的享受和对知识需求的满足。

2. 有形产品

有形产品是指出版物核心效用存在和实现的具体形式。

以图书为例，有形产品包括图书的开本、用纸、封面美术设计、印刷和装帧质量等。不同类型的出版物都以满足消费者的精神文化需要为目的，但其表现形态可以有很大的差别。消费者购买出版物的根本目的，是需要出版物的基本效用及其可带来的利益，但在核心效用得到基本保证之后，消费者还会考虑出版物的外在特征。因此，不同的出版物形式能够给消费者带来不同的满足。

出版物的有形产品，是对消费者产生刺激、抓住消费者注意力的关键要素，在消费者选购出版物的过程中有着十分重要的意义，对于出版物的销售具有重要影响。

3. 附加产品

附加产品是指消费者因购买出版物而得到的各种附加服务与利益，包括恪守信誉、送货上门、出版物退换等。

附加产品是核心产品和有形产品的延伸或附加，它能够给消费者带来出版物直接效用之外的更多的利益和更大的满足。

服务在现代市场经济中的作用日益重要。随着出版生产力的发展和出版技术的不断提高，不同的出版物品种在内容和形式上越来越接近，或者说各有特色、难分高低。出版物市场的竞争也就从出版物的内容和形式再延伸到服务上。为消费者和客户提供的服务能否不断创新与发展，已经成为决定出版单位竞争能力的重要因素。

（二）出版物品牌策略

出版物品牌就是出版物商品的牌子。它的基本功能是把不同出版单位的出版物区别开来。品牌包括名称和标记两部分。品牌名称是指品牌中可以用语言表达的部分，如“金苹果”“布老虎”“榕树下”等。品牌标记是指品牌中可以被识别、认识，但不能用语言表达的部分，如独特的符号、图案、色彩或字体造型等。

出版物品牌又特指著名出版物的牌子。出版物品牌策略就是指将出版物打造成著名出版物的途径和方法。

出版物品牌策略一般可以分为产品项目品牌策略、品种品牌策略和作者品牌策略三类。此外，还有利用出版物内容本身演化出其他物质产品的品牌延伸策略。出版单位的品牌经营要特别关注品牌延伸这一充分实现品牌价值的重要途径。经过延伸的品牌能增大它的无形资产价值。

1. 产品项目品牌策略

产品项目品牌，是指出版单位为自己所生产的某类出版物都加上的一个统一、专用的文字名称或符号。它可以使该类出版物产品与其他出版单位出版的同类出版物、自己出版的其他类别出版物区别开来。以图书为例，产品项目品牌可以是一套丛书，也可以是一套系列化的图书。如“布老虎丛书”“小博士丛书”“21 世纪经济学经典”等。

产品项目品牌策略就是利用一组或一系列风格相同或相近

的出版物品种来传递其品牌信息，并进而树立品牌。

2. 品种品牌策略

品种品牌，是指出版物品种在消费者心目中建立的品牌形象。任何一种出版物都会有一个名称，有一个外在的形象，但只有在消费者心目中已经建立起品牌形象的品种，才具有品牌。如《红楼梦》《围城》《辞海》《中国大百科全书》《平凡的世界》等。

品种品牌策略是所有其他品牌策略的基础。通过一系列出版物品种在消费者心目中树立起品牌形象，能够把出版单位形象和产品项目形象传递给消费者，从而使这些形象也转变为品牌。

3. 作者品牌策略

作者品牌，是指在消费者心目中已经建立起品牌形象的作者本身。作者品牌的个性化特征更明显，它是一种风格、一种倾向、一种魅力。作者品牌是消费者选择购买出版物的重要影响因素之一。一个有品牌价值的作者实际上培育着一个消费者群体。作者的品牌价值越大，其所培育的消费者群体也就越大。

作者品牌策略就是出版单位要与具有品牌价值潜力的作者保持密切联系，持续推出这些作者的作品，以打造并强化作者的品牌价值，从而实现社会效益和经济效益的双丰收。

（三）产品生命周期策略

产品生命周期，是指出版物产品的经济寿命或市场寿命，即出版物产品从开发、上市，在出版物市场上由弱到强、从盛转衰，直到被市场淘汰为止的全过程。

出版物产品生命周期由投放期、成长期、饱和期和滞销期构成。出版单位在每个阶段都要运用不同的营销策略，以促进出版物的销售。这就是产品生命周期策略的构成。

1. 投放期的特点及其营销策略

投放期是指出版物初上市的时期。在这段时期，新上市的出版物要引起消费者的注意，激发其产生购买动机并作出购买决策，往往需要一定的时间。因而这一时期的出版物销售量不大，销售量增长缓慢。

投放期对于产品生命周期而言，是关键性的时期。出版物质量再好，假如没有适当的促销、宣传和推广，也可能夭折在投放期，从而失去很好的市场机会。

出版单位在投放期要大力宣传出版物，迅速扩大其影响力，以培育广泛的消费者群体，同时要鼓励和支持发行商进行现场促销，促使出版物迅速转入成长期。

2. 成长期的特点及其营销策略

成长期是指出版物产品逐步为消费者所接受，销量迅速增长的时期。这一时期是出版物销售最重要的时期，它表现为持续不断的销售量增长。

出版单位要紧紧抓住成长期，不断扩大市场，吸引更多的消费者选购出版物，把出版物销售不断推向新的高峰。同时，要在销售出现回落的时候，集中力量加大宣传力度，推动新一轮销售高峰。

3. 饱和期的特点及其营销策略

饱和期是指出版物产品经过较快的销售增长之后，销量已达顶点，市场需求逐渐趋向饱和的时期。在这段时期，大部分潜在消费者已经实施了购买行为，但仍会有一部分消费者加入购买队伍，从而继续维持着较高的销售量。然而，销售趋势已出现转折，即由快速增长变成了零增长，甚至下降。

出版物在饱和期销售平稳，因而发货风险不大。风险主要表现为成长期所遗留下来的退货损失。因此，要科学判断饱和期的长短，饱和期后期要适当注意谨慎发货，作好滞销准备。

要特别关注饱和期的出版物销售信息及消费者的反馈意见。在饱和期，由于成长期影响力还很大，可能还会有新的消费者群体被激活，从而形成出版物的再次畅销。如某些图书被改编拍摄成电影或者电视剧后，会因影视剧在社会上引起轰动而再次热销。

4. 滞销期的特点及其营销策略

滞销期是指出版物销量急剧下降，只有少数消费者购买甚至无人购买的时期。出版物销售之所以会进入滞销期，一方面，是由于它已经满足了目标消费者的需要；另一方面，则是由于同类出版物的竞争，分割、夺取了目标市场。

滞销期营销策略的核心是撤退，即把滞销出版物从流通环节中撤离出来。营销和发行部门要经常性地清点出版物的发货周期，假如某一种出版物在一个大大超过了平均发货周期的时间内仍然没有发生动销活动，这一出版物就可认定为进入了滞销期。这时，就要主动地结束这一出版物的市场寿命，把营销资源转移到其他出版物上。

二、价格策略

价格策略是出版物市场营销组合中非常重要并且独具特色的组成部分。出版物能否在市场上站住脚并给出版单位带来预期收益，定价因素起着重要作用。出版单位在制定价格策略时，既要考虑成本的补偿，又要考虑消费者对价格的接受能力，同时还要考虑主要竞争对手的价格策略。因而，价格策略是出版物市场营销策略中较活跃的一类策略，体现了科学性与艺术性的统一。

（一）收益定价策略

根据预期收益水平的不同，常用的收益定价策略有三种。

1. 撇脂定价策略

撇脂定价策略，是指把出版物的价格定得较高，以便在较短的时间内就能获得最大利润。

这种定价策略是一种高价格策略，因与从牛奶中撇取油脂相似而得名。

2. 渗透定价策略

渗透定价策略，是指把出版物的价格定得较低，使消费者很容易接受，以便很快打开市场。

这种定价策略是一种低价格策略。

3. 满意定价策略

满意定价策略，是指把出版物的价格定在介于撇脂价格与渗透价格之间。

这种定价策略是一种中间价格策略。

（二）心理定价策略

心理定价策略，是指根据消费者的购买心理而制定定价的策略。

根据消费者购买出版物的不同心理特点，心理定价策略包括四种。

1. 整数定价策略

整数定价策略，是指把出版物的价格定成整数，不带零头。

整数定价利于计算和找零，便于交易。

2. 尾数定价策略

尾数定价策略，是指让出版物的价格用零头结尾，而不是整数。如把价格 25 元的图书定为 24.80 元。

尾数定价策略适应消费者愿意购买低价位出版物的心理。因为在消费者看来，零头价格是经过精心计算的最低价格，从而产生便宜感并愿意购买出版物。

在尾数定价的出版物中，以“8”为尾数的居多，如 39.80 元、22.80 元等。在欧美国家则以“9”为尾数居多，如 48.99 美元、29.99 欧元等。

3. 分级定价策略

分级定价策略，是给不同等级的出版物定出不同的价格。

这种策略能使消费者产生货真价实、按质论价的感觉，因而比较容易为消费者所接受。采用这种策略时，等级的划分和级差都应适中，否则就起不到应有的效果。

4. 声望定价策略

声望定价策略，是指根据消费者对某些出版单位和作者的信任心理而采用较高的定价。

在长期的经营实践中，有些出版单位和作者在消费者心目中有了威望，因此相应的出版物就可以用较高的定价出售。当然，采用这种价格策略要以出版物的高质量作保证，否则就会丧失出版单位和作者的声望，从而失去已占领的市场。

三、渠道策略

出版物发行渠道，是指出版物在从出版单位向消费者转移时所需经历的途径。

渠道策略在出版物市场营销策略中占有重要的地位，因为无论多好的出版物，如果消费者看不到，它就不能够满足消费者的需求，也就不能够实现其价值和使用价值。出版单位必须对渠道进行设计和管理，这是渠道策略的重要内容。

（一）渠道设计

渠道设计，是指出版单位对发行渠道的类型、长短宽窄等渠道变量进行合理化的安排和组合，以有效实现出版物营销目标。

渠道设计是整个渠道策略的核心，包括四个方面的决策：渠道类型决策、渠道长度决策、渠道宽度决策和规定渠道成员的权利与责任。

1. 渠道类型决策

在制定渠道策略时，出版单位首先要对发行渠道的类型进行决策：是选择实体店的线下销售还是选择电商平台的线上销售；或是线下与线上并重等多渠道的销售方式。

发行渠道类型的选择主要取决于出版物的类型和消费者需求。如科普类图书、少儿类图书、教材教辅类图书等，需要互动及全方位展示的图书，多采用多元、高效的线上营销方式和线上线下互动营销的方式。

近年来，随着网络信息技术的发展和消费者消费习惯的改变，线上渠道已经成为部分出版物发行的主渠道。

2. 渠道长度决策

在制定渠道策略时，出版单位要对发行渠道的长度进行决策：是直接销售还是间接分销；是选择一个环节的中间商，还是选择两个、三个或更多环节的中间商。

对于不同的出版单位来讲，可以有不同长度的渠道；就同一个出版单位来讲，对于不同的产品线，也可以有不同长度的渠道。如一些礼品书、大型工具书，可能更适合直接销售，或以较短的渠道推广；大众化图书则更适合间接推销，以长渠道推广。

出版单位可能会有各种不同的产品线，这样，就需要设计长度各不相同的多种发行渠道。要科学合理地设计这些渠道的组合，以最低的渠道成本发行出版物。

3. 渠道宽度决策

宽渠道可以在较短的时间内迅速地把出版物大量地推向市场；窄渠道则可以有针对性地把出版物送达目标消费者。

渠道宽度决策就是决定采用哪种宽度的渠道分销出版物。常见的决策选择方案有三种。

（1）密集分销

密集分销，是指出版单位尽可能通过更多的发行商为其推销出版物。

密集分销的特点，是可以迅速扩大市场覆盖率或快速进入和开辟一个新市场，使更广泛的消费者能随时随地买到本出版单位的出版物。

密集分销的重点，是选择那些发行能力强、零售网点分布广、发行速度快的发行商，通过他们的合作和推广，把出版物迅速地铺向市场，引起轰动，制造声势。

（2）选择性分销

选择性分销，是指出版单位在某一地区通过几个精心挑选的、最合适的发行商为其推销出版物。

选择性分销的特点，是可以集中在某一地区展开密集分销，使出版物迅速地、密集地覆盖整个地区，造成该地区的轰动效应，并进而向其他地区扩散。

选择性分销是出版单位常用的渠道策略，要很好地研究、应用。一般来讲，与其把所有的资源用于在全国范围内推广出版物，不如把所有的资源用在一个地区推广出版物。这样往往能取得事半功倍的效果。

（3）独家分销

独家分销，是指出版单位在某一地区仅通过一家发行商推销其出版物。

通常双方需要经过协商后签订独家经销合同，规定发行商不得同时经营第三方特别是竞争对手的出版物。

独家分销的特点，是有利于充分发挥发行商的积极性，便于控制市场，保证出版物有效地进入市场。

对于专业类出版物，实行独家分销有一定优势，可以大大避免发行商因经营多个出版单位的出版物而难于重点发行某一个出版单位的出版物的现象。一般来讲，独家分销主要应用于批发环节。

4. 规定渠道成员的权利与责任

设计发行渠道，必须规定渠道成员的权利与责任。如出版单位给予发行商什么样的条件和保证，发行商应当承担什么义务等。

一般来讲，出版单位的承诺，包括出版物品种投放、质量保证、及时供货、价格折扣、可否退货等；发行商的承诺，包括向出版单位提供出版物销售及其他市场信息、及时推送或上架销售、提供售后服务、积极推广出版物、信守付款周期与退货率等。

（二）渠道管理

渠道管理，是指出版单位必须不断地激励发行商，不断地对发行商的工作进行评估，并根据情况及时对渠道进行调整等。

设计得再好的发行渠道，也不能放任自由，不作监控。自由放任的渠道，不可能很好地完成出版物发行的任务。出版单位是出版物产品的最终责任者和整个发行活动的发起者，是出版产业链的龙头，因此要切实地对渠道进行管理，推动渠道的发展。

渠道管理的内容主要包括渠道跟踪、渠道激励和渠道调整。

1. 渠道跟踪

把出版物发给发行商后，出版单位必须深入到渠道中跟踪其推广的情况，甚至深入到终端的零售网点。

完整的渠道跟踪，还包括对出版物的售后服务及对消费者使用过程的跟踪。

2. 渠道激励

对渠道的激励一般包括这样几种措施：根据销售额的不同给予发行商不同的发行折扣；定期召开渠道成员会议，总结经验，研究销售对策；向业绩优秀的发行商提供更优惠的发行承诺，给予必要的鼓励等。

出版单位要定期对渠道成员的工作进行评估。一方面，评估结果可以作为激励发行商的依据；另一方面，通过评估可以及时地发现问题，从而对营销策略进行调整。如果是渠道本身存在问题，则应果断地调整渠道。

3. 渠道调整

渠道的调整，包括对渠道类型的调整和对渠道中个别成员的调整，如根据市场销售情况动态调整线上与线下渠道的选择及比例，吸纳新的成员或者淘汰业绩欠佳的成员等。渠道调整是经常的事情，特别是在出版物市场日益开放的环境中，新的渠道不断出现，渠道之间的竞争不断加剧，为出版单位调整渠道创造了条件。

四、促销策略

出版物促销是旨在激发消费者购买行为、促进出版物销售的市场营销活动。

促销是出版物市场营销的重要策略，因为被大量出版物品种所包围的消费者需要相关的出版物信息，并通过这些信息来判断哪些出版物是适合于自己的。

促销的本质就是实现出版物品种及其相关因素与消费者之间的有效信息沟通。

（一）出版物促销的目的

总的来说，出版物促销的目的是影响消费者的购买态度和行为。这一目的可以具体分解为：

第一，影响消费者对某种出版物的购买态度，促进其销售。

第二，影响消费者对出版单位的态度，进而形成或者扩大品牌影响，从而促进本出版单位出版物的销售。

（二）出版物促销的内容

出版物促销的内容是通过各种具体形式传播有说服力的有关出版物的各种信息。人们常常把促销理解为推销，并且又常常单纯理解为对消费者的让利。其实，推销和其他各种促进销售的具体方法，只是促销的具体表现形式。

只有有效的、具有说服力的信息才可能影响消费者的购买态度，它具有以下特点：

第一，集中反映了出版物的内容和相关因素。

第二，反映了目标消费者的迫切需要。

第三，倡导、引导或迎合了某一时尚或风气，有着广泛的公众基础。

（三）出版物促销的手段

出版物促销的手段是沟通。沟通是一种有意识的信息传播活动，其目的是对信息的接受者进行劝说或说服。各种促销方法要实现的就是这种沟通。

（四）出版物促销的方法

出版物促销的方法有人员促销和非人员促销两大类。

1. 人员促销

人员促销是通过专门业务人员直接与目标消费者或发行商接触来推荐介绍和销售出版物产品的促销方法，其具体方式有上门推销、展示推销、网点推销、服务推销等。

（1）上门推销

上门推销是推销人员向特定的消费者个体当面推荐、销售出版物。这是一种传统的推销方式。

通过推销人员的介绍和实物展示，消费者可以在充分了解出版物的特点和价值后直接与推销人员洽谈，并得到送货上门和售后服务的承诺，销售较易实现。但是，上门推销成本高，并且对推销人员的素质也有一定要求。所以，这种推销方式一般用于销售价格比较高的大型工具书、礼品书等，或者作为向书友会、读者俱乐部成员销售出版物的方式。

（2）展示推销

展示推销是推销人员通过集中展示出版物产品的形式向非特定的消费者或发行商推荐介绍、销售出版物。

集中展示出版物的形式有书市、展销会、看样订货活动、图书交易洽谈会等。推销人员重点推荐介绍的一般是本单位的新出版物、重点出版物、精品出版物和畅销出版物。在展示推销时，消费者通过听介绍、翻阅和试用，可以自由选择购买最适合自己需求的出版物；发行商能够得到有关出版物的感性认识，从而较为准确地确定订货数量，减少以后退货的麻烦；出版单位还可以借此机会宣传本单位的品牌和形象。

（3）网点推销

网点推销是推销人员定期主动向销售网点的发行商提供新出版物的信息，并通过他们向消费者宣传推荐，促进销售。

推销人员通常采取走出去、请进来的方式，与发行商、特别是零售商进行互访和交流，并主动提供新的出版物样品和宣传资料。

（4）服务推销

服务推销是通过开展某些为消费者服务的活动来向他们推荐介绍、销售出版物。

有些出版物知识含量大、起点高，为便于消费者理解、掌握，出版单位可举办相应的普及讲座，请专家演讲。专家参加普及科学知识的活动，客观上能对相应的出版物起促销作用，而且比出版单位业务人员的推销效果还要好。

有些出版物的内容比较新，为便于消费者使用，出版单位可以举办培训班，做好服务工作。

另外，举办作者签名售书活动，配合传统文化类图书的营销组织专家讲座等，均是把服务和推销很好地结合起来，促销效果较好。

2. 非人员促销

非人员促销是出版单位通过各种方式间接地向消费者、发行商等施加影响以促进销售的促销方法，其具体方式有广告促销、公关促销、营业推广、网络促销等。

（1）广告促销

广告促销是利用大众媒体发布广告，宣传介绍出版单位及其出版物的信息，以促进出版物销售。

进行广告促销时要考虑三方面问题。

① 目标的确定。广告的目标是指出版单位期望广告所完成的任务和所起的作用。策划广告促销时，出版单位应该按照出版物产品生命周期中投放期、成长期和饱和期的不同特点，选择确定具体的广告目标。

广告的具体目标大致上有三种，分别适合于不同的时期。

A．通知。这个目标适合于投放期。出版单位可以利用广告通知市场和消费者，传递新出版物的出版信息，引起市场的注意。

B．说服。这个目标适合于成长期。出版单位可以利用广告介绍出版物的特点和质量，并用价格和服务承诺说服消费者和发行商，以扩大出版物销售。

C．提醒。这个目标适合于成熟期。出版单位可以利用广告提醒消费者，以继续加深消费者印象，巩固品牌的地位和维持市场占有率。

② 媒体的选择。出版物广告的大众媒体主要有报纸、期刊、广播、电视、门户网站、自媒体等。另外，路旁广告牌、地铁站广告牌、公共汽车站牌、出租汽车车厢、书店宣传专柜等，甚至销售人员穿的马甲、戴的帽子、拎袋、小礼品等，也都可以做广告。随着信息技术的发展，出版企业从尝试到广泛运用自媒体，利用微博、微信、短视频等多种手段发布出版物内容及相关出版营销信息，拓展了广告宣传的途径。

不同媒体发挥作用的时间、空间、强度都有所不同，所起到的效果和所需的费用也不一样，各具特色和优势，同时也存在缺点和不足，这就需要精心选择、认真策划和仔细核算。一般来讲，电视广告形象生动，感染力强，但费用较高；广播广告传播快、普及率高、价格低廉，但听众印象不深刻；报纸广告受众面广、传播快，但保存时间不长；期刊广告给消费者的印象深、作用时间长，但受众面不及报纸广；自媒体广告传播快、受众精准，但时效短、可信度存疑。

③ 广告的实施。具体设计、实施广告时，要考虑广告的内容定位、设计方案和投放时机等。

A. 内容定位。出版物的社会功能很多，具体对某种出版物到底应该主要宣传它的什么功能，这是首先要确定的。也就是说，首先要对拟作突出宣传的内容主题定位。如对一种大型工具书，主要强调它的权威性、全面性、科学性和知识性；对一种学生词典，除了知识性、准确性外，还要突出它的简明易查、适合学生使用。对学术专著，有的要突出它的独创性，有的则强调它的文化积累价值。广告内容定位还要看宣传是为了配合什么活动，要达到什么目的。如果仅仅是为了扩大某种出版物的销售，则除了强调它在同类出版物中的特点外，还要用它的价格来吸引消费者，有时还要把出版单位的品牌用上；如果是为了宣传形象，显示出版单位的品牌，则要突出出版物的整体质量和使用价值。

B. 设计方案。广告的内容定位要通过广告的设计方案来实现。广告不能只是一份简单的出版物目录，它应该有鲜明的主题和中心思想。标题和图案要醒目，使消费者对其印象深刻，容易记忆；表述语言要清新，能表达出所宣传出版物可给消费者带来的具体利益，让人觉得亲切可信。随着信息技术的发展，出版单位越来越重视广告的发布媒体和形式的设计，更多的利用移动阅读设备，尤其是手机推送各类出版物广告。

C. 投放时机。投放时机选择得好可以取得事半功倍的效果。如大型工具书的编纂制作期长，早期可以少宣传甚至不宣传，但在它即将问世之前就要通过广告宣传大造舆论；在它出版后一段时间内，发动广告攻势，给消费者以强烈刺激，给市场以深刻印象。对一般的出版物，除了在其出版前后通过广告宣传让消费者知晓外，要均衡投放广告，以不断扩大影响，加深消费者的印象。对一些具有特殊性质或用途的出版物，如教辅读物、挂历等，要分别选择在新学期开始前后或新年到来之际做广告。

（2）公关促销

公关促销是通过进行公共关系活动提高产品的知名度，增强公众对出版单位的信任，从而促进销售。

公关促销可以弥补广告促销的不足。虽然广告对产品销售的促进作用很大，但因其有很强的功利性，它的导向常受到公众的怀疑甚至心理上的某种抵制。公关促销活动没有十分明显的功利性，并常常能向公众提供一些出版物之外的信息，比较容易为公众接受，从而起到间接促进销售的作用。

公关促销的具体形式主要有下列几种。

① 选用各种文字材料和视听材料（如出版单位简介、图书总目录或新书目录等）去影响舆论和目标市场。材料内容可包括出版单位的历史发展、社会影响、出版定位、重点出版物目录、获奖出版物、公众评价等，甚至近年来的年报资料、发展报告的摘要也有用处。

② 举办一些公关活动，如各种阅读推广活动、新书发布会、记者招待会、周年纪念活动、座谈会、研讨会、竞赛活动等，以提高出版单位及其出版物的影响力和知名度。

③ 充分利用新闻媒体，增加本出版单位和所生产出版物在公众场合亮相的频率，树立良好的公众形象，提高出版单位的知名度。

④ 向特约经销商、固定代理商赠送样品或小礼品，提高他们向消费者宣传推销该出版物的积极性。

（3）营业推广

营业推广是通过让消费者直接或间接减少购买费用来对他们施加影响，促使消费者立即购买出版物。这是一种非经常性的刺激消费手段，它的具体形式主要是有奖购买、优惠销售、特价销售等。

① 有奖购买是在一些特定的时间、场合，给予消费者一定的物质奖励以促使其增加出版物购买数量。如向购买出版物超过一定金额的消费者赠送文具用品，或者发放能再以稍低价格购买出版物的优惠卡、券等。

② 优惠销售是在特定的时间和范围内对某些出版物适当降低售价。如在儿童节期间向小学生提供购书优惠，或少儿图书打折销售；在新学期开学前后优惠供应学习用书；节日期间对购书者实行优惠等。

③ 特价销售是将出版时间比较早，仍有较多库存的出版物以特别的低价销售。这能促进销售，减少亏损。

（4）网络促销

网络促销是出版单位通过自建网站、门户网站、电商平台、移动客户端、自媒体平台等新兴媒体对出版物产品和品牌进行宣传，以促进消费者购买出版物的行为。网络促销具有信息量大、覆盖面广、持续成本低、呈现形式丰富、交互性强等特点，有利于出版单位采取更为主动的营销方式。出版物网络促销的主要方式有网络广告、免费试读、网上展示、在线书评、在线直播，以及网上销售等。

出版单位通常针对线上、线下推广渠道的不同特性，采用线上与线下互动的方式进行出版物营销推广。

五、国际书展

每年世界各地举办的国际性书展很多，有的以著作权贸易为主，有的以图书、期刊等出版物实物贸易为主，有的二者兼而有之。国际书展是集中进行出版物信息发布和交流，寻求和开展著作权贸易的重要场所。因此，各个国家和地区的作者、出版商、著作权代理机构都特别重视参加国际书展。在这些展会上，可以直观地了解选题和相关的著作权贸易信息，并直接进行有关的贸易谈判。

这里对几个较为主要的国际书展作简要介绍。

（一）法兰克福书展

法兰克福书展是当今世界上规模最大、影响最广的书展。该书展由德国出版商与书商协会下属的会议与展览会有限公司主办。它创办于 1949 年，每年举办一次，在 10 月的第一个星期三开始。

法兰克福书展也是世界出版信息和著作权贸易信息交流的中心，是各国出版人增进理解、加强沟通、洽谈著作权贸易、预测出版趋势、研讨出版业未来前景的重要场所。法兰克福书展除设有数量众多、面积巨大的展厅之外，还设有著作权中心、国际书商中心、国际翻译家中心等多个专业的业务洽谈中心，供参展人员开展著作权贸易和其他方面的业务洽谈。除著作权贸易之外，书展还兼有图书贸易等功能。

为方便参展者开展著作权贸易，主办者在书展开幕前数周为参加者提供参展书目、参展者名录和活动日程安排，其中包括所有参展者向书展提供的图书信息、出版范围简介、联系方式，以及在书展中的展台位置等。

此外，浏览该书展网站也是了解书展、参展者和查询图书信息的便捷方法。

（二）伦敦书展

伦敦书展始于 1971 年，每年举办一次，时间在三四月间。原由英国工业与贸易博览会公司负责举办，现由里德展会公司承办。

最初参加者以英联邦国家的出版商和文学代理人为主，到 20 世纪 90 年代，参展者有所增加，尤以欧美等西方国家的出版商和著作权代理人居多。后逐渐发展成为每年上半年著作权贸易的重要展会。

（三）美国书展

美国书展（我国出版界习称“BEA”）始于 20 世纪初，每年举办一次，时间在五六月间。它由美国书商协会与美国出版商协会联合举办。

美国书展是法兰克福书展以外规模最大的国际书展之一。原先主要是美国出版商和美国书商之间进行图书批发交易的传统展会，很少进行著作权贸易活动。近年来，随着各国出版界对著作权贸易的需求不断增加，著作权贸易在美国书展上逐渐成为主流，数量和规模都有大幅度的上升。不过，在开展著作权贸易的重要程度上，美国书展仍无法和法兰克福书展相比。

（四）博洛尼亚国际儿童书展

博洛尼亚国际儿童书展始于 1964 年，每年在意大利举办一次，时间在三四月间。

博洛尼亚国际儿童书展是版权贸易型书展，是业内公认的全球规模最大、最具权威和影响力的儿童书展和年度儿童图书博览会，是世界少儿图书和多媒体行业中最重要的展会之一。于 1967 年首次举办的博洛尼亚插画展以及被业界高度认可的博洛尼亚儿童书展各类奖项，如博洛尼亚国际儿童书展最佳童书奖、博洛尼亚儿童数字奖、博洛尼亚年度最佳童书出版社大奖，都是每年博洛尼亚国际儿童书展的重头戏。

（五）我国的国际书展

在我国举办的国际书展中，以北京国际图书博览会、上海国际童书展、香港书展和台北书展最具影响力。

1. 北京国际图书博览会

北京国际图书博览会自 1986 年开始在北京举办。原来每两年举办一届，自 2002 年起改为一年一届，时间在八九月间。它由国家新闻出版署（国家版权局）、国务院新闻办公室、教育部、科学技术部、文化部、北京市人民政府和中国出版协会等共同主办，由中国图书进出口（集团）总公司承办。经过多年的发展，北京国际图书博览会已成为国际上最重要的书展之一，并且也是进行著作权贸易洽谈的重要场所。

2. 上海国际童书展

上海国际童书展自 2013 年开始在上海举办，每年 11 月举行。该书展是亚太地区专注于 0—16 岁儿童图书出版及儿童阅读推广的展览会，由上海市新闻出版局、中国教育出版传媒集团有限公司、环球新闻出版发展有限公司共同主办。从 2018 年起，上海国际童书展与博洛尼亚国际儿童书展进行项目合作，由中意双方联合举办上海国际童书展。目前，上海国际童书展已经吸引了世界众多知名童书出版社及相关专业机构参展，加强了中外国际出版交流，有力地推动了我国童书版权贸易。

3. 香港书展

香港书展由香港贸易发展局主办，每年 7 月举行。该书展以图书销售为主，著作权贸易为辅。参展商以我国内地、香港、台湾的出版机构为主，也有新加坡、马来西亚等国的华文出版机构，同时还有少量的外国出版机构（多是驻华分支机构或代表机构）。

4. 台北书展

台北书展于每年 1 月在我国台湾的台北市举行，主要是进行著作权贸易。

思 考 题

1．什么是出版物市场？它的构成要素有哪些？

2．出版物市场可以分为哪些类型？

3．什么是出版物市场需求？市场需求具有哪些特征？

4．出版物市场需求具有哪些类型？

5．影响出版物市场需求的因素有哪些？

6．什么是出版物市场细分？它有哪些作用？

7．市场细分的程序包括哪些环节？

8．什么是目标市场？出版单位分析选择目标市场时要考虑哪几个方面的问题？

9．目标市场的进入策略有哪几种？它们各有什么特点？

10．目标市场的定位策略有哪几种？它们各有什么特点？

11．市场调查的内容有哪些？

12．市场调查的程序包括哪些环节？每个环节中具体各应该做好哪些工作？

13．市场预测的内容有哪些？市场预测有哪些方法？

14．出版物产品整体概念的含义是什么？出版物产品整体概念策略的内容包括什么？

15．品牌策略的运用包括哪些内容？

16．出版物产品生命周期有哪些阶段？它们各有什么特点？各阶段的营销策略是什么？

17．价格策略有哪些？其含义各是什么？

18．什么是发行渠道策略？渠道设计和渠道管理的内容是什么？

19.什么是出版物促销？它的目的、内容和手段各是什么？

20．什么是出版物的人员促销？什么是出版物的非人员促销？

21．出版物的人员促销包括哪些具体方式？

22．为出版物进行广告促销、公关促销和营业推广各有哪些具体形式？各要注意哪些问题？

23．出版物市场营销计划的内容有哪些？

24．世界上重要的国际书展有哪些？它们各有什么特点？

第七章　著作权知识

重点提示： 著作权的概念、权利范围与特征，我国著作权法的立法目的，我国著作权法与国际著作权保护的关系，主要的国际著作权条约。国家成为著作权主体的情况，作品作为著作权客体所应具备的特征，我国著作权法对作品予以保护的原则。著作权中的人身权、财产权所包含的内容。邻接权的概念、种类与内容，邻接权人的义务。一些特殊类型作品的著作权归属，著作权保护的期限。著作权限制的概念和主要方式。著作权许可使用与转让的区别，图书出版合同的要点，著作权转让合同。著作权侵权的类型，各种侵权行为及其行为人应该承担的法律责任。著作权纠纷的处理方法，诉讼时效和诉前临时措施。出版单位尊重著作权人权利的几个方面，出版社享有的与著作权有关的权利，期刊出版单位享有的与著作权有关的权利。

第一节　著作权与著作权法

出版活动是编辑、复制作品并向公众发行的活动。出版活动的前提是作品，出版者是以出版的方式使用作品。于是，围绕作品的使用就会产生各种法律关系。正确处理这些法律关系，是保证出版物生产正常进行并能持续发展的必要条件之一。为此，日常工作中几乎天天要与作品以及作品的权利人打交道的出版专业技术人员，掌握有关著作权和著作权法的基本知识十分必要。

一、著作权

著作权也称“版权”，是指著作权人对文学、艺术和科学作品依法享有的人身权利和财产权利。

（一）著作权的权利范围

著作权包括人身权与财产权。其中，人身权是与权利人的人身不可分割、不直接涉及财产的权利；财产权是直接可以为权利人带来经济收益的权利。著作权法所保护的，主要就是著作权人依法享有的这两类权利。

广义的著作权包括邻接权。邻接权是学术界的用法，我国《著作权法》使用的是“与著作权有关的权益”，指作品的传播者就其传播作品的过程中所付出的创造性劳动和投资而享有的权利，即出版者、表演者、录音录像制作者、广播电视组织等作品的传播者在传播过程中就版式设计、表演、录音录像制品和广播电视节目等依法享有的权利。著作权法对邻接权也给予相应的保护。

（二）著作权的特征

著作权属于知识产权，具有无形性、专有性、时间性和地域性特征。

1. 无形性

著作权与所有权都是民事权利。二者最显著的区别在于，所有权是有形财产权，而著作权是无形财产权。这里所说的有形无形，不是指权利本身，因为权利都是无形的，而是指权利客体（或者权利对象）。换言之，所有权的客体与其物质载体紧密相连，而著作权的客体与其物质载体可以分离。相对于有形财产权而言，一方面，著作权的客体（作品）的存在，不以其在有形载体上的固定为要件。如音乐既可以通过现场演唱或演奏的方式直接表现出来，也可以录制在光盘上通过播放器间接表现出来。另一方面，著作权人享有著作权也不以实际占有有形物为要件。如画家出售了画作，只表明他不再拥有该画作的物权，却不能表明他转让了该绘画作品的著作权。我国《著作权法》第十八条关于“美术作品原件所有权的转移，不视为作品著作权的转移，但美术作品原件的展览权由原件的所有人享有”的规定，实际上就表明了著作权的无形性特征。又如，作者将手稿赠送给出版社，虽然手稿的所有权归出版社，却并不意味着著作权发生转移。

著作权的这种无形性特征，为著作权交易和保护带来了一系列不同于有形财产权的特点。

2. 专有性

著作权具有专有性。著作权保护的作品是不能进行有形控制的智慧创作物，它可以由不同的人在不同的物理空间同时使用，所以需要法律强行规定其独占性，从而保证只有著作权人才能对其占有、使用和处分，他人未经著作权人许可不得行使这些权利，否则必须承担相应的法律责任。这种专有性，有时又称为“垄断性”或“排他性”。

3. 时间性

著作权人身权中的发表权和著作权的财产权具有一定的期限。这些权利仅存在于法律规定的保护期之内。一旦超过法定的保护期，有关权利就不再受法律保护，从而避免对著作权的过度保护。随着相关权利的失效，相关作品便进入公有领域，成为全社会的公共财产，供全社会自由使用。

4. 地域性

著作权是依据一个国家或地区的法律而产生的，同时也是一国公共政策的产物，因而作品仅在这个国家或地区的范围内有效并受到保护。为了使一部作品的有效利用范围更大，同时也为了使著作权受到更大范围的保护，许多国家或地区通过签订双边、多边或国际性的条约来协调著作权关系和保护标准，相互承担保护著作权的义务。但是，相关缔约国仍然只能依据本国法律对来自其他缔约国的作品进行保护。例如，德国著作权法规定了“追续权”，而我国著作权法目前未规定，那么德国公民在我国则无法享有“追续权”并得到保护。

二、著作权法

著作权法是确定作者对其创作的文学、艺术和科学作品享有著作权并提供保护，调整因创作、传播、使用作品而产生的各种利益关系的法律规范总和。

（一）我国著作权法的立法目的

我国著作权法的立法目的集中反映在《中华人民共和国著作权法》“总则”的第一条：“为保护文学、艺术和科学作品作者的著作权，以及与著作权有关的权益，鼓励有益于社会主义精神文明、物质文明建设的作品的创作和传播，促进社会主义文化和科学事业的发展与繁荣，根据宪法制定本法。”

（二）我国著作权法与国际著作权保护

我国著作权法的立法充分尊重国际著作权保护惯例，积极参与国际性的著作权保护。我国在制定和修改著作权法律法规时非常重视国际条约的原则及规定。《伯尔尼公约》的一些基本原则和规定，如国民待遇、自动保护、独立性保护等，在我国著作权法中都有全面明确的体现。2001 年修订《中华人民共和国著作权法》时，立法机构更是充分考虑了《伯尔尼公约》《与贸易有关的知识产权协议》等国际条约的规定，使《中华人民共和国著作权法》符合有关国际条约的基本原则和要求。

（三）国际著作权条约

随着科学技术的发展，传播文学、艺术和科学作品的方式越来越先进。为了实现著作权在全世界范围的保护，使作品得到广泛的使用和传播，同时又能弥补一部分国家所签订双边或多边条约的不足，许多有关著作权保护的国际条约相继产生。处理跨国性著作权纠纷时，就适用我国加入的相关国际条约。

这里对目前我国已加入的最主要的几个国际著作权条约作简要介绍。

1. 《保护文学和艺术作品伯尔尼公约》

《保护文学和艺术作品伯尔尼公约》简称“《伯尔尼公约》”，签订于1886年，曾进行过五次修订。最近一次修订所形成的文本是1971年巴黎文本。我国于1992年加入《伯尔尼公约》。加入该公约的成员国现有180多个。

《伯尔尼公约》的基本原则有四条：

（1）国民待遇原则

按照这项原则，该公约成员国作者的作品在其他成员国享有该国授予本国国民的保护和该公约所授予的特别权利。这就意味着：

第一，各成员国要像保护本国国民的作品一样保护其他成员国国民的作品。

第二，如果对其他成员国国民作品的保护达不到该公约规定的最低要求，必须按照该公约的规定保护。

（2）自动保护原则

按照这项原则，在对其他成员国国民实行国民待遇原则时，不应要求履行任何手续，如无须注册、登记，无须送交样本，无须在作品上加注任何保留权利的标记，等等。

（3）独立保护原则

按照这项原则，在实行国民待遇原则时，不依赖于作品在来源国受到的保护。

（4）最低保护原则

最低保护原则是该公约总体上体现的一种原则，其精神散见于不同的条款中。它的实质性内容，是对保护作者权利的程度规定了下限标准。

2. 《世界版权公约》

《世界版权公约》签订于1952年，1971年修订过一次。我国于1992年加入《世界版权公约》，但加入时未签署“附加声明”和两项议定书。

同《伯尔尼公约》相比，《世界版权公约》规定的保护水平较低。如《伯尔尼公约》规定著作权保护期为作者终生加50年，《世界版权公约》的规定则为作者终生加25年。

《世界版权公约》与《伯尔尼公约》在基本原则方面的不同之处，是规定了“非自动保护原则”及其实施方式。按照该公约的规定，如果某成员国按照国内法以要求作者履行一定手续（如备案、注册、通告、公证、付款或者在国内制作出版等）作为著作权保护的条件，那么，其他成员国国民的作品复制件上只要标有著作权说明标记ⓒ，并标明著作权人姓名、首次出版年份且标明的方式和位置足以引起注意，就认为其已经符合该国关于必须履行手续的要求。

3. 《与贸易有关的知识产权协议》中的著作权规范

《与贸易有关的知识产权协议》，英文缩写“TRIPS”，是关贸总协定在1994年通过的一项重要协议。世界贸易组织建立后，关贸总协定不再存在，但该协议仍是《建立世界贸易组织协定》之下的六个附件之一。2001年12月11日我国正式成为世界贸易组织成员后，该协议就成为我国遵守的国际知识产权条约之一。

该协定第二部分第一节不仅重述了国际社会对于版权和相关权利保护的最低要求，其有关外国人知识产权保护、知识产权基本原则和知识产权实施的规定，同样必须适用于著作权领域。

在与《伯尔尼公约》的关系方面，该协议第 9 条规定，全体成员均应遵守《伯尔尼公约》1971 年巴黎文本，但对于公约第 6 条中有关作者精神权利的内容可以不遵守。

该协议第 9 条第 2 款规定，著作权保护延及表达，不延及思想、工艺（过程）、操作方法或者数学概念之类。这是著作权保护的基本原则，即一般常说的“著作权保护思想的表达，不保护思想本身”。

4. 两个“国际互联网条约”

“国际互联网条约”是国际上对《世界知识产权组织版权条约》（WCT）和《世界知识产权组织表演和录音制品条约》（WPPT）的一种通用说法，因为这两个条约是网络环境下著作权保护的国际条约。

这两个条约分别于 2002 年 3 月 6 日和 5 月 20 日生效。2007 年 3 月，我国加入了这两个国际条约。WCT 的主要内容是对《伯尔尼公约》1971 年巴黎文本某些实质性条款进行修改，WPPT 则是在 1961 年《罗马公约》（我国未加入该公约）的基础上为表演者和录音制品制作者的有关权利制定了专门的国际条约。

5. 《保护录音制品制作者防止未经授权复制其录音制品公约》

《保护录音制品制作者防止未经授权复制其录音制品公约》简称“《录音制品公约》”或“唱片公约”，于 1971 年在日内瓦签订，所以也称“《日内瓦公约》”。这是为制止国际上愈演愈烈的录音制品盗版活动而建立的一个专门保护录音制品权利人的公约。我国于 1993 年加入该公约。

6. 《视听表演北京条约》

《视听表演北京条约》，于2012年6月26日在北京缔结，2020年4月28日生效。这是在新中国缔结的第一个多边国际条约，也是历史上第一个以我国城市命名的多边国际条约。该条约是对《罗马公约》和《世界知识产权组织表演和录音制品条约》的更新和补充，主要针对录制在“视听录制品”中的表演，为视听表演者规定了广泛的权利。我国于2014年7月加入该条约。

第二节　著作权的主体和客体

任何民事权利都有享有者，这就是权利的主体；任何民事权利又都有其所指向的对象，这就是权利的客体。著作权作为一种民事权利，也有特定的主体和客体。

一、著作权的主体

著作权的主体是指依法对作品享有著作权的著作权人，其著作权权益受著作权法保护。除法律另有规定的情况外，未经著作权人授权，他人不得使用其作品。著作权的主体分为原始著作权主体和继受著作权主体。《出版专业基础·初级》已对这方面知识作过介绍，这里再补充介绍一下国家成为著作权主体的情况。

在我国，国家在下列情况下可以成为著作权的主体：

第一，作者生前将作品原件及其著作权中的财产权利无偿捐赠给国家。

第二，作者以遗嘱的方式表示愿在其死亡后将作品著作权中的财产权赠送给国家。

第三，作者死后既无继承人，又无受遗赠人，其作品著作权中的财产权由国家享有。

第四，著作权属于法人或者其他组织，但在法人或者其他组织变更或终止后，没有承受其权利义务的法人或其他组织，其作品的著作权归国家享有。

第五，由国家主持创作或者投资创作的作品，其著作权归属国家。

国家享有著作权的作品由国务院著作权行政部门——国家版权局管理。

二、著作权的客体

著作权的客体是指著作权所指向的对象，即作品。著作权的客体受著作权法保护。

（一）作品的特征

作为著作权法保护对象的作品，是“文学、艺术和科学领域内具有独创性并能以某种有形形式复制的智力成果”。这一概念包含四层意思：

一是著作权法保护的对象仅限于文学、艺术和科学范围内的智力创作成果，但并非所有的智力成果都构成作品，如经营性标记，如果不能满足作品独创性标准，就很难构成著作权法意义上的作品。

二是作品必须以一定形式表现出来，使人们能够感知。著作权法保护的是作品的表现形式，而不是作品的思想观念。

三是作品必须具有可复制性，可以通过印刷、绘画、摄影、录制、表演、放映等形式再现。

四是作品必须具有独创性，即作品对于思想观念的表述是原创性的，它是作者独立创作的，而非抄袭或剽窃他人成果而形成。独创性是受著作权法保护的作品的最核心要素。

（二）我国著作权法对作品予以保护的原则

并非任何人创作的作品都能受到我国著作权法的保护。对于某部具体作品是否予以保护，需要考虑该作品的作者身份和出版地等条件。

我国《著作权法》第二条在这方面作出的规定，采取了国际通行的做法，实行“国籍原则”“互惠原则”和“地域原则”。

1. 国籍原则

国籍原则是指根据作者的国籍来确定对其作品是否给予保护。

根据我国《著作权法》第二条第一款的规定，凡是具有中国国籍的公民和在中华人民共和国境内依法成立的法人或其他组织的作品，不论是否发表，从作品创作完成之日起就享有著作权，受我国著作权法的保护。

2. 互惠原则

互惠原则是根据国与国之间所签订的协议或者共同参加的国际条约来确定对作品是否给予保护。

一个国家在其领土上对著作权怎样实行保护，是国家主权在地域上的体现。两个国家若签订有双边协议或者共同参加了某个国际条约，相互给予对方国家的作者以国民待遇，在本国地域内根据本国著作权法律的规定保护他们作品的著作权，这便是互惠原则的体现。两个国家若没有签订双边协议或者没有共同参加某个国际条约，则不相互保护对方国家国民或组织的作品的著作权。

我国《著作权法》第二条第二款的规定体现了互惠原则：“外国人、无国籍人的作品根据其作者所属国或者经常居住地国同中国签订的协议或者共同参加的国际条约享有的著作权，受本法保护。”

现在，我国作者的作品可以在一百多个国家受到著作权保护，同样，我国也要保护与我国有著作权相互保护关系的一百多个国家作者的作品。

3. 地域原则

地域原则是指根据作品的首先出版地来确定对作品是否给予著作权保护。这主要适用于非国际条约成员国的作者和无国籍人所创作的作品。我国《著作权法》第二条第三款、第四款的规定体现了这一原则。

第三款规定："外国人、无国籍人的作品首先在中国境内出版的，依照本法享有著作权。"其中的"首先在中国境内出版"，是指作品的第一次出版是在中国境内；如已在中国境外出版过，然后再在中国境内出版，就不能称为"首先出版"。

第四款规定："未与中国签订协议或者共同参加国际条约的国家的作者以及无国籍人的作品首次在中国参加的国际条约的成员国出版的，或者在成员国和非成员国同时出版的，受本法保护。"这实际上是从地域和出版时间两方面规定了可以视为"首先在中国境内出版"的条件。从地域上看，实际首次出版的地点不一定就在中国境内，也可以在中国参加的某国际条约的其他成员国。从出版时间上看，并不要求绝对领先，而是可以"同时"；根据《中华人民共和国著作权法实施条例》第八条的规定，这里的"同时"还不一定指同一天，作品在某一国家出版后的30日内在另一国家境内出版，也视为"同时"出版。

（三）我国著作权法给予保护的作品种类

对于作者身份或出版地符合上述原则的作品，我国著作权法也并非无一例外地全部予以保护，而是还要考虑作品的属性。

我国著作权法采用概括与非穷尽列举相结合的方法，规定了九大类受著作权法保护的作品，还规定了三类客体不适用著作权法保护。《出版专业基础·初级》对此已有较详细的讲述。

（四）国家对作品的出版传播依法监管

我国《著作权法》第四条："著作权人行使著作权，不得违反宪法和法律，不得损害公共利益。国家对作品的出版传播依法进行监督管理。"此规定强调了对违反宪法和法律、损害公共利益的作品的出版传播，国家将依法进行监督管理。

第三节　著作权的内容

著作权是一种特殊的民事权利，既含人身权，又含财产权。著作权人（主要是作者，也包括其他著作权主体）可以自己行使这些权利，也可以授权他人使用其中的财产权并因此而获得经济报酬。

一、人身权

著作权中的人身权，也称"精神权利"，是指作者通过创作作品而获得的与其人身不可分割、不直接涉及财产的权利。人身权包括发表权、署名权、修改权和保护作品完整权。《出版专业基础·初级》已介绍过其中的发表权和署名权，这里再介绍其他两项权利。

（一）修改权

修改权是指作者依自己的意愿修改作品且不受干涉的权利。可以是作者自己修改，也可授权他人修改。

修改一般指对作品内容局部的变更与文字、内容的修正。

修改权对应的义务是"不得干涉作者修改作品"，作为一种著作人身权，它旨在保护作者的修改自由。侵犯修改权的表现是妨碍作者的修改自由，而不是擅自篡改作品。

法律赋予作者修改权，一则是便于作者能更好地反映自己的意志；二则是随着社会的发展、客观事物的变化，人的思想、认识也在不断地发展变化，作者也需要对其作品作必要的修改。所以，作者应有修改权，他人不能强行干涉，但法律另有规定的除外。

对未发表的作品，作者可以任意修改，所谓“十年磨一剑”，就是形容修改之多。

对已发表作品的修改，要受到一定的限制，即修改权的行使应该以不损害他人利益为前提。如对已经出版的图书作修改，一般要在再版时才能进行，否则会影响或损害图书出版者的合法权益，所以关于修改作品的有关问题最好在图书出版合同中作出明确约定。又如，对合作作品进行修改，应经合作作者协商一致。

（二）保护作品完整权

保护作品完整权是指保护作品不被歪曲、篡改的权利。

歪曲是指故意改变事物的真相或内容，一般表现为对作品主题、情节、人物形象等作有违作者创作意图的故意改变；篡改是指用作伪的手段对作品进行改动或曲解。

作者有权保护其作品不被他人丑化，不被他人擅自删除、变更、增添内容。这项权利的意义在于保护作者的名誉、声望和精神以及维护作品的完整性。

保护作品完整权的行使应受到一定限制，如作者将著作权许可或转让他人之后，应遵循诚实信用原则，不得滥用权利，否则会给被许可人或受让人的财产利益带来风险。

二、财产权

著作权法中的财产权，也称“经济权利”，是指直接可以为著作权人带来经济收益的权利。或者说，这是著作权人因授权他人使用其作品而获得经济报酬的权利。其他人要使用一部作品，必须事先得到著作权人的许可并支付相应的经济报酬，但法律另有规定的除外。

我国《著作权法》第十条第（五）项至第（十七）项对财产权作了单项列举式的规定。其中，除了一项比较笼统的“应当由著作权人享有的其他权利”之外，还有属于财产权的 12 项具体权利——复制权、发行权、出租权、展览权、表演权、放映权、广播权、信息网络传播权、摄制权、改编权、翻译权、汇编权。《出版专业基础·初级》已经介绍过复制权、发行权、信息网络传播权、改编权、翻译权、汇编权，这里再介绍另外几项。

（一）出租权

出租权是指著作权人有偿许可他人临时使用电影作品和以类似摄制电影的方法创作的作品、计算机软件（不是出租的主要标的物的软件除外）的权利。

其他作品（如文字作品、美术作品等）的著作权人不享有该项权利。

因为出租权属于著作权人，经营载有上述作品或者计算机软件的出版物的出租业务，除了需要取得经营出版物出租业务的行政许可外，还要经过著作权人的授权。

（二）展览权

展览权是指将作品原件或复制件公开陈列的权利。

著作权人有权将作品自行展览，也可授权他人展览并获取报酬。按照我国著作权法规定，只有美术作品、摄影作品的著作权人才享有展览权。未发表作品的展览权与发表权紧密相关，将未发表的作品用于展览时，意味着这两种权利同时行使。

展览的目的是让数量和范围都不是特定的公众欣赏；如果

仅仅是供家庭或单位内部少数人欣赏，则不构成著作权法意义上的展览。

美术等作品原件所有权发生转移（如把作品出售给他人）后，持有该作品原件的所有权人随之享有展览权，但是该作品的著作权并不随作品原件的转移而转移。如某画家把自己创作的一幅绘画委托拍卖行拍卖时，如果没有明确约定同时也将对该画的著作权转让，那么，拍得该绘画的人仅仅有权将之用于展览，但是不享有其他著作权。

（三）表演权

表演权是指公开表演作品以及用各种手段公开播送作品的表演的权利。表演包含现场表演和机械表演。

现场表演，是指表演者借助声音、表情、动作在现场创造性地再现作品或者演奏作品，使不特定的听众、观众更加充分地认识和理解作品。如在舞台上演出戏剧，公开演奏音乐作品，等等。

机械表演即“用各种手段公开播送作品的表演”，是指借助技术设备将前述表演公开传播，即以机械的方式传播作品的表演，如在宾馆、饭店、歌舞厅、大卖场、飞机、火车等场所为顾（乘）客播放音乐、歌舞表演等。

（四）放映权

放映权是指通过放映机、幻灯机等技术设备公开再现美术作品、摄影作品、电影作品和以类似摄制电影的方法创作的作品等的权利。

放映权是上述作品著作权人的一项主要权利。所谓“公开再现”，是指这种放映是面向公众的，不论是否营利，只要是公开放映，都落入著作权人的放映权范围之内。

放映与机械表演的区别在于：一般而言，放映只需通过能够传送影像的设备即可进行，机械表演需借助现场表演的录制设备和异地的播放设备。

（五）广播权

广播权是指以无线方式公开广播或者传播作品，以有线传播或者转播的方式向公众传播广播的作品，以及通过扩音器或者其他传送符号、声音、图像的类似工具向公众传播广播的作品的权利。特别对于音乐作品和文字作品的著作权人而言，行使广播权会带来一定的财产收益。

（六）摄制权

摄制权也称“制片权”，是指以摄制电影或类似摄制电影的方法将作品固定在载体上的权利。它在本质上是著作权人对自己的作品进行再创作的权利，或者说是一种特殊形式的改编。摄制权已成为某些影视剧本的著作权人的一项重要的财产权利，不少出版单位在投资影视剧的过程中也会涉及摄制权的问题。

（七）应当由著作权人享有的其他权利

我国著作权法虽然用列举的方法规定了著作权人享有哪些权利，但并未穷尽，也难以穷尽，因为随着科学技术的发展和人们认识的不断提高，必定会出现新的使用作品的方式。为了全面保护著作权人的利益，我国著作权法规定了弹性条款——著作权人还可享有其他权利，以适应未来发展的需要。虽然司法实践中出现了运用“其他权利”进行判决的案例，但何为“其他权利”需慎重对待，至少这一权利必须满足著作财产权的本质要求。

三、邻接权

广义的著作权包括邻接权。在我国著作权法中，邻接权被称为“与著作权有关的权益”。此外，也有人称其为“作品传播者权”。邻接权的权利主体称为“邻接权人”。

（一）邻接权的概念

邻接权是指作品的传播者就其传播作品的过程中所付出的创造性劳动和资金投入而享有的权利。在我国，作品的传播者包括出版者、表演者、录音录像制作者、广播电台和电视台。

由于邻接权与著作权密切相关，所以著作权的一些基本原则和制度也适用于邻接权，如自动保护、合理使用、许可使用与转让等。但毕竟邻接权是传播者的权利，对邻接权人的保护水平没有对著作权人的保护水平高，如录音录像制作者不享有对其录音录像制品的表演权和广播权，而版式设计权的保护期仅为首次出版后的 10 年。随着数字技术与互联网的拓展，邻接权人利益的保护面临着较以往更大的挑战。

（二）邻接权的种类与内容

不同的传播者所可享有的邻接权，其具体内容是不同的。

第一，出版者对其出版的图书或者期刊的版式设计，享有专有权利。此版式设计不包含装帧设计，权利保护期截止于使用该版式设计的图书、期刊首次出版后第十年的 12 月 31 日。

第二，表演者对其表演享有的权利包括：表明表演者身份；保护表演形象不受歪曲；许可他人从现场直播和公开传送其现场表演，并因此而获得报酬；许可他人对其表演进行录音或录像，并因此而获得报酬；许可他人复制、发行录有其表演的录音录像制品，并因此而获得报酬；许可他人通过信息网络向公众传播其表演，并因此而获得报酬。

第三，录音录像制作者对其制作的录音录像制品享有的权利，是许可他人复制、发行、出租、通过信息网络向公众传播并因此而获得报酬。

第四，广播电台、电视台享有的权利，是禁止他人未经许可而将其播放的广播或电视进行传播、录制在音像载体上，以及复制音像载体。

（三）邻接权人的义务

邻接权人在享有邻接权的同时，也要承担一定的义务。

第一，表演者（演员、演出单位）应该承担的义务，是使用他人作品演出的，应当取得著作权人的许可，并支付报酬。如果演出是由他人组织的，由该组织者取得著作权人许可，并支付报酬。如果公开表演涉及在著作权保护期内改编、翻译、注释、整理的作品，则表演者除了应当取得演绎作品的著作权人的许可外，还应当取得原作品的著作权人的许可，并支付报酬。

第二，录音录像制作者应该承担的义务有：使用他人作品制作录音录像制品，应当取得著作权人许可，并支付报酬。使用改编、翻译、注释、整理已有作品而产生的作品，应当取得改编、翻译、注释、整理作品的著作权人和原作品著作权人的许可，并支付报酬。制作记录表演情况的录音录像制品，应当同表演者订立合同，并支付报酬。许可他人复制、发行、通过信息网络传播录音录像制品时，应当取得著作权人、表演者许可，并支付报酬。

第三，广播电台、电视台应该承担的义务有：播放他人未发表的作品，应当取得著作权人的许可，并支付报酬。播放他人的电影作品和以类似摄制电影的方法创作的作品，应当取得制片者的许可，并支付报酬。播放他人的录像制品，应当取得著作权人、录像制作者的许可，并支付报酬。

第四节　著作权的归属与保护期

著作权的归属是指著作权归谁所有。这是著作权法的核心问题。无论是在作品的许可使用、转让中还是在著作权纠纷中，确认著作权人并维护其权利，都是首要的问题。

著作权的保护期是指著作权人依法享有其著作权的有效期限。超过著作权保护期限，作品就进入公有领域，成为社会公共财富，任何人均可自由使用。

一、著作权的归属

我国《著作权法》第十一条第一款明确规定："著作权属于作者，本法另有规定的除外。"这就是说，对于一般作品来说，因为作者是作品的创作者，在创作过程中付出了辛勤的创造性劳动，所以享有著作权。但是，对于某些在创作过程中存在特殊情况的作品，如演绎作品、汇编作品、电影作品、职务作品、委托作品等，就不能简单套用这个原则，而应区别具体情况分别对待。

关于作者个人自行单独创作或者合作创作的一般作品的著作权归属，在《出版专业基础·初级》已有讲述，这里介绍一些特殊类型作品的著作权归属。

（一）演绎作品

演绎作品也叫"派生作品"，是指在已有作品的基础上经过再创作而产生的新作品，如改编作品、翻译作品、注释作品、整理作品等。

演绎作品的形成也有一个创作过程，演绎作者在改变已有作品类型的过程中，也需要付出创造性劳动。因此，演绎作品的著作权由演绎作品作者享有。

由于演绎作品是由已有作品派生出来的，要以已有作品为基础，所以，演绎作者在行使著作权时，不得侵犯原作品的著作权：

第一，必须保护原作品的完整性，忠实于原著的主题、内容；

第二，在演绎作品中要指明原作者姓名；

第三，若原作品尚未进入公有领域，应当事先取得原作者授权。

以出版等方式使用演绎作品时，若原作品尚未进入公有领域，使用者应向演绎作者和原作者支付报酬，但若对原作品的使用方式符合合理使用的要件，则不必支付任何报酬。

（二）汇编作品

汇编作品是汇集已有的作品、作品片段、不构成作品的数据或者其他材料，在对其内容的选择或者编排上体现独创性的作品，包括报纸、期刊、百科全书、选集、文集、数据库等。

汇编作品的独创性表现为在对作品、作品片段、数据材料等的选择、编排、组合方面，具有结构、风格和形式上的独特性，所以汇编人应该享有汇编作品的著作权。

汇编作品的基础是已有的作品或其片段，因此，汇编人在行使著作权时，不得侵犯原作品著作权人的权利：

第一，应尊重原作品著作权人的人身权；

第二，若原作品尚未进入公有领域，汇编人应事先取得原作品著作权人的授权；

第三，使用汇编作品时，若原作品尚未进入公有领域，使用者应向汇编人和原作者支付报酬。

汇编作品中可以单独使用的部分，其作者享有著作权，但这类作者单独使用自己作品时不得侵犯汇编人的著作权。

（三）电影作品

我国著作权法所指的电影作品包括以类似摄制电影的方法创作的作品（类电影作品）。它们是一种特殊的作品类型。

摄制电影是一个比较复杂的、系统的智力创作过程。著作权法既承认电影作品是由编剧、导演、摄影者、作词者、作曲者等作者共同创作完成的，同时也考虑到制片者的巨额投资和电影作品的商业性运作，故将电影作品的著作权赋予制片者。这在理论上讲是将著作权从法律上直接赋予了制片者。但是，编剧、导演、摄影者、作词者、作曲者等应享有署名权，并有权按照与制片者签订的合同获得报酬。其中剧本、音乐等可以单独使用的作品，其作者还有权单独行使其著作权。

要注意的是，著作权人许可他人将其作品摄制成电影或以类似摄制电影的方法创作的作品，视为已同意对其作品进行必要的改变，但是这种改动不得歪曲、篡改原作品。

（四）职务作品

职务作品也称“雇佣作品”，是指自然人为完成法人或其他组织（以下统称“单位”）的工作任务所创作的作品。这里讲的“工作任务”，是指自然人在该单位中应当履行的职责。

根据“著作权属于作者”的基本原则，一般情况下，职务作品的著作权归创作者所有，但单位有权在其业务范围内优先使用。

单位之所以享有优先使用权，是因为职务作品不是作者自发地任意创作的，其创作目的首先是完成本单位的工作任务，使用作品当然也就应首先考虑单位的需要。如剧团创作人员为剧团编写的剧本、曲谱等职务作品，原则上都可适用这项规定。

为了保障单位的优先使用权，我国《著作权法》第十六条规定："作品完成两年内，未经单位同意，作者不得许可第三人以与单位使用的相同方式使用该作品。"两年的期限，自作者向单位交付作品之日起计算。在这两年内，经过单位同意，作者也可以许可第三人以与单位相同的使用方式使用该作品，但所获报酬应由作者和单位按约定的比例分配。

根据我国《著作权法》第十六条第二款的规定，有些职务作品，作者只享有署名权，著作权的其他权利由单位享有，但单位可以给予作者奖励。

这些职务作品包括：主要是利用单位的物质技术条件创作，并由单位承担责任的工程设计图、产品设计图、地图、计算机软件等职务作品，以及法律、行政法规规定或者合同约定著作权由单位享有的职务作品。

这是因为工程设计图、产品设计图、地图、计算机软件等职务作品，仅靠一两个人的劳动是很难完成的，同时还需要单位提供专门的资金、设备和材料，再者作品完成后的社会责任也要由单位承担。

（五）委托作品

委托作品是指受托人（作者）根据与委托人（自然人、法人或其他组织）签订的委托合同所创作的作品。

委托作品由受托人根据委托合同、依照委托人的要求创作，而委托人则须按照双方约定的付酬标准支付经济报酬给受托人。由于委托作品是依照委托人的思想与要求进行创作的，故不反映受托人的思想观点，仅表现了受托人的创作技巧。

关于委托作品的著作权归属，我国《著作权法》第十七条明确规定：“受委托创作的作品，著作权的归属由委托人和受托人通过合同约定。合同未作明确约定或者没有订立合同的，著作权属于受托人。”这实际上也体现了“著作权属于作者”的基本原则。未创作作品的委托人要获得著作权，必须事先与受托人在委托合同中明确约定。

此外，委托作品的著作权归属在实践中也有一些特例，主要涉及特殊情况下委托创作的一些作品。我国最高人民法院对这类情况有司法解释：“由他人执笔，本人审阅定稿并以本人名义发表的报告、讲话等作品，著作权归报告人或者讲话人享有。著作权人可以支付执笔人适当的报酬。”“当事人合意以特定人物经历为题材完成的自传体作品，当事人对著作权权属有约定的，依其约定；没有约定的，著作权归该特定人物享有，执笔人或整理人对作品完成付出劳动的，著作权人可以向其支付适当的报酬。”

著作权归属受托人的委托作品，委托人可以在委托创作的特定目的范围内免费使用。

二、著作权保护的期限

根据我国著作权法的规定，著作权保护的期限因权利的性质和作品的不同而有所不同，分成无限期保护、作者有生之年加死后 50 年和首次发表后 50 年三种。《出版专业基础 · 初级》对此已有介绍，这里仅对作者身份不明的作品作些补充说明。

作者身份不明的作品，因为连作者是谁都无法确定，就更无从知道作者是否在世、何时去世。所以，这类作品的保护期便无法适用“作者有生之年加死后 50 年”的一般原则，只能适用“首次发表后 50 年”的原则。

如果经过考证等各种途径得以确定匿名作品或假名作品的作者身份，便可以根据作者身份情况将作品归入上述相应类别，并适用相应的著作权保护期规定。

第五节　著作权的限制

著作权的特征中有时间性和地域性，这就意味着著作权是受一定限制的。不过，时间上和地域上的限制，涉及著作权的“有效”或“无效”，可以说是宏观上的根本性限制。这里所讲的著作权的限制，是指在承认著作权完全有效的前提下对其中某些权利的行使所作的限制。

《出版专业基础·初级》中已经讲过属于著作权的限制的“合理使用”和“法定许可”的一些具体情况。这里再进一步介绍我国著作权法的相关规定。

一、合理使用

合理使用，就是在法律规定的情况下使用他人的已发表作品，可以不经著作权人许可，也不向其支付报酬的合法行为，但应指明作者姓名、作品名称，并且不得侵犯著作权人依法享有的其他权利。

我国《著作权法》第二十二条规定了合理使用的范围和使用方式。《出版专业基础·初级》中已讲过 6 种，这里介绍其他 6 种。

第一，国家机关为执行公务在合理范围内使用已发表作品，即公务使用。这是因为国家机关使用他人已经发表的作品，是为了研究问题、制定政策、实施管理，从根本上说是为了国家整体利益的需要。需要说明的是：这里的“国家机关”是指立法机关、行政机关、司法机关、军事机关、监察机关等；强调“在合理范围内使用”，就意味着既不超出国家机关职能范围，又不超出执行公务的范围，不属于公务活动范围的使用便不适用本项规定。如某地教育局要编辑出版一本《教育管理论文选》，就不属于公务活动，便需要取得著作权人许可并支付报酬。

第二，为陈列或者保存版本需要而复制本单位收藏的作品。图书馆、档案馆、纪念馆、博物馆、美术馆等单位，既要广泛收集各种作品，又要让广大社会公众能够阅读、鉴赏到这些作品，还要防止唯一存世的作品灭失。为此，就有必要通过自行复制而让作品有一定数量的复本。所以，图书馆、档案馆、纪念馆、博物馆、美术馆等为陈列或者保存版本需要而复制本馆收藏的作品，属于合理使用范围。需要说明的是：复制的目的只限于陈列或者保存版本，而绝不能是其他用途，更不能以此牟利；复制的对象限于本馆收藏的作品，而不能越出这个范围。此外，与其他合理使用行为稍有不同的是，这些单位复制本单位收藏的作品时，无论作品是否已经发表，均可复制。

第三，免费表演已发表作品。这里的“免费表演”是指非营利性的演出，既不向观众收取费用，也不向表演者支付报酬。如在单位组织的联欢会上，员工们表演已经发表的作品，便属于合理使用的范围。需要说明的是：义演与免费表演不同，一般不属于免费表演。因为义演虽不向表演者支付报酬，但要向观众、听众收费，所以义演不属于合理使用，举办者应该向作者付酬。当然，如果经作者同意，举办者也可将这些钱款捐献给有关单位或个人。

第四，对设置或陈列在室外公共场所的艺术作品进行临摹、绘画、摄影、录像。艺术作品设置或者陈列在室外公共场所，本来就具有长期的公共、公益性质，是供社会公众自由观赏的，让公众能够自由借鉴它们的艺术创作特色。所以，对这些艺术作品进行临摹、绘画、摄影、录像，属于合理使用的范围，这也是一种国际惯例。

第五，将中国作者已发表的汉语作品翻译成少数民族语言作品在国内出版发行。将中国公民、法人或者其他组织已经发表的以汉语言文字创作的作品翻译成少数民族语言文字作品在国内出版发行，是为了支持和促进我国少数民族教育、文化的发展，符合国家利益。所以，这属于合理使用。需要注意的是：作为原作品的汉语言文字作品，必须是由中国的公民、法人或者其他组织创作的；翻译而成的少数民族语言文字作品，仅限于在中国领域内出版发行。

第六，将已经发表的作品改成盲文出版。将已经发表的各种作品改成盲文出版，是为了帮助残疾人学习科学文化知识，故属于合理使用。

二、法定许可

法定许可，就是在法律规定的情况下以某些方式使用已经发表的作品，可以不经著作权人许可，但应向其支付报酬，并尊重著作权人的其他各项人身权利和财产权利的制度。

法定许可与合理使用的主要区别在于：法定许可须付酬，合理使用不必付酬。

我国著作权法规定的法定许可方式有 5 种，《出版专业基础 · 初级》中已讲过 3 种，这里再介绍 2 种。

第一，制作录音制品的法定许可。经过音乐作品著作权人授权后才录制的录音制品，是合法录制的录音制品。其他人利用此录音制品再制作录音制品，就可以按照这里讲的法定许可规定而不必再次经过音乐作品著作权人的许可，但著作权人事先已经声明不许使用的除外。需要注意的是：作品在报刊上发表或现场表演都不能作为法定许可的条件，只有当作品已经被授权合法制成录音制品后，才适用法定许可；涉及的作品仅限于音乐作品；如果音乐作品著作权人事先声明不许以这种方式使用的，其他人就不能再使用；再次制作的录音制品，其制作者如果要复制、发行、出租或通过互联网等信息网络向公众传播并获取报酬，必须取得音乐作品著作权人、作品表演者的许可并支付报酬。

第二，广播权的法定许可。广播电台、电视台可以按照法定许可的规定播放他人已发表的作品。这是因为我国的广播电台、电视台担负着重要的宣传任务，同时播放的作品也很多，涉及众多著作权人，都要取得许可有一定困难。但是，立法机关也考虑到了著作权人的合法权益，所以作出此规定。需要指出的是，这项法定许可所涉及的作品不包括电影作品和以类似摄制电影的方法创作的作品以及录像制品。

第六节　著作权的许可使用和转让

著作权中的各项财产权利，著作权人除了自己行使外，更多的是授予他人行使并由此而获得一定经济报酬，使无形的财产权换来有形的实际财产。最为常见的授权方式是许可使用，也有将某项或某几项财产权利转让给他人的情况。

一、著作权许可使用和转让的区别

著作权许可使用和转让的区别，概括起来说有下列四点：

第一，许可使用不改变著作权的归属，仅仅是使用权的暂时转移。被许可人取得的只是著作权中一项或多项财产权的暂时有偿使用权，不能成为著作权主体，许可方仍是有关财产权的所有人。在许可合同约定期限内，被许可方可以使用有关财产权（按合同约定方式使用作品），但无权处分该财产权。

著作权转让则不同，受让人成为著作权主体，转让一般是无时限的。著作权转让也称著作权“买断”，即著作权中的部分或全部财产权一次性无时限地有偿转让。著作权买断后，有关财产权发生永久转移，受让方成为新的著作权人。但是，在著作权贸易中一般很少有著作权买断的情况，而且许多国家的法律也禁止著作权买断。

第二，被许可人只能按照许可使用合同约定的方式、地域范围和期限使用作品，未经著作权人许可，不能将其获得的使用权再许可第三人使用。转让合同的受让人则不仅自己可以使用作品，也可以将所获得的权利再转让给他人或许可他人使用，并且无须取得原著作权人的同意，因为受让人有处分权。

第三，被许可人取得的如果是非专有使用权，当其权利受到侵害时，不能以自己的名义提起诉讼，只有取得专有使用权的被许可人才有权因专有使用权受到侵害而提起诉讼。转让则不同，受让人作为新的著作权人对侵犯其财产权利的侵权人可提起诉讼。

第四，著作权许可使用中，被许可人支付的是著作权使用费；著作权转让中，受让人支付的是著作权的价金。

二、图书出版合同要点

许可使用合同是双方当事人就著作权中某一项（或多项）财产权的使用而达成的协议。出版单位与作者签订的出版合同，就是一种著作权许可使用合同。《出版专业基础·初级》中已介绍过一般许可使用合同的主要内容，这里根据出版专业中级技术人员履行岗位职责的需要，介绍一下图书出版合同的要点。

我国《著作权法》第三十条规定：“图书出版者出版图书应当和著作权人订立出版合同，并支付报酬。”一般而言，图书出版合同包括前言、正文部分和尾部。

前言包括合同双方（著作权人与出版者）的名称、地址，作品名称和作者署名。

尾部包括合同双方的签字盖章及签约时间。

正文部分是图书出版合同的主体，一般包括以下各项内容：

第一，许可使用的权利范围，通常是复制权、发行权，有时还涉及翻译权、汇编权等；

第二，许可使用的作品语言文本，如中文本（要区分是简体字版还是繁体字版）、英文本等；

第三，使用权的性质，要明确是专有使用权还是非专有使用权；

第四，许可使用的地域范围；

第五，许可使用的时间范围；

第六，保证条款，指作者保证作品中不含有违反法律法规的内容，不存在侵犯他人著作权、名誉权、肖像权等权利的现象；

第七，作品质量条款，如约定作品的内容、篇幅、体例、图表、附录等应符合的具体要求；

第八，交稿时间，同时约定作者若不能按时交稿应承担的责任等；

第九，出版作品时间，同时约定出版者若不能按时出版应承担的责任等；

第十，对作品作修改、删节的处理方式，如约定若有变更作品署名方式，增、减作品内容，增加前言、后记、插图等较大修改时，应事先征得作者同意；

第十一，校对、审读条款；

第十二，印刷数量条款；

第十三，付酬条款，包括付酬的方式（说明是一次性稿酬还是版税或基本稿酬加印数稿酬方式）、数量、币种、时间等；

第十四，图书脱销后的重印或再版条款；

第十五，赠送作者样书条款；

第十六，原稿的处理条款，如原稿是由出版者留存还是退回作者，出版者若损毁或丢失原稿是否承担赔偿责任等；

第十七，转载权、连载权条款，指是否许可其他报刊、网站转载或连载图书内容等；

第十八，出版全集、选集、文集条款，指是否许可将该图书再用于出版全集、选集、文集等；

第十九，出版纸质书以外的版本条款，要明确说明是否许可出版者再出版电子版、电纸书、网络版、手机版等其他版本；

第二十，终止合同的条件；

第二十一，违约责任条款；

第二十二，仲裁条款，要约定若发生合同纠纷是否选择以提交仲裁的方式解决，如采用仲裁方式，则选择哪个仲裁机构；

第二十三，合同变更、续签条款和其他未尽事宜；

第二十四，合同生效的日期。

1999 年 3 月，国家版权局颁发了经修订的《图书出版合同》（标准样式），该标准样式主要列举了图书出版合同的基本事项和条款，但不可能包括一切复杂的情况。著作权人和出版者可以根据实际需要，在不违反著作权法、合同法等法律的前提下，适当调整合同的具体条款。

三、著作权转让合同

转让合同，是指著作权人就著作权中部分（或全部）财产权利转移给受让人事宜而与受让人达成的协议。根据我国《著作权法》第二十五条的规定，著作权人可以转让著作权中的财产权，但必须签订书面合同。

我国《著作权法》第二十五条规定了著作权转让合同的主要内容。

（一）作品的名称

著作权人转让的著作权是依托于某一具体作品的，而不是泛指著作权人的作品。所以，作品名称是著作权转让合同的必备内容。为避免纠纷，合同中最好载明作品的著作权人、作者、创作日期等信息，以明确转让的标的。

（二）转让的权利种类、地域范围

著作权人可以转让的财产权有很多项，因此，应在合同中明确约定要转让哪一项或哪几项权利。合同中未明确转让的权利，不发生转让之效力，未经著作权人同意，不得行使。至于权利的种类，最好是法律明确规定的类别，以便出现纠纷时明确界定。

转让权利的地域范围，一般是指所转让权利的适用地区等。如著作权人将某一部小说的复制权、发行权转让给了某出版社，但合同规定的地域范围只限于中国，那么，出版社出版该小说后，就只能在中国发行而不能销售到外国去。

（三）转让价金

转让价金即转让费，是受让人为取得著作权人转让的权利而必须付出的代价。转让费的多少没有统一规定，只要不存在违反法律的相关规定的情形，双方协商达成一致即可。

（四）交付转让价金的日期和方式

交付转让价金的日期，是指受让人在什么时间向转让人支付转让费。交付转让价金的日期直接关系到著作权能否顺利转让、合同能否按期履行，所以在合同中应明确约定。

交付转让价金的方式，指受让人是一次性还是分期支付转让费，用何种货币支付，等等。

（五）违约责任

约定双方中任何一方如果不履行合同义务或者履行义务不符合合同约定将承担的法律责任（一般是经济赔偿责任）。

（六）双方认为需要约定的其他内容

包括上述条款未尽事宜的内容。如果相应权利是有一定时限的临时转让的，转让合同中需要明确说明转让权利的期限。

第七节　著作权的侵权与法律保护

著作权是一种排他性权利，只能由权利人行使。如果他人未经著作权人的许可而违法行使了应当由著作权人行使的权利，就属于侵权，必须承担相应的法律责任，而法律也会给著作权人提供相应的保护。

一、侵犯著作权的类型与具体行为

侵犯著作权既包括对著作权人财产权的侵犯，也包括对人身权的侵犯，还包括对邻接权的侵犯。

（一）著作权侵权的类型

侵犯著作权的类型可以按侵犯的客体分成两大类。

1. 侵犯财产权

著作权中的财产权是权利人依法对作品所享有的权利，这些权利应当由权利人控制和行使并因此获取相应的经济利益。未经权利人许可而以复制、发行、演绎、表演、展览等方式违法使用有关作品，即意味着侵犯了其享有的著作财产权。

侵犯财产权一般还包括侵犯邻接权的行为，如侵犯表演者权、录制者权、广播组织权和出版者的版式设计权等。

2. 侵犯人身权

在现实生活中，虽然对著作权的侵犯大多数表现在财产权利方面，但是也存在侵犯著作权人人身权利的情形，或者在侵犯著作权人财产权利的同时，也侵犯了其人身权利。

较为常见的如：擅自将他人的作品公之于众，侵犯了作者的发表权；书刊出版者把作者的署名印错，侵犯了作者的署名权；改编者歪曲、篡改作品的思想内容，侵犯了作者的保护作品完整权；编辑人员擅自修改作品的主要观点或内容，侵犯了作者的修改权；等等。

（二）侵犯著作权的具体行为

我国《著作权法》第四十七条、第四十八条详细列举了 19 种侵犯著作权（包括邻接权）和其他权利的具体行为。按侵权人须承担法律责任的不同，这 19 种侵权行为可以分成两大类。

1. 只须承担民事责任的侵权行为

这里所说的“只须承担民事责任的侵权行为”，是指我国《著作权法》第四十七条中所列举的行为，因为实施了这些行为的侵权人只须承担民事责任，不必承担行政责任和刑事责任。

只须承担民事责任的侵权行为可大略分为四类——侵犯著作权人人身权利的行为、侵犯著作权人财产权利的行为、侵犯邻接权的行为、其他侵权行为。

（1）侵犯著作权人人身权利的行为

侵犯著作权人人身权利而只须承担民事责任的侵权行为包括：

① 未经著作权人许可，发表其作品。这是侵犯发表权的行为。未按照与著作权人约定的方式、时间、地点发表其作品，与此类似。

② 未经合作作者许可，将与他人合作创作的作品当作自己独立创作的作品发表。这是侵犯他人发表权和署名权的行为，而且也是剽窃他人创作成果的侵权行为。

③ 没有参加创作，为谋取个人名利，在他人作品上署名。

④ 歪曲、篡改他人作品。这是侵犯作者保护作品完整权的行为。这里所说的歪曲、篡改，必须是达到了有损他人声誉的地步，而不是一般性的文字改动或技术处理。

⑤ 剽窃他人作品。“剽窃”和“抄袭”是同义词，即将他人的作品、他人的创作成果据为己有，一般表现为逐字逐句原封不动地抄袭他人作品；将他人作品中的故事情节、人物稍作改动，以改头换面的形式出现；等等。需要注意的是，此处的剽窃仅指对他人的表达的窃取，与所表达的思想无关。这项行为具有侵犯著作权人人身权利和财产权利的双重特征。

（2）侵犯著作权人财产权利的行为

侵犯著作权人财产权利而只须承担民事责任的侵权行为包括：

① 未经著作权人许可，以展览、摄制电影和以类似摄制电影的方式使用作品，或者以改编、翻译、注释等方式使用作品。这是侵犯展览权、摄制权、改编权和翻译权的行为。但是，如果实施这类行为的具体情况符合著作权法关于合理使用或法定许可条件的，就不构成侵权。

② 使用他人作品，应当支付报酬而未支付。这类行为主要指按照著作权法关于“法定许可”的规定，某些使用他人已发表的作品，可以不经著作权人许可，但应当按法定支付报酬而未支付的情形。

③ 未经电影作品和以类似摄制电影的方法创作的作品、计算机软件、录音录像作品的著作权人或者与著作权有关的权利人许可，出租其作品或者录音录像作品。这是侵犯出租权的行为。但是，如果软件不是出租的主要标的，而是附属于主要作

品的（如电子出版物、激光唱盘、激光视盘中为保证产品的正常功能而使用的计算机软件），则可以不经软件著作权人许可。

（3）侵犯邻接权的行为

侵犯邻接权而只须承担民事责任的侵权行为包括：

① 未经出版者许可，使用其出版的图书、期刊的版式设计。

② 未经表演者许可，从现场直播或者公开传送其现场表演，或者录制其表演。这是侵犯表演者邻接权的行为。

（4）其他侵权行为

我国《著作权法》第四十七条列举了各项侵犯著作权的行为后，又附加了一项弹性条款："其他侵犯著作权以及与著作权有关的权益的行为。"对于超出所列举范围或法律没有具体规定的侵权行为，可以依据此项规定追究侵权人的责任。

2. 还须承担其他责任的侵权行为

这里所说的"还须承担其他责任的侵权行为"，是指我国《著作权法》第四十八条所列举的行为，因为实施了这些行为的侵权人须承担的不仅仅是民事责任，还往往要承担行政责任甚至刑事责任。

还须承担其他责任的侵权行为可大略分为四类——侵犯著作权人财产权利的行为、侵犯邻接权的行为、与信息网络有关的侵权行为、其他侵权行为。

（1）侵犯著作权人财产权利的行为

侵犯著作权人财产权利而还须承担其他责任的侵权行为，主要是未经著作权人许可，复制、发行、表演、放映、广播、汇编、通过信息网络向公众传播其作品。但是，实施这类行为的具体情况如果符合合理使用或法定许可条件的，则不属于侵权。

（2）侵犯邻接权的行为

侵犯邻接权而还须承担其他责任的侵权行为包括：

① 未经表演者许可，复制、发行录有其表演的录音录像制品，或者通过信息网络向公众传播其表演。但是，实施这类行为的具体情况如果符合合理使用或法定许可条件的，则不属于侵权。

② 未经录音录像制作者许可，复制、发行、通过信息网络向公众传播其制作的录音录像制品。但是，实施这类行为的具体情况如果符合合理使用或法定许可条件的，则不属于侵权。

③ 未经许可，播放或者复制广播、电视。这里所说的广播、电视，是指广播电台和电视台制作的节目。但是，实施这类行为的具体情况如果符合合理使用或法定许可条件的，则不属于侵权。

（3）与信息网络有关的侵权行为

还须承担其他责任的与信息网络有关的侵权行为包括：

① 未经著作权人或者与著作权有关的权利人许可，故意避开或者破坏权利人为其作品、录音录像制品等采取的保护著作权或者与著作权有关的权利的技术措施。这是以“规避技术措施”实施侵权的行为。但是，实施这类行为的具体情况如果符合法律、行政法规规定的允许条件，则不属于侵权。

② 未经著作权人或者与著作权有关的权利人许可，故意删除或者改变作品、录音录像制品等的权利管理电子信息。这是以“消灭或混淆权利管理信息”进行侵权的行为。但是，实施这类行为的具体情况如果符合法律、行政法规规定的允许条件，则不属于侵权。

（4）侵犯专有出版权

专有出版权是出版者通过与著作权人签订合同而取得的出版该作品的专有权利，依法受到保护。侵犯专有出版权的行为人在必须承担民事责任之外，常常还必须承担行政责任，甚至刑事责任。

（5）制作、出售假冒他人署名的作品

这种行为一般多是冒充著名或知名作者的署名，让公众误以为该作品是由其创作的。这既侵犯了作者的精神权利，又属于制作、出售假冒产品的行为。侵权者为此必须承担民事责任和行政责任，甚至刑事责任。

二、著作权纠纷的处理

著作权纠纷是围绕著作权而产生的矛盾和争议。

（一）著作权纠纷的种类

著作权纠纷包括著作权人之间，著作权人与作品使用人之间，著作权人与邻接权人之间，任何与著作权或邻接权有关的第三人之间围绕著作权而产生的矛盾和争议。一般表现为著作权侵权纠纷和著作权合同纠纷。

（二）著作权纠纷的处理方法

我国著作权法对解决著作权纠纷规定了调解、仲裁和诉讼三种方法，同时还规定由著作权行政管理部门查处损害公共利益的著作权侵权行为。

1. 调解

这是通过说服教育和劝导协商，纠纷当事人双方在调解组织主持下互相谅解达成和解。调解是我国处理民事案件的重要方式之一，既适用于著作权合同纠纷，也适用于著作权侵权纠纷。但是，调解不是解决著作权纠纷的法定必经程序，因此，进行调解必须贯彻双方自愿原则。

调解可以由双方当事人协商后共同选择认定的部门或人员主持进行。

调解可以在提出诉讼前进行，也可以在进入诉讼程序后由法庭主持进行。

调解协议不具备法律效力。协议即便达成，事后若一方当事人反悔，另一方则可采取其他途径解决纠纷。但是当事人可以根据民事诉讼法的相关规定向有管辖权的人民法院提起调解协议确认程序，一方当事人不履行或者拒绝履行经确认的调解协议的，另一方当事人可以向有关人民法院申请强制执行。

2. 仲裁

这是双方当事人自愿将争议提交第三方裁决。应根据当事人达成的书面仲裁协议或者著作权合同中的仲裁条款向仲裁机构申请仲裁。当事人没有书面仲裁协议，也没有在著作权合同中订立仲裁条款的，任何一方当事人都不能提请仲裁，而可以直接向人民法院起诉。

著作权仲裁主要适用于著作权合同纠纷。仲裁机构作出的仲裁具有法律效力。当事人如有充分证据证明裁决仲裁程序不合法或仲裁员贪赃枉法裁判，或仲裁适用法律有错误，可以向仲裁机构所在地的中级人民法院申请撤销裁决，或向人民法院申请裁定不予执行。除此之外，仲裁裁决是终局裁决。当事人一方不履行仲裁裁决的，另一方可以向人民法院申请强制执行。

3. 诉讼

诉讼是人民法院和案件当事人在其他诉讼参与人的配合下为解决纠纷，依照法定程序所进行的全部活动。通过诉讼程序来解决纠纷的情况有：

一是当事人直接向人民法院起诉。

二是当事人之间未能达成调解协议而选择诉讼；或者虽然达成调解协议，但事后又反悔，便可向人民法院起诉。

三是当事人之间未能达成调解协议，而著作权合同中又没有仲裁条款，且当事人也无法达成提请仲裁的书面协议，因而向人民法院起诉。

四是仲裁裁决被人民法院依法裁定撤销或者不予执行，当事人就该纠纷向人民法院起诉。

五是当事人对行政处罚不服，可在收到行政处罚决定书之日起六个月内向人民法院起诉。

人民法院对案件的判决具有法律效力。当事人对一审判决不服，可以提出上诉。二审的判决则为终审判决，必须执行。虽然当事人可以因为不服二审判决而申请再审或提出申诉，但在此期间二审的判决仍然继续执行。

（三）著作权纠纷的诉讼时效

诉讼时效，是指民事法律规定的关于保障权利人通过诉讼实现请求权利的有效期限。

诉讼时效届满前，权利人有权依照诉讼程序提起诉讼，以实现自己所主张的权利请求。在诉讼时效届满后，权利人虽可提起诉讼，但只有程序意义上的诉讼权，其所主张的权利请求不能得到法律保障，因而丧失实体意义上的诉讼权。

《中华人民共和国民法总则》（以下简称《民法总则》）自 2017 年 10 月 1 日起施行。《民法总则》第九章“诉讼时效”规定，民事诉讼时效期为三年，自权利人知道或应当知道权利受到损害以及义务人之日起计算。

权利人超过三年起诉的，如果侵权行为在起诉时仍持续，在该著作权保护期内，人民法院应当判决被告停止侵权行为；侵权损害赔偿数额应当自权利人向人民法院起诉之日起向前推三年计算。

（四）诉前临时措施

诉前临时措施是指权利人在提起诉讼之前，为保护自己的权利而请求法院采取的措施，主要包括诉前责令停止侵权的措施、财产保全措施和诉前证据保全措施。

1. 诉前责令停止侵权和财产保全

我国《著作权法》第五十条规定："著作权人或与著作权有关的权利人有证据证明他人正在实施或者即将实施侵犯其权利的行为，如不及时制止将会使其合法权益受到难以弥补的损害的，可以在起诉前向人民法院申请采取责令停止有关行为和财产保全的措施。"

诉前责令停止侵权和财产保全，与侵权嫌疑人的经济利益有重大关系。因此，申请采取这项措施时应比较慎重。一是要查清侵权事实，掌握确凿证据；二是提出申请应以书面为准。

申请诉前责令停止侵权和财产保全，应当由申请人向被保全财产所在地、被申请人住所地或者对案件有管辖权的人民法院提起，并递交书面申请状和缴纳有关的费用；申请人应当提供担保，不提供担保的，裁定驳回申请。人民法院在收到有关责令停止侵权和财产保全的申请后，经审查符合有关条件的，应当在 48 小时内作出书面裁定；如裁定同意申请，应当立即开始执行。

2. 诉前证据保全

我国《著作权法》第五十一条规定："为制止侵权行为，

在证据可能灭失或者以后难以取得的情况下，著作权人或者与著作权有关的权利人可以在起诉前向人民法院申请保全证据。”

人民法院可以责令申请人提供担保，申请人不提供担保的，驳回申请；接受申请的，必须在48小时内作出裁定；如裁定同意申请，应当立即开始执行。

申请人在人民法院采取证据保全措施后30日内不起诉的，人民法院解除保全措施。

第八节　出版单位与著作权

出版单位既是文学、艺术和科学作品的传播者，又是作品的使用者，与著作权有紧密关系。出版单位在生产经营过程中，一定要维护著作权人的合法权利，协调好相关的著作权关系，同时也要依法保护自己的合法权利。

一、依法尊重著作权人的权利

出版单位必须尊重著作权人的权利。若未给予足够重视，便容易自觉或不自觉地造成侵权，从而产生纠纷。

（一）尊重作者署名权

我国著作权法明确规定作者享有署名权，通过署名来推定作者的身份："如无相反证明，在作品上署名的公民、法人或者其他组织为作者。"这就说明在作品上正确为作者署名是多么重要。

但是，出版单位在作品署名问题上常常出现一些失误：漏署作者姓名；错印作者姓名，如将"瑛"印成"英"，将"建"印成"健"等。这些都涉及作者对该部作品是否享有著作权的问题，千万不可轻视。

合作作品有两名或更多的作者。如果合作作者对在作品上的署名顺序自己有约定并向出版单位提交了书面形式的名单排列方案，出版单位就应该按照他们提供的名单排列作者姓名，擅自将合作作者已商定的排名顺序予以变更，就侵犯了作者的署名权；如果合作作者事先没有约定，出版单位可以按照创作作品付出的劳动多少、作品排列顺序、作者姓氏笔画等确定署名顺序。

一些出版单位曾因作品署名失误而被告上法庭，审判结果往往都是判决出版单位败诉，应承担相应的民事法律责任。因此，出版单位必须慎重对待作者的署名权问题。

（二）慎重修改作品

作品是作者思想、观点、意志、情感和人格的体现，只有作者本人才有权自行或授权他人修改自己的作品。我国《著作权法》第三十四条规定："图书出版者经作者许可，可以对作品修改、删节。报社、期刊社可以对作品作文字性修改、删节。对内容的修改，应当经作者许可。"除了法律规定的这些情况之外，出版单位如果未经作者同意就擅自修改其作品，便构成侵权，就要承担法律责任。

虽然现在出版单位多在与作者签订的出版合同中对能否修改作品有所约定，但条款通常比较抽象、笼统，作品出版后，便很容易发生争执，引起纠纷。所以，出版单位的编辑必须充分尊重作者的修改权，除了对引文、数据方面的确凿错误与不符合语言文字规范之处的修改外，其他方面的修改须征得作者同意或符合法律的规定。

（三）明确作品使用方式和所涉权利种类

出版单位对作品的使用必然包括复制，否则就没有出版物的生产。现代复制形式有多种，而以不同形式复制作品，与对作品的不同使用方式有关，也涉及著作权人拥有的相应权利。如某出版单位出版一部作品的纸介质图书，就涉及图书出版权；

同时制作光盘版，就又涉及电子出版权；如还将该作品用于互联网出版，则会涉及信息网络传播权；等等。

出版单位除了直接使用作品外，有时还会利用已出版的作品开展其他相关业务，如对作品进行汇编、改编、翻译；与他人合作进行其他形式的使用，如拍摄电影、电视剧，开展对外著作权贸易，等等。

因此，出版单位在与著作权人签订出版合同时，必须与著作权人协商后明确约定作品的使用方式，同时明确说明所涉及的著作权权利种类，并且要明确哪些权利属于主权利、哪些权利属于从权利，相互之间的著作权关系如何处理，等等。

（四）使用作品及时支付报酬

作品是作者的智力劳动成果。出版单位能否进行出版物生产，须以是否有合适的作品为前提。有了作品，出版单位才能利用其进行出版物生产经营活动。可见，作品在出版物生产中相当于一种最重要的“原材料”。出版单位使用这种“原材料”，应向其所有者——著作权人及时支付报酬。

国家版权局 2014 年 8 月颁布的《使用文字作品支付报酬办法》，对以出版纸介质出版物的形式使用文字作品的付酬方式和标准作了规定（详见《出版专业基础·初级》）。国家的这些规定可作为当事人双方协商时的参照体系，因为出版单位支付报酬的具体方式和标准等，主要按照当事人双方事先在合同中的约定执行。如出版单位未与著作权人签订书面合同，或虽签订了书面合同但没有约定付酬方式和标准，从而与著作权人发生争议，出版单位应按照国家规定的付酬标准的上限向著作权人支付报酬，并不得以出版物抵作报酬。

需要注意的是，出版演绎作品时，除合同另有约定或原作品已进入公有领域之外，出版者还应取得原作品著作权人的授权，并向其支付报酬。

二、依法保护出版单位的权利

出版者依据法律或经作者许可而享有的权利，受到法律保护。出版单位应充分了解自己的合法权益范围，并予以保护。

（一）出版社的权利

图书出版社、音像出版社、电子出版物出版社和互联网出版单位所生产的出版物种类不同，具体业务内容也有所不同，但在与著作权相关的权益方面，这些出版社可以享有的种种权利往往互相类似，仅仅因所涉业务内容的不同而在具体表现形式上稍有差别。因此，这里主要以图书出版社为例讲述出版社可以享有的权利。

1. 专有出版权

出版是使用作品的一种方式，出版权由著作权人授予出版社的复制权和发行权（对于互联网出版单位而言还包括信息网络传播权）结合而成。

出版权分为“非专有出版权”和“专有出版权”。享有某作品的非专有出版权，意味着仅仅有权将该作品复制后发行，但无权禁止他人出版该作品。享有某作品的专有出版权，则不但意味着有权将该作品复制后发行，而且还意味着有权排除包括著作权人在内的任何人以同样方式出版该作品。因此，专有出版权是出版社的重要权利，这可以确保没有其他任何人再以同样方式出版该作品。

专有出版权是出版社与著作权人约定并签订出版合同后取得的。专有出版权的具体内容应在合同中明确约定。如无明确约定，视为出版社享有在合同有效期限内和在合同约定的地域范围内以同种文字的原版、修订版复制和发行出版物的专有权利。

2. 修改、删节权

为保证出版物的质量，出版社经作者许可，可以对作品修改、删节，但不能歪曲、篡改作品。这项权利也是作者授予的，所以也必须在出版合同中对修改（删节实际上也是修改的形式之一）的范围、方式、程序等作明确约定。

3. 重印、再版权

图书出版者有权根据市场需求决定重印、再版图书，但应当通知著作权人，并支付报酬。如果图书脱销后，出版者拒绝重印、再版，著作权人就有权终止合同。判断图书是否脱销的标准，是著作权人提交出版者的 2 份订单在 6 个月内未能得到履行。

4. 版式设计权

按照我国《著作权法》第三十六条的规定，图书出版者对其所出版图书的版式设计享有专有使用权。这项权利的保护期为 10 年，截止于使用该版式设计的图书首次出版后第 10 年的 12 月 31 日。

版式设计是出版者的劳动成果，并需投入资金，故应予以保护，但保护范围比较小，一般仅仅表现为专有复制权。

对图书外部（封面）装帧的美术设计所形成的是一种美术作品，与其他艺术作品一样享有著作权保护，不宜将之仅限于版式设计权保护的范围，因为美术作品的有关著作权保护期明显比版式设计的保护期长。

（二）期刊出版单位的权利

期刊需求的稿件篇数多，出版周期短，时效性强。基于这些特点，我国著作权法对期刊出版者的权利也作了相应规定。出版连续型电子出版物的出版社，由于这类出版物实际上是数字化的期刊，所以也享有与期刊出版者相同的权利。

期刊出版者的主要权利有以下几项：

1. 汇编作品著作权

期刊由多篇已有作品构成，而在已有作品中进行选择并将选定的作品按照一定的原则编排起来，使之形成一期期刊的内容，则是期刊编辑部所做的工作。这种工作的特点与汇编作品的创作相同。所以，一期期刊相当于一个汇编作品。著作权法规定，汇编作品的著作权应该由汇编者享有。这样，作为期刊出版单位的期刊社或期刊编辑部就享有期刊整体上作为一种汇编作品的著作权。

期刊中各篇作品的作者可以对其本人的作品享有著作权，但是对一期期刊的整体不享有著作权，所以，不经过期刊出版单位的许可，就不能使用该期刊整体。其他人则更是如此。

2. 版式设计权

这是著作权法赋予期刊出版者的一项权利，其内容与赋予图书出版者的版式设计权相同。

3. 禁止“一稿多投”

一稿多投是指著作权人为在不同期刊上发表同一作品而将之投给一个以上期刊出版单位的行为。

从期刊出版单位的角度来看，一稿多投会给其利益带来一定损害。因而，我国《著作权法》第三十三条规定，著作权人向期刊社投稿的，自稿件发出之日起 30 日内未收到期刊社通知决定刊登的，可以将同一作品向其他期刊社投稿，但双方另有约定的除外。根据该条规定，著作权人在获知某期刊出版单位已经决定刊登其作品后或者在等待期刊出版单位通知的法定（或约定）期限内，不可将同一作品再投给其他期刊；只有在期刊出版单位已经明确通知不予刊登，或者因期刊出版单位逾期未给通知从而可推断其不予刊登的情况下，著作权人才可以把相应的作品再投给其他期刊。

这条规定实际上授予期刊出版单位禁止一稿多投的权利，从而保证了期刊出版者的权益。

4. 转载、摘编权

我国《著作权法》第三十三条第二款规定：“作品刊登后，除著作权人声明不得转载、摘编的外，其他报刊可以转载或者作为文摘、资料刊登，但应当按照规定向著作权人支付报酬。”期刊出版者享有这种转载、摘编权，有利于优秀作品的传播和满足公众的文化需求。

5. 文字性修改权

期刊出版周期一般较短，且版面相对固定，出版者要修改作品往往来不及同作者商量，所以，我国《著作权法》第三十四条第二款规定：“报社、期刊社可以对作品作文字性修改、删节。对内容的修改，应当经作者许可。”

6. 非专有出版权

期刊出版单位以出版方式使用作品，一般并不与作者签订书面的出版合同，而是以作者主动投稿（或者接受约稿并且将稿件交给期刊出版单位）的行为来表示将该作品的出版权、汇编权授予期刊出版单位。所以，除非作者投稿时特意以书面形式表明该作品在某一特定时间内只允许该期刊出版单位使用，否则期刊出版单位获得的出版权就只是非专有出版权。即使作者声明不得转载、摘编，也只是对其他报刊出版者的约束，并不意味着作者自己也不再使用，期刊出版单位这时获得的也只是排他性出版权，不是专有出版权。

（三）为合理注意义务的履行保留证据

出版物侵犯他人著作权的，出版单位要根据本身的过错、侵权程度与损害后果等承担民事责任。因此，出版者应该对稿件是否确实由真正的著作权人许可使用、作品上的署名是否出自著作权人的真实意愿、作品中的内容是否存在剽窃他人作品等情况，多加注意，尽量通过各种途径予以核实，并保留一定的证据，以便必要时顺利履行举证责任。

如果出版单位没有对这些情况履行合理注意义务，或者虽然履行了但无法举证，那么，一旦出版物上出现了侵犯他人著作权的现象，出版单位除了停止侵权行为之外，就还必须按照我国《著作权法》第四十九条的规定，承担侵权赔偿责任。如果出版单位尽了合理注意义务，著作权人也无证据证明出版单位应当知道其出版活动涉及侵权的，出版者除了应停止侵权外，只需要返还其侵权所得利润。

思考题

1．什么是著作权？其包括哪些权利？有哪些特征？

2．我国著作权法的立法目的是什么？

3．主要的国际著作权条约有哪几个？它们的内容要点各是什么？

4．国家在哪些情况下可以成为继受著作权主体？

5．作为著作权客体的作品应具备什么特征？我国著作权法按照什么原则对作品予以保护？

6．著作权中的人身权是什么？包括哪几种权利？它们各具有什么内容？

7．著作权中的财产权是什么？包括哪几种权利？它们各具有什么内容？

8．什么是邻接权？包括哪些种类？各种邻接权的内容各有哪些？

9．邻接权人主要有哪些义务？

10．我国著作权法对于作品的著作权归属是如何规定的？

11．著作权保护期分成哪几种？对作者身份不明的作品适用什么样的保护期？

12．什么是合理使用？我国著作权法规定的合理使用方式有哪些？

13．什么是法定许可？它与合理使用的异同点是什么？我国著作权法规定的法定许可方式有哪些？

14．著作权的许可使用与转让有什么区别？作为许可使用合同之一种的图书出版合同有哪些要点？转让合同包括哪些主要内容？

15．著作权侵权可以分成哪几种类型？

16．行为人对哪些著作权侵权行为只要承担民事责任？

17．行为人对哪些著作权侵权行为除了承担民事责任外，还可能须承担行政责任、刑事责任？

18．处理著作权纠纷采用哪几种方法？

19．我国对著作权纠纷的诉讼时效是如何规定的？

20．著作权纠纷的诉前临时措施有哪几种？

21．出版单位应该如何尊重著作权人的权利？包括哪几个方面？

22．出版社享有哪些与著作权有关的权利？内容包括什么？

23．期刊出版单位享有哪些与著作权有关的权利？内容包括什么？

24．出版单位履行合理注意义务时要注意什么？

参考文献

1. 艾佛利·卡多佐．成功出版完全指南．徐丽芳，等，译．石家庄：河北教育出版社，2004．

2. 昂温 G，昂温 P S．外国出版史．陈生铮，译．北京：中国书籍出版社，1988．

3. 芭芥．法国出版业的历史与现状．新京报，2005-09-02．

4. 边春光主编．编辑实用百科全书．北京：中国书籍出版社，1994．

5. 巢峰．出版论稿．上海：上海人民出版社，上海辞书出版社，2001．

6. 车茂丰主编．现代实用印刷技术．上海：上海科学普及出版社，2001．

7. 陈仁风．现代杂志编辑学．北京：中国人民大学出版社，1995．

8. 陈昕．WTO 与中国出版．桂林：广西师范大学出版社，2000．

9. 陈垣．校勘学释例．北京：中华书局，1959．

10.《出版词典》（修订本）编委会编．出版词典（修订本）．北京：中国书籍出版社，2014．

11. 辞海编辑委员会．辞海．上海：上海辞书出版社，2009.

12. 邓普君主编．现代印刷技术概论．苏州：苏州大学出版社，2003．

13. 范军．国际出版业发展报告：2018 版．北京：中国书籍出版社，2019.

14. 方厚枢．中国出版史话．北京：东方出版社，1996.

15. 方卿，姚永春．图书营销学．太原：山西经济出版社，2000.

16. 格罗斯主编．编辑人的世界．齐若兰，译．北京：中国工人出版社，2000.

17. 胡康生主编．中华人民共和国著作权法释义．北京：法律出版社，2002.

18. 黄钧浩．试论国外电子出版物汉化的质量管理 // 新闻出版署教育培训中心编．社长总编辑（主编）论出版：第四辑．北京：商务印书馆，2000.

19. 黄凯卿，熊玉莲主编．跨世纪出版业发展研究．武汉：武汉大学出版社，2000.

20. 黄永年．古籍版本学．南京：江苏教育出版社，2009.

21. 吉少甫．中国出版简史．上海：学林出版社，1991.

22. 姜昭武主编．学术期刊编辑规格标准化．北京：海洋出版社，1993.

23. 卡特．中国印刷术的发明和它的西传．吴泽炎，译．北京：商务印书馆，1991.

24. 来新夏，等．中国近代图书事业史．上海：上海人民出版社，2000.

25. 雷群明．编辑应用写作．沈阳：辽海出版社，2003.

26. 李海崑，刘光裕．现代编辑学．济南：山东教育出版社，1996.

27. 李明德，许超．著作权法．北京：法律出版社，2003.

28. 李明山．中国近代版权史．开封：河南大学出版社，

2003.

29. 李普涛，杨东升. 音像编辑的理论与实践. 开封：河南大学出版社，1997.

30. 李行健，费锦昌，等. 语言文字规范使用指南. 上海：上海辞书出版社，2001.

31. 李致忠. 宋代刻书述略 // 李致忠. 历代刻书考述. 成都：巴蜀书社，1990.

32. 林穗芳. 中外编辑出版研究. 武汉：华中师范大学出版社，1998.

33. 刘成勇，钱飒飒，周蓁. 科技出版社信息化建设发展状况调查报告. 科技与出版，2006（4）.

34. 刘春田. 知识产权法. 北京：中国人民大学出版社，2014.

35. 刘杲，石峰主编. 新中国出版五十年纪事. 北京：新华出版社，1999.

36. 刘杲. 我们是中国编辑. 中国编辑，2002（1）.

37. 刘光裕，王华良. 编辑学理论研究. 济南：山东教育出版社，1995.

38. 刘仁庆. 印刷、包装用纸手册. 北京：化学工业出版社，2003.

39. 刘仁庆. 纸张小百科. 北京：化学工业出版社，2005.

40. 刘哲民. 近现代出版新闻法规汇编. 上海：学林出版社，1992.

41. 柳富全，孔泽平. 电子出版物基础知识. 北京：国防工业出版社，1998.

42. 陆伯华. 世界出版业：美国卷. 北京：世界图书出版

公司，1998.

43. 罗贝尔·埃斯卡皮尔．文学社会学．符锦勇，译．上海：上海译文出版社，1988.

44. 罗紫初，汪林中，宋少华．出版发行学基础．太原：山西经济出版社，2000.

45. 马衡．凡将斋金石丛稿．北京：中华书局，1997.

46. 苏精．铸以代刻——十九世纪中文印刷变局．北京：中华书局，2018.

47. 马捷．中国电镀史．北京：化学工业出版社，2014.

48. 梅术文．著作权法：原理、规范和实例．北京：知识产权出版社，2014.

49. 欧阳广主编．图书校对学．南宁：广西人民出版社，2001.

50. 潘吉星．中国科学技术史：造纸与印刷卷．北京：科学出版社，1998.

51. 庞家驹主编．科技书籍编辑学教程．沈阳：辽宁教育出版社，1996.

52. 邱陵．书籍装帧艺术史．重庆：重庆出版社，1990.

53. 阙道隆，徐柏容，林穗芳．书籍编辑学概论．沈阳：辽宁教育出版社，1995.

54. 任彦，梅慎实，余国光．著作权与著作权法．上海：学林出版社，1992.

55. 邵益文．20世纪的中国编辑学研究．石家庄：河北教育出版社，2000.

56. 沈仁干，钟颖科．著作权法概论．沈阳：辽宁教育出版社，1995.

57. 石宗源，柳斌杰．中国出版通史．北京：中国书籍出版社，2008．

58. 宋原放，孙颙主编．上海出版志．上海：上海社会科学院出版社，2000．

59. 孙培境．校对主体、校对功能和校对者的责任 // 中国出版工作者协会校对研究委员会编．校对的学问．北京：金盾出版社，1998．

60. 谈维主编．校对业务教程．沈阳：辽海出版社，2000．

61. 田胜立，陈少华，田晶．电子出版物概论．武汉：华中理工大学出版社，1998．

62. 汪轶千．中国图书发行的昨天与今天．北京：中国大百科全书出版社，1994．

63. 王国维．简牍检署考 // 王国维．海宁王静安先生遗书：观堂集林．上海：华东师范大学出版社，1990．

64. 王淮珠．精、平装工艺及材料．北京：印刷工业出版社，2000．

65. 王迁．著作权法．北京：中国人民大学出版社，2015．

66. 王以铭主编．量和单位规范用法辞典．上海：上海辞书出版社，2001．

67. 王益，等．图书商品学．北京：人民出版社，1999．

68. 王益．“出版”再探源．出版发行研究，1999（6）．

69. 王有朋．上海出版业述略（建国前部分）．编辑学刊，1998（5）．

70. 王重民．套版印刷法起源于徽州说．安徽历史学报，1957（1）．

71. 王重民．中国目录学史．北京：中华书局，1984．

72. 王子野. 王子野出版文集. 北京: 中国书籍出版社, 1997.

73. 吴添汉. 编辑应用写作. 沈阳: 辽宁教育出版社, 1995.

74. 吴志华主编. 电子商务. 成都: 西南财经大学出版社, 2001.

75. 小林一博. 出版大崩溃. 甄西, 译. 上海: 上海三联书店, 2004.

76. 肖东发, 方厚枢主编. 中国编辑出版史. 沈阳: 辽海出版社, 2003.

77. 肖东发. 活字印刷术的发明及其在宋元时代的发展与传播. 北京大学学报, 2000 (6).

78. 徐柏容. 编辑创意论. 天津: 天津古籍出版社, 1999.

79. 徐柏容. 期刊编辑学概论. 沈阳: 辽宁教育出版社, 1999.

80. 薛钟英. 我国古代书籍贸易事业历史初探. 四川大学学报, 1984 (2).

81. 姚立. 法国: 电子书进入起步阶段. 光明日报, 2010-01-26.

82. 叶再生. 中国近代现代出版通史. 北京: 华文出版社, 2002.

83. 叶再生. 略论十年内战时期苏维埃区出版物及其特点 // 出版史研究: 第三辑. 北京: 中国书籍出版社, 1995.

84. 阴双喜, 何佳讯, 王磊. 网络营销基础: 网站策划与网上营销. 上海: 复旦大学出版社, 2001.

85. 袁亮. 出版学概论. 沈阳: 辽宁教育出版社, 1997.

86. 张芬之主编．出版策划：理论与实践．南宁：广西教育出版社，2000．

87. 张秀民．中国印刷史．上海：上海人民出版社，1989．

88. 张志强．20 世纪上半叶的出版研究．编辑学刊，2001（3）．

89. 赵劲主编．中国出版理论与实务．北京：中国书籍出版社，2000．

90. 赵晓兰．论《中外新报》．浙江社会科学，2010（8）．

91. 赵晓恩．延安出版的光辉．北京：中国书籍出版社，2002．

92. 赵燕群主编．连续出版物工作．北京：北京图书馆出版社，2001．

93. 中共中央宣传部．习近平新时代中国特色社会主义思想三十讲．北京：学习出版社，2018.

94. 中共中央宣传部．习近平新时代中国特色社会主义思想学习纲要．北京：学习出版社，人民出版社，2019．

95. 中国出版工作者协会．优秀中青年编辑小传．北京：中国青年出版社，1996．

96. 周奇．论校对 // 中国出版工作者协会校对研究委员会编．校对的学问．北京：金盾出版社，1998．

97. 祝碧衡，杨荣斌，陈超．创意产业：新经济腾飞的翅膀，都市型产业的灵魂．文汇报，2002-12-16．